超越
GDP

测度福利和可持续性研究

Beyond
GDP

MEASURING WELFARE
AND ASSESSING SUSTAINABILITY

〔法〕马克·弗勒拜伊 /著
〔法〕迪迪埃·布兰切特
康东亮 /译

经济管理出版社
ECONOMY & MANAGEMENT PUBLISHING HOUSE

北京市版权局著作权合同登记：图字：01-2021-4650 号

图书在版编目（CIP）数据

超越 GDP：测度福利和可持续性研究／（法）马克·弗勒拜伊，（法）迪迪埃·布兰切特著；康东亮译 .—北京：经济管理出版社，2021.7

ISBN 978-7-5096-8111-4

Ⅰ．①超…　Ⅱ．①马…　②迪…　③康…　Ⅲ．①福利经济学—研究

Ⅳ．①F061.4

中国版本图书馆 CIP 数据核字（2021）第 142271 号

组稿编辑：杨　雪

责任编辑：杨　雪　王东霞　王　慧

责任印制：黄章平

责任校对：王纪慧

出版发行：经济管理出版社

　　　　　（北京市海淀区北蜂窝 8 号中雅大厦 A 座 11 层　100038）

网　　址：www. E-mp. com. cn

电　　话：(010) 51915602

印　　刷：唐山昊达印刷有限公司

经　　销：新华书店

开　　本：710mm×1000mm/16

印　　张：18.5

字　　数：284 千字

版　　次：2021 年 10 月第 1 版　　2021 年 10 月第 1 次印刷

书　　号：ISBN 978-7-5096-8111-4

定　　价：98.00 元

推荐语

在过去的 40 年里，学者提出大量社会进步指标，以此作为 GDP 的替代指标。Fleurbayey 和 Blanchet 确定了四种构建此类指标的方法，并详细检验和审慎评价每种方法的理论基础。两位作者极力主张采用等价收入法，这种方法作为一种货币指标的优势在于尊重了社会偏好和价值观的多样性。对这些问题感兴趣的学者和践行者来说，这本精湛的著作将是必读书目。

——约翰·A. 韦马克（John A. Weymark）
美国范德堡大学经济学教授

政策制定者对 GDP 的不满已经从涓涓细流变成了汹涌洪流。然而，经济学家们还没有找到一种综合的方法来探究测度的技术和伦理基础。Fleurbayey 和 Blanchet 用这本严肃、易读且内容丰富的书籍填补了这一空白。有不少经济学家对这门学科如何融入哲学和心理学的新课程感兴趣，那么这本《超越 GDP》将是必读书籍。这是通往新福利经济学道路上的又一个里程碑。

——安格斯·迪顿（Angus Deaton）
普林斯顿大学伍德罗·威尔逊学院德怀特·D. 艾森豪威尔
国际事务教授、经济学和国际事务教授

近几十年来，无论是在学术界还是在决策层，衡量社会进步和福祉的指标都在蓬勃发展。在《超越 GDP》一书中，Fleurbayey 和 Blanchet 批判性地讨论了各种新方法和指标最重要的观点，这一分析既具有理论复杂性，又具有实际意义。所有对"超越 GDP"感兴趣，并想更好地了解隐含理论挑战的人（包括学者和政策制定者），一定要读这本书。

——埃里克·斯科卡尔特（**Erik Schokkaert**）

鲁汶大学经济系教授

Fleurbayey 和 Blanchet 精辟而深刻地研究了衡量社会状况的方法。在其诸多贡献中，《超越 GDP》为等价收入法作为新方法的核心提供了有力的辩护，这种方法尊重了个人偏好多样性和人类福祉来源多样性。

——马修·阿德勒（**Matthew Adler**）

杜克大学 Richard A. Horvitz 讲席法学教授、哲学和公共政策教授

目　录

第3章 价格能衡量一切吗?

第4章　等价收入法或如何评估没有价格的东西

第5章　幸福才是最重要的吗?

第6章 增强能力方法

第7章　结论：如何收敛于多样性

附录A　等价收入参考理论

附录B　证　明

"**在**太长的时间里，我们太注重物质的积累而放弃了个人的美德和社会的价值。我们的国民生产总值……包括空气污染和香烟广告，以及为交通事故而奔忙的救护车；包括我们装在门上的特种锁和关押撬锁之人的监狱；包括我们对红木森林的破坏和因城市无序蔓延而消失的自然奇观。它包括凝固汽油弹，包括核弹头，包括警察用来应对城市骚乱的装甲车……

这个国民生产总值不包括我们孩子的健康，也不包括他们教育的质量和游戏的快乐；它不包括我们诗歌的美丽，我们婚姻的牢固，我们公众辩论中的智慧，和我们官员的正直；它无法衡量我们的机智和勇气，我们的智慧和学问，我们的同情心和我们对国家的热爱。简言之，国民生产总值衡量一切，却把那些对人生有价值的东西排除在外。"

——罗伯特·肯尼迪于 1968 年 3 月 18 日在堪萨斯州劳伦斯市堪萨斯大学的演讲①

---

① 参见网址：http://www.youtube.com/watch？v=77IdKFqXbUY。

"**如**果不按照明确规定的标准加以控制，人类头脑在紧凑的描述中简化复杂情况的宝贵能力就会变成一种危险的能力。尤其是对于定量测量，所测量对象轮廓的精确性和简单性往往具有误导性。国民收入的衡量受到这种错觉和由此产生的滥用的影响，特别是因为国民收入衡量处理是对立社会群体争论的核心问题，而极度简单化的争论往往更有效。"

——库兹涅茨：《1929–1932 年国民收入》，向美国参议院第 73 届国会第 2 次会议提交的报告，华盛顿特区：美国政府印刷局，1934年，第 5–6 页[①]

尽管经济学家没有政治家那种张扬的风格，上述两段引文表明，过去几十年来，普遍使用国内生产总值（GDP）或国民生产总值（GNP）作为衡量社会进步和国家成功的主要指标，这早就受到其创建者和著名决策者的警告。但即使经济学家未受到过分夸大 GDP 的指责，他们或许也应该意识到自己有责任推动构建更好的替代指标。

这就是本书的写作视角。这并不意味着我们相信经济理论提供了一个现成的替代指标。理想情况下，设计好的社会表现指标需要多个学科的社会科学家的共同努力，还应该取决于那些福利被衡量的人们的看法。它涉及如何解决分配公平的道德难题。对个人情况和社会状况这一评估需要确定社会成员之间应该分配什么（主观福利、资源、机会……）以及如何分配，也就是说，应该给予最贫穷的人群多大的优先权。这两类问题清楚地体现了社会评价和人际比较，这两类问题众所周知也是非常难解决的带有主观判断的问题。

然而道德难题不是一劳永逸就能解决的，也无法用经济学和其他社会科学标准语料库的科学权威来回答，但重要的是要认识到，有些概念和理论确实十分有助于阐明和完善这一问题。福利概念是由经济学家研究出的，有时还涉及道德和政治哲学，这是因为经济学家在经济和社会政策评

---

① 引自 Costanza 等（2009），详细参考：Costanza R., M. Hart, S. Posner, J. Talberth 2009, "Beyond GDP：The need for new measures of progress," Pardee Papers No. 4, Boston University.

估中充当了顾问的角色。简言之，虽然经济学家无法回答道德问题，但"福利经济学"作为经济学理论的一个分支，广义上认为它包括社会选择理论和公平分配理论以及更传统的领域，如成本效益分析提供了一系列有用的概念，有助于确切阐述此类问题。因此，我们希望这本书能够帮助经济学家、社会科学家、决策者和感兴趣的人士更好地识别各种方法的优缺点及其伦理基础。

显然，我们不必从头开始，整个学术界已着手开发替代指标，这些指标的数量在过去的三十年间呈指数增长（Jean Gadrey and Florence Jany-Catrice，2006）。我们的目标是对主要方法进行批判性审视。我们已经确定了四种方法（"四个火枪手"），来试图对抗 GDP 的力量，稍后会简单解释原因，不过你也可以划分成五种方法。第一种方法建议将社会表现的各种指标汇总成一个综合指数，其中，人均 GDP 或家庭总收入通常是失业、健康和贫困等综合指数中的一个组成部分。人类发展指数是此类指标中最著名的，联合国开发计划署（UNDP，1990）自 1990 年以来定期公布以便用于国际比较，最近联合国开发计划署（UNDP，2010）再次审议了该指数。这种方法可能是最简单的，因为它不依赖于复杂的理论，因此在推广潜力方面具有关键优势。本书第 1 章具体讨论了这一方法。

第 2 章专门讨论可持续性的问题。虽然这与衡量当代人的福利状况并不完全相同，但对于替代指标的发明者来说，考虑到不受约束的经济增长对后代造成的危害是很自然的。"绿色 GDP"，或者衡量当代人的"生态足迹"（Ecological Footprint），已经成为这一背景下的一种流行方法。因此，本章讨论了"超越 GDP"问题的一个重要方面，并为第 1 章讨论的综合方法与第 3 章讨论的货币方法提供了良好的过渡，因为本章依据综合方法和货币方法构建了各种可持续性指标。

顾名思义，货币方法保留了 GDP 的货币单位，但试图改变其内容。威廉·诺德豪斯和詹姆士·托宾（William D. Nordhaus and James Tobin，1972）在这方面提出了一项开创性的倡议。货币方法与综合方法截然不同，货币方法对经济理论背景的要求最高。因此，我们用了两个章节（第 3~第 4 章）来讨论它们。正如我们将在这些章节中解释的，这两种方法有一个重要的区别，一种寻求对 GDP 没有涵盖（或不恰当地涵盖）的每个福利维度进行统一定价，另一种是通过个人支付意愿（Willingness-to-Pay）和"等价收入"（Equivalent Income）法来使用货币指标，并允许不同的人有不同的价值。后者提供了更多的灵活性，获得了基本原则的充分支持，甚至能够超越货币指标本身，以引用广义的机会集，而不是像普通市场那样的预算集。因此，有必要分两章单独讨论。在第 3 章中，我们解释了前一种方法（统一定价）的局限性，并讨论了将总收入作为社会福利指数的一个组成部分这一更有前景的想法。第 4 章对后一种方法（等价收入）进行了详细研究，并对其在 20 世纪 70 年代末 80 年代初首次使用后受到的批评进行了回顾。我们认为这些受到批评的问题并非无法克服，因此，这种方法实际上仍然很有价值。

本书讨论的第三种方法涉及主观福利的测度。在过去的 20 年里，人们对这种方法的兴趣直线上升，主要是因为幸福感数据的发展和计量经济学技术在这方面的应用。对于一个经济学家来说，这是一场不同寻常的革命，因为在 20 世纪的大部分时间里，人们对于这门学科的测度方法一直持怀疑态度。在第 5 章中，我们分析了主观福利指标的伦理基础、其与心理学和哲学背景理论的联系、其与经济概念的关系以及可以用于改进数据收集的经验策略。这一章讨论的关键问题与通过比较个人的主观陈述来估计特定人群福利分布的实际问题和伦理问题有关。人们通常认为主观福利数据可以直接衡量福利，或者至少是一个很好的指标，但事情并不那么简单。真正的危险是这一数据具有极大的误导性。

第 6 章讨论的第四种方法是阿马蒂亚·森（Amartya Sen，1985）的能力方法，自 20 世纪 80 年代中期阿马蒂亚·森首次提出后，这一方法也对许多学者和活动家产生了相当大的吸引力。尽管这种方法通常与人类发展指数有关，但由于数据有限，无法进行广泛的国际比较，这一指数仅粗略反映了能力观所提出的综合和伟大方法论。特别有趣的是，讨论这种方法不是将其当作一种完全不同的观点，而是将其当作一种与前面章节讨论的方法有复杂关联的方法论。虽然有时能力方法被描述为主要关注生活的客观维度，它实际上为讨论福利的主观方面留出了空间，但不如第 4 章的等价收入法和第 5 章的主观福利法关注得多。然而，这仍然是一个有待讨论的问题，因为本书所描述的方法大多都以顺应人们的价值观和偏好作为追求目标。

在很大程度上，以顺应人们价值观和偏好为理想是本书的主线，因为 GDP 未能实现这一理想，所以每一种方法都与 GDP 背道而驰，而且都为了实现这一理想试图融入新元素。我们将在本书中表明，各种方法在获取人们的价值观和偏好方面取得了不同程度的成功。我们的结论是，即便不是所有方法，大多数方法还是值得采用的，但我们必须承认，其中一些方法涉及相当程度的家长式作风和完美主义，超过这些方法的倡导者通常承认的程度。对 GDP 的痴迷将"纯粹的物质积累"置于"个人的美德和社会的价值"之上（Robert F. Kennedy，1968）。许多替代指标并不中立，而是倡导其他价值，如良好的感觉或特定的自由。在本书研究的方法中，等价收入法是最顺应人们生活目标的方法，只有当人们的目标是得体的时候，等价收入才比其他方法更具优势！

本书作者参与了斯蒂格利茨—森—菲图西委员会（Stiglitz-Sen-Fitoussi Commission，即经济表现和社会进步测度委员会）的工作，① 委员会的任务是协调标准指标和民众所提供的不同观点。委员会的报告（以下简称 SSF 报告）确定了统计机构和数据用户应作出更多努力的各种领域。这包括我们在第 4、第 5 和第 6 章中讨论的三种方法，以及在第 2 章中分析的可持续性问题。

本书基于作者为委员会所做的研究，其中一些研究成果已经在委员会或欧洲科学院网站上发表或公布（Fleurbaey，2009；Afsa et al.，2008；Blanchet，Le Cacheux，Marcus，2009）。虽然研究论文、SSF 报告提供了基本要素，但在技术方面和伦理影响方面，它们仍然缺乏深度。通过本书，我们希望为那些想进一步更好地了解问题和可能的解决方案的人提供更多的材料。设计一个良好的社会进步指标的问题是将经济学和其他社会科学各个领域联系起来的一个巨大机遇，也是一个极大的灵感源泉，因为至今仍有许多争论和问题有待解决。

研究和报告还需要遵守一定的约束和平衡规则，而像本书一样的书籍则是一个探索原创思想更好的平台。在努力保持全面性的同时，我们可以

---

① 有关委员会的详细信息，包括其可下载的报告，请访问网址：www. stiglitz-sen-fitoussi. fr。

毫不犹豫地采取批评的语气和提出更多个人看法来评估各种论点和方法，并对各种方法提出新观点和新表述。

本书是为那些已经熟悉主要概念和问题的读者，而不是为了想简单地了解一下这个话题的读者而写的。但是大部分的文章都是为了让具有经济学本科背景的读者能够普遍接受。只有微积分的基本背景并想阅读本书的读者也应该能够读懂本书，因为经济理论中的技术概念在论证中经常被定义和介绍。这不是一本教科书，书中几乎没有研究的正式结果；本书着重于寻求替代指标的想法和论点。

在技术难度方面，第 3 章是最难的，因为在货币指标中使用定价最为关键，但这一章对于掌握本书的主要信息也是最不必要的，读者跳过本章也不会错过太多内容。然而，请注意，本章有一个建设性的部分，讨论如何将社会福利作为效率和公平组成部分的函数来编写公式的问题，其中总收入可以作为其他因素之一。关于可持续性的第 2 章也可以跳过，即使跳过也不会在阅读其他章节时失去线索，但这并不意味着可持续性问题就不那么重要。对福利或能力方法特别感兴趣的读者可以从第 5 章或第 6 章开始阅读，并在阅读时参考其他章节。

第1章

各种指标

1.1 引言

在第1章中，我们对现有的替代指标进行了概述，并回顾了它们产生的制度和历史背景。此处的引言为分析本书主要阐述的基础和未来发展做了铺垫。

仅用一章不可能进行详细且完整的回顾，构建 GDP 替代指标不是最近才兴起的。它始于 20 世纪 70 年代初，2003～2013 年这十年期间，在供求因素的推动下，它经历了一次非凡的繁荣。在供应方面，该领域的各种原始国际数据越来越容易获得。在需求方面，公民对官方统计数据所反映的社会形象越来越不满，要求提供其他指标。这两种趋势的融合得益于现代传播手段：现在可以很容易地发布新提案，并被世界各地的人们所接受，有时还能绕过冗长的学术或技术验证流程。要了解由此产生的活动是如何迅速发展和多样化的，我们只需访问一些专门的网站，尤其是"维基进步"平台① (http：//www. wikiprogress. org)，这是"测度社会进步的全球项目"的主要窗口，该项目由经济合作与发展组织（OECD，以下简称经合组织）主办，受到多个国际组织支持，并向所有形式的倡议（官方或非

---

① 此网站停止维护，现已无法打开，可查看新平台 https：//www. oecd. org/wise/。

官方）开放。浏览一下这个网站，就会发现详尽地介绍替代指标是很困难的。即使手头上有详尽的资料，拟议中的情况也会很快过时。

因此，在这里，我们的目标仍然受限，只概述了构造这个领域的主流思想的基本概念：这些主流思想来自哪里？它们是如何相互联系的？它们最具象征意义的代表是什么？它们提出了什么问题？为了实现这一目标，我们从已有的参考文献中获益匪浅（Romina Boarini, Asa Johansson and Marco Mira d'Ercole, 2006；Jean Gadrey Florence Jany-Catrice, 2006），读者可以参考这些文献以了解更多详细信息。

通过介绍现有指标的背景，将使我们能够提出并初步了解贯穿本书的关键方法论问题。虽然 GDP 的不足被广泛承认，但关于如何丰富现有的社会福利信息却存在着激烈的争论。有两个问题尤为突出。一个问题是，人们应该寻求与 GDP 差距有多大的指标。对 GDP 的适度修正是可能的，但一些作者也主张采用一种基于完全不同数据的全新指数，例如国民幸福指数。在这种情况下，货币方法往往与非货币方法对立，对前者的一个重要批评是，其很容易用一个维度的表现代替另一个维度。

另一个重要的争论是，人们是应该寻求单一的 GDP 替代指标，还是保留一个多维度的指标，针对不同的维度（GDP 可能仍然是其中之一）有若干指标。合成指标的赞同者和反对者，双方都有理论和实际依据。这些争论的内容将出现在本章中，并将推动本书许多部分的发展。

1.2　俯瞰图

让我们从综合性概述开始，如图 1-1 所示。图 1-1 初步按照指标大致出现的时间（横轴）以及与 GDP 或其他国民经济核算概念的接近程度（纵轴）来对这些方法或倡议进行排序。此处对指数（灰色框）和其他纳入的部分（白色框）进行了区分。"指数"既包括只出现一次的指标，也包括或多或少定期开发，而且通常会持续开发的指标。"其他"类别包括开创性论文、报告、工作组、正式或非正式的研究项目等。我们还试图展示一些相互关联的项目之间的附属关系，但只列出了最重要或最具体的项目。在某些情况下，关联太多，无法一一列出。通常情况下，借鉴了所有已有的趋势或原始数据的联合项目会出现这种情况。

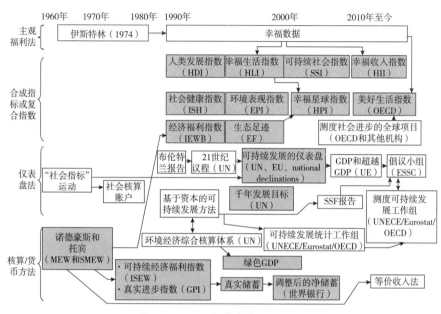

图 1-1　GDP 替代方案的俯瞰图

时间追溯到 1960 年，那时人们没有意识到 GDP（或 GNP）的局限性，但其实它早就存在。在 20 世纪 40 年代创造和实施国民经济核算概念时，人们就已经被提醒要注意其中的一些局限性。然而，在获得主导地位之前（也就是说，在"二战"之后的大扩张中），纠正或补充 GDP 的必要性还没有强有力地显现出来。

社会领域最先对 GDP 进行补充。国家统计机构（National Statistical Organizations，NSOs）在将发展和协调国民经济核算作为其核心活动的同时，还开始扩大社会统计范围，主要依靠家庭调查，涵盖人们生活状况的主要方面：劳动力市场的表现、健康状况等。在 20 世纪 70 年代（Richard Stone，1975），将这些社会统计数据整合到"国民经济核算"系统中的想法得到了推进，但在此阶段未能得到应用。原因可能是，与以货币计量的资源存量和流量相比，该领域不太容易进行严格的整合。但是，一股思潮出现了，在 20 世纪 60 年代，这股思潮暂时实现了将这些统计数据重新组合成一系列"社会指标"，目的是抵消 GDP 日益突出的优势。社会指标运动除各种国家举措外，① 经合组织在 20 世纪 70 年代还启动了一项雄心勃勃的社会指标统计项目。随后人们对这种加强统计社会数据的方式的兴趣逐渐消失，但是统计生产的推动力仍然存在，而最近的一些举措自然也借鉴了这一早期运动的做法。

就在同一时期，沿着另一条思路，威廉·诺德豪斯和詹姆士·托宾（William Nordhaus and James Tobin，1972）发表了开创性的论文。该论文是第一次尝试"从内而外"纠正 GDP，也就是说，在一个一致的核算框架内，将社会维度和部分环境问题结合。论文发表的背景是，人们开始关注"二战"后几十年的快速增长所依赖的有限资源。罗马俱乐部（Donella H. Meadows et al.，1972）出版的第一版报告《增长的极限》（Limits to Growth）引发了这种关注。

然而，高潮退却后，人们对这些问题的兴趣在第一次石油危机后变得异常微弱。经济增长缓慢及其社会后果再次凸显了旨在刺激经济活动的政策的重要性，并使 GDP 成为主要监测工具，但这并没有完全中断对 GDP 替代指标的探索。威廉·诺德豪斯和詹姆士·托宾及其后继者为了通过 GDP 更好地进行福利测度，提出了要扣除若干对福利没有积极作用的因素，并且重新汇总那些有用但货币账户无法体现的因素。可持续经济福利指数（Index of Sustainable Economic Welfare，ISEW）和真实进步指数（Genuine Progress Indicator，GPI）就是我们稍后将简要介绍的例子。最近，威廉·诺德豪斯和詹姆士·托宾传统观点的间接继任者试图通过等价收入法建立校正后的 GDP，这将在第 4 章中进行深入阐述。

然而，另一种占主导地位的思路认为货币估价无法对大多数本身并非以货币形式出现的福利组成部分进行估价。该思路采用了一种更简单、更激进的方法来汇总异质信息，即合成指标法或复合指数法。该方法在多个

---

① 关于这一运动的历史参看克里福德·科布和克雷格·里克斯福德（Clifford W. Cobb and Craig Rixford，1998）的《社会指数的历史经验》。美国约翰逊政府的领导下，社会指标的定期报告得到了强有力的支持，然后在 20 世纪 70 年代逐渐被放弃。以法国为例，在 20 世纪 60 年代末，人们对这个问题的兴趣非常浓厚，这有助于提高社会统计的覆盖面和质量，以及开发卫星账户体系。但是，在法国计划体系逐渐衰落的同时，对这些指标进行定期和标准化报告的想法在 20 世纪 70 年代逐渐失去了支持，参见伯纳德·佩雷特（Bernard Perret，2002）。

领域都有应用。当人们希望用不同的方式测度复杂现象时，常常使用这种方法，有时甚至是纯粹的定性方法。各国在许多领域的表现都用到该方法：劳动力或产品市场监管、商业活动的友好度、个人自由度等。对进步和人类福利的全球测度是应用这种方法最成熟的领域之一，其中的典型例子就是人类发展指数（Human Development Index，HDI）。图 1-1 上半部分提到的其他此类例子包括经济福利指数（Index of Economic Well-Being，IEWB）、可持续社会指数（Social Sustainability Index，SSI），以及经合组织在 2011 年推出的美好生活指数（Better Life Index，BLI）。

图 1-1 最后介绍了其他四种方法：专门致力于测度可持续发展的指数、"仪表盘"法、主观福利法，以及最近提出的一系列联合倡议，这四种方法通常是相互作用或相互重叠的。

关于可持续性，我们会提到石油危机在帮助 GDP 保持主导地位方面如何产生适得其反的效果。但我们对生态约束的关注从未消失，现在这一问题已完全重新回归到公众关注中心。这就解释了为什么"可持续"这个词出现在如此多的"综合"合成指标或复合指标中。这解释了为什么统计学家要在联合国的支持下，努力制定一个通用的环境和经济综合核算体系（System of Integrated Environmental and Economic Accounts，SIEEA），包括尝试开发"绿色 GDP"。这也导致了更多针对可持续性问题的指数开发：要么基本上沿着环境维度，如生态足迹（Ecological Footprint，EF）或环境可持续性指数（Environmental Sustainability Index，ESI），要么从更全面的角度出发，包括未来福祉的所有潜在决定因素，即真实储蓄（Genuine Savings，GS）相关的概念或调整后的净储蓄（Adjusted Net Savings，ANS），调整后的净储蓄现在由世界银行统计并定期发布（世界银行，2011）。

极具影响力的《布伦特兰报告》（Gro Harlem Brundtland，1987）的发布和里约首脑会议（1992）推动了对可持续性和发展的关注。这次新召开的"里约+20"峰会的结果在政治行动方面往往被认为是令人失望的，但它重申了需要"更广泛的进步指标来补充 GDP"（最终宣言，第 38 点）。现在，除了构建 EF 或 ANS 类型的单维指标外，布伦特兰报告首先推动产生了各种各样的"仪表盘"（dashboards）的开发，也就是说，一系列的指标使我们回归到 20 世纪 60 年代"社会指标"运动的最初理念，不同的是，现在更注重测度环境方面的指标。除了各种形式和不同地理层面的"可持续发展仪表盘"外，我们的图还提到了联合国 2000 年通过的千年发展目标（Millennium Development Goals, MDGs）。这种"仪表盘"方法与构建合成指标的战略既相互排斥又相辅相成。这种互补是双向的。任何合成指标背后都隐含着一个仪表盘，由仪表盘所有不同的指标组成，通过构建相关主题的合成指标来形成一个仪表盘通常是非常具有吸引力和相对容易的，这有助于将公众的注意力吸引到仪表盘上。

主观福利法是测度福利的另一种方法，在图的上方被表示成一个边缘指标，但它确实是一个重要的指标，而且在过去十年里被广泛讨论。它通过回答人们如何看待他们的生活的问题来直接衡量个人的幸福感。这种方法也有悠久的历史。这一领域的开创性著作大致与诺德豪斯和托宾的出版物是同一时期。20 世纪 70 年代中期，伊斯特林提出了他著名的悖论（Richard A. Easterlin, 1974），指出由 GDP 衡量的物质进步与主观数据显示的幸福感水平趋势之间缺乏明显联系。大约 20 年前，人们对这一结果重新产生了兴趣，由此产生了大量的文献，第 5 章将对此进行详细的评论。

主观数据导致指数完全依赖数据本身，例如盖洛普健康幸福指数，图 1-1 中未列出，但可通过维基进步平台访问。这一指数提供了美国人日常健康和福利的跟踪数据。主观数据也可以加入合成指标或复合指标中。经合组织的"美好生活指数"（Your Better Life Index, BLI）几乎就是这样的；幸福预期寿命指数（Happy Life Expectancy, HLE）实际上也是如此，将主观福利测度与预期寿命相结合；幸福收入（Happy Income, HI）指数（Prinz and Bünger, 2009）将同样的主观测度和家庭等价收入结合；幸福星球指数（Happy Planet Index, HPI）用幸福预期寿命除以生态足迹，目的是区分那些能够在对地球资源施加最小压力的情况下提供长期幸福生活的国家。后一个例子说明了指数的构建也会偶尔使用已有的指数作为新指数的中间产品，这有助于更多竞争指标被开发出来。

最后，图 1-1 还试着为最近的联合倡议留出地方，其中一些倡议仍在进行中。这包括已经提到的"测度社会福祉和进步"计划，该计划最近催生出了"美好生活"倡议，该倡议是经济合作与发展组织为庆祝成立五十周年发起的。上面引用的"美好生活指数"作为最新的合成指标，是这项

倡议的主要成果。值得注意的还有一个"可持续发展统计"联合工作组
（Working Group on Statistics for Sustained Development，WGSSD），该工作组
涉及经合组织、欧洲统计局（Eurostat）和联合国欧洲经济委员会（UN-
ECE/OECD/Eurostat，2008）；欧盟委员会 2009 年的"GDP 和超越 GDP"
倡议（Commission of the European Communities，2009）；以及经济表现和社
会进步测度委员会的报告（Joseph E. Stiglitz，Amartya Sen and Jean-Paul
Fitoussi，2009）。这三个项目大致在同一时期提交了最终报告，相应地又
产生了两个仍在进行中的工作组：欧洲统计系统委员会（European Statisti-
cal System Committee，ESSC）的一个倡议小组和一个新的经合组织/欧盟统
计局/联合国环境规划署（UNECE）测度可持续发展工作组（Task Force
on Measuring Sustainable Development，TFSD），该工作组可被视为 WGSSD
工作组的第二个阶段。

从第一个概述中，我们可以清楚地看到，GDP 存在的问题不是缺乏竞
争对手，而是替代方案过于多样化。我们现在将更精确地研究其中一些替
代方案的详细内容。通过仔细观察我们会发现为什么目前没有一个能够得
到全球支持，从而使其成为 GDP 明确的对手。除了第 5 章中纯主观福利方
法的具体案例，我们接下来将讨论图 1-1 中出现的四类主要指标：（a）HDI
类的合成指标；（b）威廉·诺德豪斯和詹姆士·托宾传统理论中的"校正
GDP"类的货币或准货币指标；（c）可持续性综合指标；（d）仪表盘。

1.3 不可汇总项的汇总？

我们从合成指标开始，不是因为它的先在性（在诺德豪斯和托宾之
后，合成指标大量出现），而是因为它的概念更简单。人类发展指数
（HDI）在这一类指标中具有突出的地位，因为它覆盖了全球的地理范围，
而且是由联合国机构即联合国开发计划署（UNDP）编制的。自 1990 年创
立以来，该指标一直是联合国开发计划署每年发布的《人类发展报告》的
核心部分。在 2010 年的二十周年纪念日时，HDI 又"改进"了。

　　HDI 是经济资源与健康和教育成就这两个维度结合起来的合成指标，这两个维度也被视为发展和进步的两大主要因素。三个维度在指数中的权重相等，用一种校准方法确保了［0，1］的变化范围。健康用出生时的预期寿命（以年为单位）来衡量。原指数中的收入用人均 GDP 代替，新指数中用国民总收入（Gross National Income，GNI）代替，区别在于 GNI 不包括国内生产的收入，但包括其他国家的居民获得的收入，如外国投资者自有资本的收益。对于那些由于外国投资的高渗透而使当地人口受益不多的国家来说，使用 GNI 而不是 GDP 确实更为合适。1990~2009 年版的指数中结合两项统计数据对教育成就进行了衡量：成人识字率以及小学、中学和大学的毛入学率。这两项数据在 2010 年已被超过学龄人口的平均受教育年限所取代（25 岁或 25 岁以上成年人的受教育年限）以及个人进入教育系统的预期受教育年限（即一个 5 岁的孩子一生受教育年限）。

　　根据 HDI 指数生成的国家排名确实不同于那些基于 GDP 的国家排名。根据 2011 年版的统计结果，HDI 最高的国家是挪威，数值为 0.943。挪威的人均 GDP 排名也很高，但仅排在第五位，远远低于两个 GDP 最高的国家——卡塔尔和卢森堡，这两个国家的 HDI 排名分别为 37 和 25。根据 2011 年版的统计结果，最极端的情况是赤道几内亚，它的 GDP 排名比 HDI 排名低了 90 个位次。同时，如图 1-2 所示，HDI 和 GDP 具有相对良好的相关性，这是由于 GDP 或相关的 GNI 概念互相渗透，以及指数的其他组成部分本身是与 GDP 相关的，尽管是非线性的。在 HDI 存在的 20 年中，基本的 HDI 得到了相关指标的补充，如不平等调整后的 HDI 或性别不平等指数，但保持了其基本组成部分一般不超过 4 个或 5 个的合成思路。

　　图 1-1 中提到的其他一些指数就基本组成部分的数量而言，与 HDI 或其变体相比，其简约程度较低，这通常是因为它们是为少数国家开发的，有时是只为一个国家开发的。

　　其中，应用于美国的社会健康指数（Index of Social Health，ISH）基于 16 项按年龄分组的社会指标（Marc Miringoff，Marque-Luisa Miringoff and Sandra Opdycke，1999）。经济福利指数（Index of Economic Well-Being，IEWB）包括当前的繁荣（主要基于消费指标）、财富存量（包括自然和非物质资源）、平等和经济安全（Lars Osberg and Andrew Sharpe，2002）。这

四个大维度都由 2~6 个子指标构成。例如，经济安全是通过四种社会风险得到的：失业、疾病、单亲贫困和老年贫困。纳入统计的国家中，挪威是从 1980 年到 1999 年发展最快的国家，瑞典、美国和英国的增长缓慢甚至下降，尽管后两个国家的 GDP 增长显著。指数结果在一定程度上对权重因子的选择很敏感。该指数已应用于其他一些国家。例如，弗洛朗丝·雅尼—卡特里斯和斯蒂芬·坎佩尔曼（Florence Jany-Catrice and Stephan Kampelmann，2007）对法国的经济福利指数（IEWB）进行了修订，并在更长的时间段内提高了数据质量。他们的研究结果证实了从 20 世纪 80 年代末开始，GDP 和 IEWB 之间的差异很大程度上是由于减少不平等和经济安全方面未进行改善。

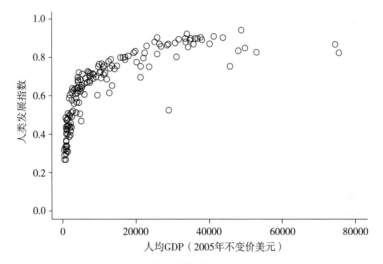

图 1-2　人类发展指数与 GDP（2007）

资料来源：UNDP（2011）.

可持续社会指数（Social Sustainability Index，SSI）是一个汇集了相当多的维度（24 个）并涵盖了布伦特兰可持续发展定义的三大支柱的指数（Geurt van de Kerk and Arthur R. Manuel，2008）。相反，图 1-1 中出现的另外三个例子，其公式已经给出，幸福生活指数（Happy Life Index，HLI）、幸福收入指数（Happy Income Index，HII）和幸福星球指数（Happy Planet Index，HPI），其组成部分更简单，将主观福利和一两个其他维度结合，如预期寿命、收入和生态足迹。经合组织的"美好生活指数"中也包含了主观数据，但该指数的维度与 IEWB 或 SSI 的维度类似，将主观维度与另外 10 个客观维度相结合，每个维度用 1~3 个统计数据表示：收入和财富、工作和收入、住房、工作和生活平衡、健康状况、教育和技能、社会关系、公民参与和治理、环境质量、个人安全。所有 11 个维度的权重默认相同，但该指数的一个主要创新是允许测试任何其他的权重设置，通过在线互动的应用，观察该指数涵盖的 34 个经合组织国家的排名变化。

暂且不论基础维度的数量和结果是多少，这种方法的主要问题是什么？综合指数的方法并不专门用于福利测度，而且无论它应用于哪个领域，都会因缺乏分析基础而招致批评（Martin Ravallion，2010a）。经合组织试图对这些局限进行系统的检查，以防止这种方法在使用中出现过度误导性（OECD/JRC，2008）。

首先想到的问题是汇总方法和对组成部分的处理方式。[①] 以 GDP 等货币指标为例，汇总依赖于这样一种假设：市场价格或多或少显示了人们对指数拟合成的基本实物量的估价方式。如第 3 章所示，事实上，这一假设远没有人们想的那样有根据，但它给人一种基于不完全任意的事物来汇总事物的感觉。

一旦离开货币总量领域，这种任意性问题就变得更加紧迫，关于如何处理这个问题的参考文献很少。在这里，我们将继续以 HDI 为例，不是因为它特别说明了该做什么或不该做什么，而是因为它易于处理并且众所周知。自创立以来，HDI 的优势在于，高国际知名度和拥有多个可依赖的关键评估指标（Kelley，1991；McGillivray，1991；Srinivasan，1994；Sagara and Najam，1998；MacGillivray and White，2006；Ravallion，2010b）。

HDI 方法的第一步是根据一部分观察到的和一部分常规的变化范围重新调整每个维度。根据 2011 年的统计结果，预期寿命的最小值和最大值分别设定为 20 岁和 83.4 岁，后者是日本达到的预期寿命水平。对于观察到的预期寿命为 60 岁的国家，重新调整的预期寿命指数为 $(60-20)/(83.4-20)=0.631$。这一数值可以解释为预期寿命维度上的相对匮乏指数，因为

---

① 另一个重要问题是数据范围或质量。这并不是只针对合成指标的方法，对于那些通常试图涵盖统计系统发展极不平衡的众多国家的指标而言，它尤为重要。有些估算方法用于弥补数据质量低或完全缺乏数据的缺陷，但它们不能对指标的相关性保持中立。

它意味着，一个预期寿命值为 60 的国家，其预期寿命是这一特定维度最差和最好表现之间的 63.1%。对于两个教育指标，最小值设为 0，平均受教育年限的最大值为 13.4（2005 年捷克共和国的水平）以及预期教育年限的最大值为随机数字 18。就人均国民总收入而言，2010 年卡塔尔的国民总收入最高为 107721，最低国民总收入按惯例设定为 100——这确实是一个很低的值，但这说明，接近这一极低水平的国家，大部分生活保障也来自非货币收入或未申报收入。这种重新调整是在转换成对数后进行的，以反映 GDP 对福利的影响随着 GDP 的增长而减少的假设。

这只是其中一种处理指数的基本组成部分的方法。另外两种主要的可行方法是标准化变量，也就是说，以平均值为中心，除以标准差，或者用排名代替数值，但这些选择并不中立。例如，使用排名会降低一个国家的相对表现，这个国家可能在重要指标上是一个突出的离群值，在某些情况下，特别是当测量误差容易产生极值的时候，这种性质是理想的，但在其他情况下则并非如此。

然后到了严格意义上的汇总步骤，同样有各种可行方法。HDI 的初始版本使用了等权重的线性汇总法。这一版本因在指数各组成部分之间，特别是在收入和预期寿命之间，允许诱导性权衡而受到批评。新的汇总步骤被认为对这一问题进行了更令人满意的处理。但是，根据马丁·拉瓦雷（Martin Ravallion, 2010b）的说法，没有任何保证可以成功做到这一点。让我们简单地回顾一下细节，忽略与寿命/收入权衡正交的教育维度。用 Y 表示收入，用 LE 表示预期寿命，HDI 两个连续版本归结为：

$$HDI_{old} = \frac{1}{3}\frac{LE - LE_{min}}{LE_{max} - LE_{min}} + \frac{1}{3}\frac{\ln(Y) - \ln(Y_{min})}{\ln(Y_{max}) - \ln(Y_{min})}$$

和

$$HDI_{new} = \left(\frac{LE - LE_{min}}{LE_{max} - LE_{min}}\right)^{1/3}\left(\frac{\ln(Y) - \ln(Y_{min})}{\ln(Y_{max}) - \ln(Y_{min})}\right)^{1/3}$$

在这两种情况下，在 Y 和 LE 的共同边际变化后，可以通过将指数的整体变化变为零来计算附加寿命（VLE）的隐含价值。一般公式为：

$$VLE = -\frac{dY}{dLE}\bigg|_{HDI = constant} = \left(\frac{\partial HDI}{\partial LE}\right)\bigg/\left(\frac{\partial HDI}{\partial Y}\right)$$

将该公式应用在新旧版本的指数中会得到：

$$HDI_{old} = Y \frac{\ln(Y_{max}) - \ln(Y_{min})}{LE_{max} - LE_{min}}$$

和

$$HDI_{new} = Y \frac{\ln(Y) - \ln(Y_{min})}{LE - LE_{min}}$$

这种变化似乎不可忽略，其影响初看并不明显。在该指数的旧版中，汇总得到了与收入呈线性关系的寿命的边际值。新公式使得新的 $\ln(Y)$ 项对分母的依赖性更强，导致接近观察到的最低收入水平 Y_{min} 的国家寿命估值非常低。根据马丁·拉瓦雷的计算，在津巴布韦的极端情况下，根据新版本的指数公式，每人一年的平均预期寿命只值 0.51 美元。换句话说，如果有一项政策允许平均预期寿命减少一年，而人均收入增加 0.51 美元，那么这项政策就会被认为是促进了这个国家的"人类发展"。在全球范围内，新指数与旧指数相比，寿命贬值了，只有极少数例外，而且它对贫穷国家的影响更大。VLE_{new} 的最高值与最低值之比为 17000。即使排除津巴布韦这种极端情况，这个比率仍然是 1600。[①]

这种情况的矛盾之处在于，最初制定的替代方案是为了避免货币汇总方法的假设过于随意，结果却产生了完全相似的问题，而且可能会造成更严重的后果。用货币价值评估寿命会导致道德窘境，这是可以理解的。人们更愿意见到一个避免此类问题的合成指标。但世界上没有奇迹。将 GDP 和预期寿命合计在一个单一的标量指标内不可避免地赋予了附加寿命一个隐含的价值，而这样做的风险是不受控制的。正如马丁·拉瓦雷所说，该指标表面的透明是错觉，它只在易于复制和经得起上述评估的意义上是透明的。但是，

---

① 乐观来看，通过几何方法进行汇总得到一些有用的信息。在修订后的 HDI 的其他创新中，我们还发现了"不平等调整后的 HDI"（inequality adjusted HDI, IHDI），它考虑了跨维度的不平等。复合指数中不平等修正的一个常见缺陷是，在对依据不平等单独修正的子维度进行汇总时，忽略了累积匮乏，即忽略了收入方面相对匮乏通常与其他维度相对匮乏同时发生的事实。正确的方法是首先计算个人福利指数（个人 HDI），将每个人的三个维度结合起来，然后以一种考虑到不平等的方式对其进行汇总。在某种意义上，IHDI 最终做到了这一点，因为每个维度上的不平等本身都是根据几何平均值计算的，并且几何平均值的计算顺序对于最终结果来讲是中立的。由于这种路径的独立性，可以认为 IHDI 使用了正确的汇总形式，但前提是几何平均值是评估个体福利水平的正确方法，并且几何平均值也是依据纠正不平等进行调整的正确方法。

只要用户不努力进行这样的分析，这个指标就其真正的规范含义而言仍然是完全不透明的。这个问题的出现不仅仅是因为我们将 GDP 或 GNI 作为指数的一个组成部分。当所有的汇总变量都不是货币变量时，情况并没有根本不同。汇总通常意味着在汇总的各项之间假设一些重要的替换项。

这些问题源自选择汇总项的首要问题。问题不仅在于"如何汇总"，还在于知道"汇总什么"。在这一阶段也应该要接受某些理论，即使这些理论并不完善或者有不足。关键是需要尽可能清楚地说明人们到底想测量什么，以及指数的基本组成部分将以何种方式推动实现这一全局目标，试图避免差距和冗余。当目标是衡量福利时，需要合理容纳所有真正对福利重要的事物，并且我们必须避免将两个衡量同一事物的基本指标结合起来。再次以 HDI 为例，本书从一开始就提出了它选择福利货币收入、健康和教育三个主要方面进行评估，是阿马蒂亚·森能力概念的实证转换，这在第 6 章中讨论过，也就是说，要想获得福利就需要在选定的维度上获得一些基本权利。但为什么要局限在 HDI 选择的三个维度上，并且排除经济或个人安全等？在 GDP 中"增加"健康和教育维度究竟意味着什么？人们可能会说，健康和教育已经通过私人和公共支出水平这两个项目纳入到 GDP 中，因此该指标可能会被重复计算。解决的方案可能是，这两项的支出与实际健康或受教育机会的结果之间必须存在差异，但在这种情况下，为什么不将前者从指数中去除呢？一个旨在衡量结果或后果（实际福利）的指标，不应包含一些只是达成这一结果的工具的要素。

在这一领域，关于投入、中间产品和产出之间的划分缺乏清晰的分析是很常见的。顺便提一下，GDP 本身并不能幸免于这种批评：GDP 是价值的总和，有一个众所周知的优点，即避免重复计算最终被纳入最终消费的中间产品。然而，加上消费和投资，它不恰当地混合了一些毫无疑问是当下福利组成部分的东西（消费）以及一些应该被视为对未来福利有贡献的东西（投资）。威廉·诺德豪斯和詹姆士·托宾考虑到了这一点，稍后我们再在第 2 章讨论可持续性。

"汇总什么"这一问题的另一个典型例子是幸福星球指数，它结合了"幸福预期寿命"和生态足迹。对于那些相信主观福利数据能够揭示真实生活质量的人来说，首先用幸福的流量乘以每个人享受幸福的时间指标似乎是有意义的。然而，即使在这一步也会出现问题。假设两个构成项之间的替代指标弹性值为 1，是否足以说明：预期寿命延长 10% 是否正好弥补了 10% 的幸福感缺失？预期寿命也可能是人们在评估自己的生活质量时考虑的因素之一，在这种情况下，重复计算的问题再次出现。但最重要的问题是生态足迹的划分。毫无疑问，福利和可持续性是两个值得衡量的重要维度，但这是否意味着整合它们是有意义的？就目前的情况而言，低死亡率/高足迹国家与高死亡率/低足迹国家之间的指标可能没有任何区别。

1.4　校正 GDP

综上所述，复合指数提出的问题是为了避免货币指标汇总的假设过于随意，它们最终以同样随意的方式将事物汇总在一起，不同项目之间的权衡造成了无法控制的后果。

当然，这不足以证明定义明确的货币指标汇总最终优于定义不明确或未定义的"非货币"指标汇总。然而，许多经济学家已经踏上了 1972 年威廉·诺德豪斯和詹姆士·托宾开辟的道路。其目的是尽可能保持 GNP 和 GDP 概念的核算一致性，并尽可能在一定程度上依赖国民生产账户中的其他部分。这种方法需要对人们想要从标准 GDP 中减去或增加的所有要素进行货币评估。这种方法可以标记为"校正的 GDP"或"扩展账户"。

威廉·诺德豪斯和詹姆士·托宾的出发点是，测度福利的最佳选择不是 GDP 本身（GDP 基本上是衡量经济活动的一个指标），而是它的一个组成部分，即家庭总消费。从那里重新开始，两位作者提出的校正分两步进行。第一步是从私人消费总量中减去一些对福利没有积极贡献的成分（如通勤或法律服务的成本），以及增加对福利有贡献的活动（如休闲或家务劳动）的货币估值，得出经济福利指标（Measure of Economic Welfare，MEW）。第二步是将 MEW 转化为考虑到总财富变化的"可持续经济福利指标"（Sustainable Measure of Economic Welfare，SMEW）。MEW 与 SMEW 之间的关系类似于 GNP 与 NNP 在标准国民经济核算中的关系：根据指数构建者保留的资本存量定义，SMEW 测度了与保留资本存量相一致的 MEW 水平。

将 MEW 转换为 SMEW，需要计算公共和私人财富总额的估值，其中包括可再生资本、不可再生资本（仅限土地和净外国资产）、教育资本（基于劳动力所属人员在教育中所花费的年累计成本）和健康资本（基于永续盘存法，其中年折旧率 20%）。

威廉·诺德豪斯和詹姆士·托宾为美国提供了一个 1929～1965 年的 SMEW 评估，并与 GNP 相比，而非与 GDP 相比，因为当时 GNP 是在国民经济核算中优先考虑的指标。由此得出两个主要结论：第一，由于休闲活动的巨大积极贡献，SMEW 的水平明显高于 GNP。第二，在考虑社会经济发展的总体方向时，即使幅度不同，GNP 和 SMEW 也会传递一致的信息。在评估期间内，SMEW 的增长率约为 GNP 增长率的 2/3。

威廉·诺德豪斯和詹姆士·托宾的结论是，尽管 GNP 存在局限性，其增长率仍然是一个足以胜任的政策指导指标。但他们仍然谨慎地将自己的成果仅仅当作一个出发点。20 世纪 80 年代，研究者进一步提出了一些指数，如克塞诺丰·佐洛塔斯（Xenophon Zolotas，1981）提出的经济方面的福利指数（Economic Aspect of Welfare index，EAW）。赫尔曼·戴利和约翰·科布（Herman Daly and John Cobb，1989）于 20 世纪 80 年代末重新提及这一问题，他们提出了可持续福利指数（Index of Sustainable Welfare，ISEW），由克利福德·科布和约翰·科布（Clifford W. Cobb and John Cobb，1994）进一步改善。ISEW 与 MEW 或 SMEW 有许多共同之处，但 ISEW 有两个重要的补充内容：（a）对自然资源消耗的评估，通过产生可再生替代品永久等效流所需的投资来测度和（b）收入分配。威廉·诺德豪斯和詹姆士·托宾在他们的论文中承认分配问题是他们指数中缺失的维度之一。另外，最初的 ISEW 不包括对闲暇时间的任何货币评估，被认为过于不确定。

自 1995 年以来，非政府组织"重新定义进步"（Redefining Progress）提出了一个非常类似的指标，即真实进步指数（Genuine Progress Indicator，GPI）（John Talberth et al.，2006）。ISEW 和 GPI 经常作为同一指数的不同名称出现。[①]

---

① 斯蒂芬·波斯纳和罗伯特·科斯坦萨（Stephen M. Posner and Robert Costanza，2011）提供了该 ISEW/GPI 方法的 25 个应用清单，涵盖 21 个国家。

这些指数传递的信息与威廉·诺德豪斯和詹姆士·托宾的开创性论文的结果不同。由于排除了闲暇时间，这些指标的水平低于 MEW，同时由于纳入了自然资源消耗和收入分配，这些指标也低于 GDP。不同国家之间的差距大小不尽相同：布伦特·布莱斯（Brent Bleys，2005）、琼·佳德瑞和佛罗伦斯·詹尼—凯瑞斯（Jean Gadrey and Florence Jany-Catrice，2006）表明，英国和美国的 ISEW 与 GDP 之间的差距远高于瑞典，这主要是由于收入不平等的程度不同。更重要的是，ISEW 和 GPI 的增长远低于 GNP，甚至是负增长。这使得一些作者主张支持所谓的阈值假设，即 GDP 增长对福利的贡献最高为某一水平，超过这个水平，GDP 和福利就变成了反相关（Manfred Max-Neef，1995）。

另外两篇最近发表的论文也与威廉·诺德豪斯和詹姆士·托宾的传统观点有关。马克·弗莱贝伊和纪尧姆·高利尔（Marc Fleurbaey and Guillaume Gaulier，2009）[①]、查尔斯·琼斯和皮特·克列诺（Charles I. Jones and Peter J. Klenow，2010）在"等价收入"概念的基础上发展了货币方法，其理论依据将在第 4 章中详细讨论。当非收入维度上存在差异时，将为这些维度选择参考标准，并计算等价收入（或消费），也就是说，与参考标准相关的货币数量，将使人们对他们当前的状况漠不关心。[②] 这些货币量可以通过不同的方法进行评估：市场价格显示的边际支付意愿（例如，使用工资评估闲暇价值）或结构效用函数的校准（例如，对寿命的估值）。[③] 然后，各国的等价收入或消费以一种考虑到不平等的方式进行合计。查尔斯·琼斯和皮特·克列诺纳入的非货币维度是闲暇和总体预期寿命，他们的研究适用于 143 个国家，并对 1980 年至 2000 年的变化进行了量化记录。2004 年，马克·弗莱贝伊和纪尧姆·高利尔的统计仅覆盖了 24 个经合组织国家，但纳入了其他非货币指标，如健康预期寿命、就业状况（失业被认为是比单纯的收入损失更大的福利损失）或家庭构成（一个给

---

① 法国展望中心和国际信息中心（CEPII）研究所最近公布了最新数据（Lettre du CEPII，n°312，2011）。

② 事实上，查尔斯·琼斯和皮特·克列诺（Charles I. Jones and Peter J. Klenow，2010）采用的方法产生的排名与偏好不一致，因为不同国家使用了不同的参考标准（见第 4.1 节）。

③ 在后一点上，两项研究都依赖于加里·贝克尔、托马斯·菲利普森和罗德里戈·苏亚雷斯（Gary S. Becker，Tomas J. Philipson and Rodrigo R. Soares，2005）的早期成果。

定的收入会使受益于规模经济的大家庭获得更高的福利）。

在这两种情况下，福利与 GDP 的相关性仍然很强，但对闲暇活动的修正有助于大大缩小美国和欧洲国家之间的差距。比较发达国家和发展中国家，查尔斯·琼斯和皮特·克列诺还观察到后者由于较高的死亡率水平而排名靠后。随着时间的推移，预期寿命的增长在全球福利指数的增长中占很大比例。

等价收入法和本节前面回顾的价值方法之间的重要区别是前者依赖于对影响福利的各个维度的人口偏好的估计，而后者只依赖于市场或估算价格。这一区别在本书中发挥着重要作用，并用两个单独的章节（第 3 章和第 4 章）对各种价值方法的基础进行处理。顺便说一句，马克·弗莱贝伊和纪尧姆·高利尔（2009）以及查尔斯·琼斯和皮特·克列诺（2010）等价收入估算方法的主要缺点是，没有足够的个人偏好数据，因此只能提供这种方法的说明性雏形。

价值方法涉及复杂的估算或估计，因此缺乏 HDI 获得成功的因素即简单和显而易见的透明度。但我们已经看到，这种透明度可能是种错觉。因此，我们有充分的理由去仔细研究这种更复杂的方法，这也是本书的一个重点。

1.5 可持续性评估：弱还是强？

让我们来谈谈更具体的可持续性评估问题，我们提到的一些指标中已经包含了这种可持续性维度。威廉·诺德豪斯和詹姆士·托宾的提议由两部分组成：经济福利指数（MEW）和可持续经济福利指数（SMEW）。采用双重指标方法并不是为了简单地提供两个数据，其实一个数字就可以解决问题。在威廉·诺德豪斯和詹姆士·托宾的概念框架中，我们必须明确区分这两个指标即衡量我们目前的生活水平（MEW）和我们能否以一种可持续的方式生活，也就是说，保持一种能够在后代中得以延续的生活水平（SMEW）。这两个指标完全没有理由一致，而这两个指标之间的差异对可持续性至关重要。MEW 比 SMEW 低，在这种情况下，可持续性是有保证的，反之则不然。在第一种情况下，我们甚至可以享受比目前更高水平的消费，而不会迫使后代接受比我们更穷的困境。MEW 比 SMEW 高，标志着我们的生活水平超过了收入。这清楚地表明，从本质上讲，SMEW 本身并不是一个充分的可持续性统计数据，只有与 MEW 进行比较时才有意义。

遗憾的是，在随后的指数开发尝试中，这一点有些被遗忘了。对能够完全取代 GDP 的理想单一指标的追求，有时会导致类似 SMEW 的指数成为汇总当下和未来生活条件的有用指标，而忽略了这种汇总意味着信息的严重损失（Martha C. Neumayer，2000）。这种批评适用于作为 SMEW 直接后继指标的 ISEW/GPI 指数，以及"绿色 GDP"的构建。绿色 GDP 通常被理所当然地认为可以纠正标准 GDP 的环境局限，但是，即使这种纠正很容易执行（事实并非如此），纠正后的指标向我们传达的关于可持续性的信息比人们通常认为的要有限得多。不可否认的是，绿色 GDP 将依据国家的经济表现对国家进行重新排序，其中"污染"的国家位次会被降低。但是，就其本身而言，观察到该国或该国的绿色 GDP 仅为其标准 GDP 的95%或90%，并不能说明该国目前的生活水平能够或不能在未来延续。

绿色 GDP 的基本局限有助于解释为什么在绿色核算这方面的进展如此缓慢。这不仅是因为建立绿色 GDP 十分困难，还因为其并未提供前瞻性信息，这种批评也适用于市场上的一些复合指数。HDI 并没有这种局限性，因为它显然是当前经济成就的一个指标，不涉及任何未来的内容。最新一期《人类发展报告》（2011）的主题是可持续性，它并没有偏离这一点。它清楚地区分了测度 HDI 和评估当前 HDI 可持续发展的两个维度。如果你坚持选择人类发展指数作为衡量当下福利的适当指标，这确实是一个正确的选择。但是，"绿色 HDI"已经在其他地方被提出（Mayur Desai，1994；Mª Casilda Lasso de la Vega and Ana Marta Urrutia，2001；Valeria Costantini and Salvatore Monni，2004），只是使用上述的调整和汇总技术，在当前 HDI 中添加一些污染物排放以进行简单补充。显然，这些指数传递的信息不容易分析。当然，一个高 HDI 而排放量大的国家，由于这一补充维度，其排名将再次下降，但这一下降是否足以衡量这个国家对人类未来福利的负面影响该承担多少责任？该指数是否向我们传递了一个更准确的信息，告诉我们哪些国家是"可持续的"，哪些国家不是？幸福星球指数也具有同样的问题：两个低预期寿命、低足迹和高指数值的国家最终可能会以类似的方式进行分类，但这两个国家的情况显然需要加以区分。

因此，总的来说，回到威廉·诺德豪斯和詹姆士·托宾最初提出这一问题的方式，可以更好地解决可持续性问题：衡量我们的生活水平有多高或者我们消费了多少是一回事，衡量这是否与过度消费有关是另一回事。在这种情况下，有两种方法可以选择。要么和威廉·诺德豪斯和詹姆士·托宾一样选择组合指标（MEW，SMEW），要么更直接地讲，一旦选择了一个类似于 MEW 的当下福利指标，我们就用另一个指标或一些直接反映其可持续性的指标对其进行补充，也就是说，SMEW 与 MEW 的差别指标或其任何可接受的替代指标。

关于这个方向的尝试有什么？在这类指标中，可以再次使用复合指数，比如环境可持续性指数（Environmental Sustainability Index，ESI）或环境绩效指数（Environmental Performance Index，EPI）（Daniel C. Esty et al.，2005）。ESI 将 76 个变量汇总为 21 个中间指标，如空气和水质、减少废弃物和温室气体排放。EPI 是一种简化的 ESI 形式，基于 16 个指标（结果），并且更具有政策指导性。现在，这种信息汇编只允许根据各国为促进环境可持续性所做的努力对其进行排名，而且，顺便说一句，这种方式争议很多：ESI 和 EPI 都设立了偏向于先进国家的"可持续性"指标，仅仅是因为这些国家相对重视有助于促进环境保护的制度和政策。这些制度或政策很重要，但它们本身并不能保证这些国家对环境的危害比其他国家小。在全球范围内，无论是 EPI 还是 ESI 都不能真正量化不同国家实现可持续发展的程度，即便从单纯的环境角度来看也是如此。事实上，纯粹的可持续性问题只能由两个指标来解决，其结果差异很大：调整后的净储蓄（Adjusted Net Savings，ANS）和生态足迹。

"调整后的净储蓄"是我们在这里使用的一个指标名称，其他作者还称之为"真实储蓄"（David Pearce，D. Kirk Hamilton and Giles Atkinson，1996；D. Kirk Hamilton and Michael Clemens，1999）或"真实投资"（Kenneth J. Arrow et al.，2004）。"调整后的净储蓄"是世界银行的一个小组在 2004 年开始使用的一种叫法，源自一项针对所有国家系统编制这一概念的项目，我们随后也会使用这种叫法（世界银行，2011）。不管名称是什么，原理都是一样的。它包括计算广义国民储蓄，广义国民储蓄结合了通常意义上的净资本积累与各种负储蓄，如不可再生的化石资源的消耗、环境退化，并且从积极一面来看，其通过知识或人力资本的积累而得到补偿。这一指数也可以理解为一个包含全球或"包容性"财富概念的净变化，结合了对生产和生活质量至关重要的所有不同资产。这种思考可持续性的方式通常被称为"以资本为基础的可持续性方法"。"调整后的净储蓄"也可以修正为包含纯粹外生技术进步或人口变化后果的指标。即使全球资本存量在下降，技术进步也有助于维持增长或福利。关于人口变化，实际统计要考虑到可持续性需要保持人均包容性财富，这意味着必须通过更多的储蓄来补偿正的人口增长率（Kenneth J. Arrow, Partha Sarathi Dasgupta and Karl-Göran Mäler, 2003b）。

第 2 章将提供更多关于该指标的分析基础和局限性的内容。在这一阶段，我们将回顾一下对这种可持续性衡量方法所提出的主要定性批评（Simon Dietz and Eric Neumayer, 2004）。主要的批评可以归纳为三点：

- 第一点是将完全不同的资产变量合并成一个单一的货币数字，需要对每一个资产都进行货币价值计算，即构建相对价格体系，并且这种价格难以以适当的方式计算。事实上，正如我们已经讨论过的隐藏在 HDI 中的隐含价值那样，任何形式的可持续性指标都会产生这个问题。但对于一个用货币单位表示结果的指数来说，这个问题必然更加突出。指数的构建者是如何处理这一问题的，他们这样做会带来什么问题？对于某些资产，价格可以在市场上直接观察到。但即便如此，我们也不能保证这些价格传达的是有关这些资产长期整体价值的正确信息，这尤其适用于少数存在于市场上的环境资产，特别是由于巨大的外部性，这些市场很可能以非常低效的方式运作。还有许多资产根本没有市场，因此没有可观察的价格。当然，仅仅从计算中排除这些资产是不可接受的，但是合并这些资产需要依赖于估算价格，而难点在于知道这些估算价格的评估依据是什么。
- 第二点与第一点密切相关，它与可持续性的弱/强争论相对应。[①]

---

① 关于这场争论更完整的观点，见 Eric Neumayer（2004）。

从字面上看，"调整后的净储蓄"的附加性质表明，任何水平的自然资本贬值都可能被足够高的自然资本或人力资本积累率所抵消。换言之，该指数假设，即使在自然资本存量价格非常低的情况下，也始终存在用生产资本商品代替自然资本商品的可能性。根据这一点，自然资源的最低临界存量对于简单维持人类生活是必要的，对于维持一定水平的福祉是有利的，这种设想不符合强可持续发展观点。因为没有包含这一约束条件，"调整后的净储蓄"标准被认为只提供了可持续性的必要条件，而不是充分条件。从这个意义上说，它通常被认为是一个弱可持续性标准。在这里，这个问题并不是因为采用货币指数而出现的，第2章将说明它在理论上是不可克服的。一旦价格是估算的而不是市场上观察到的，就可以通过对所有存量接近临界值的"绿色"资产采用非常高的价格来更强烈地对指数进行漂绿（greenwash），这使得对它们的保护将变得非常重要。第2章的一个中心主题将是以无可争辩的方式进行这项工作的困难。

- 第三点出现在各国比较"调整后的净储蓄"估值时（Glyn Everett and Alex Wilks，1999）。世界银行对"调整后的净储蓄"指标进行系统计算得出的最显著结果是，不可持续问题基本上出现在发展中国家。图1-3确实显示了用当前GDP的一部分表示的"调整后的净储蓄"与当前GDP水平之间的正相关性。大多数"调整后的净储蓄"为负值的国家都是2005年人均GDP低于10000美元的国家。典型的例子就是一个贫穷国家的大部分收入都来自对可耗尽的自然资源的开发。在这样的经济体中，确保长期可持续性的唯一途径是将足够份额的租金收入再投资到其他生产性资产上，这些资产的回报将逐步补偿自然资源消失带来的收入下降。这就是所谓的哈特维克准则（John M. Hartwick，1977）。不可持续的贫穷国家是指那些不尝试或更现实地说，没有能力遵守这一准则的国家。诚然，这些国家走上不可持续的道路是因为一些现实的因素。至少直到最近，许多欠发达国家的经济增长确实比发达国家更加脆弱或不稳定。但是，如果我们把重点放在环境问题上，认为发达国家不存在可持续性问题的观点与认为它们是造成全球变暖等环境问题的主要原因的观点是截然相反的。

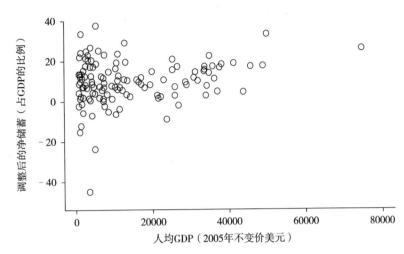

图 1-3　调整后的净储蓄（2005—2009）和 GDP（2007）

资料来源：世界银行（2011）和联合国开发计划署（2011）。

　　所有这些都解释了为什么许多人对生态足迹指标传递的完全相反的信息有明显的偏向。生态足迹将各国对自然资源的直接或间接压力与本国资源或全球人均可利用资源的平均值进行比较（Mathis Wackernagel and William E. Rees，1995）。一般认为，该指标更符合强可持续性观点，即可持续性要求对所有环境资产进行单独保护，无论其他生产资产的积累如何。生态足迹也传达了一个更倾向于认为发达国家的消费方式对世界生态系统的退化负有重大责任的信息（见图 1-4）。它还显示了过去几十年来形势恶化的速度有多快。在世界范围内，20 世纪 60 年代仍低于生态系统再生能力的全球足迹现在远远超过了生态系统再生能力，这确实是一个不可持续性的强烈信息，但全球调整后的净储蓄（ANS）并未显示这一信息。

　　但人们对这一指标也提出了几点批评。[①] 这些批评可以分为两类：内部批评和外部批评。内部批评承认了该指数的总体概念，但讨论了该指数

──────────

　　① 《生态经济学》第 32 卷专门讨论了生态足迹问题。从那以后，同一家杂志和其他一些机构又专门发表了几篇关于该指数的论文。感兴趣的读者可以在托马斯·韦德曼和约翰·巴雷特（Thomas Wiedmann and John Barrett，2010）的论文中找到大量的参考书目，他们还向一个大约有 50 名专家的小组发放调查问卷，询问他们对足迹的看法和政策用途并进行了评论。

　　Wiedmann T., J. Barrett 2010, "A review of the Ecological Footprint indicator: Perceptions and methods," *Sustainability* 2：1645-1693.

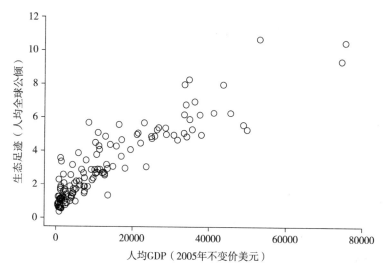

图 1-4 生态足迹和 GDP（2007）

资料来源：全球足迹网络（2010）和联合国开发计划署（2011）。

实施的细节。限于篇幅，本章和本书并未详细讨论这些实际问题，但我们必须记住，正如价值指标，生态足迹需要一些规则来衡量不同形式的环境压力。这是汇总中不可避免的，而将事物用非货币单位——全球公顷汇总，表面上改变了问题的本质，实际上并没有。

在不讨论细节的情况下，我们重点强调生态足迹采用的核算准则导致的一些后果。首先，在某些方面，该指数的绿色程度低于人们的预期。例如，它并没有真正包含过于激进的农业技术对耕地造成的压力。更准确地说，由于假定耕地资源与农业实际使用的耕地完全相同，并以当前的平均产量为权重，这一部分的足迹在世界范围内是机械平衡的。该指标就可持续性这一方面传达的唯一信息是人口非常稠密的国家过度消耗耕地，而人口稀少的国家则没有。这样的信息并不一定令人感兴趣：拥有不同土地资源禀赋的国家以与其禀赋相一致的方式进行专业化生产，这本身并不是不可持续的迹象。在国内层面上，这一点更为真实：一个城市"消耗"的土地比它实际覆盖的土地多是正常的。只有汇总所有数据，才能获得可持续性或不可持续性的信息，但是，由于世界范围内都假定实际使用的土地资源与土地资源均等，这种汇总实际上并不能实现。

其次，生态足迹关注可再生资源，但忽略了化石资源消费对可持续性的威胁。例如，生态足迹仅认为石油消费影响 CO_2 排放量并引发可持续性问题，并根据理论上吸收这些排放量所需的森林公顷数进行估值。事实上，最终只有这个因素才能解释过去几十年发生的足迹激增，相比之下，指数的其他组成部分却异常平稳。这意味着需要单独统计这一重要因素，然后寻找更好的方法来统计其他维度上的失衡。事实上，在过去的几年里，碳足迹的概念开始变得比初始的生态足迹指标更重要（Thomas Wied-mann and Jan Christoph Minx，2008），此外，人们还开始探索生态足迹最初未涵盖的一些其他维度的类似指标，例如水足迹（Arjen Y. Hoekstra，2009）。

就外部批评而言，对该指数的批评表明，该指数完全忽视了其他生产要素的替代要素所带来的可能性，再次引发了弱/强可持续性辩论。批评者认为，即使生产资产和非生产资产之间的替代可能性不是无限的，它们也是真实的，指标忽略了这一点就会导致对未来生态环境前景持过于悲观的看法。我们还可以指出，在可持续性方面关注自然资源的指标并不比"调整后的净储蓄"更全面。例如，一个经济体对自然资源的使用非常谨慎，但却停止了对实物资本或教育的投资，这一经济体所走的道路并不比一个完全相反的经济体更具可持续性。生态足迹等指标忽视了可持续性的这一方面，因为它们只关注环境层面。而"调整后的净储蓄"方法吸引人的方面在于它试图将环境和非环境方面的发展结合起来。

简言之，再考虑到 EPI/ESI，[①] 可持续性可能是最难达成共识的领域。这种情况似乎比测度当下福利要困难得多。在后一种情况下，虽然 GDP 替代指标可能导致重大的修正，但它们通常不会导致国家排序的完全颠倒：图 1-2 所示的 GDP 和 HDI 之间的高相关性说明了这一点。在测度可持续性时，我们面临着两个完全相反的范式。人们可能会寻求一种方法来找出双方都认为有意义的东西，但将反对意见归入一个单一的元指标之下似乎会产生问题。另一种策略是让不同的指标靠自己的能力生存，在需要时加

---

① 有关同时涵盖 ANS、EF 和 ESI/EPI 的更详细比较分析，参见杰根·拉姆·皮拉里塞蒂和杰伦·范登伯格（Jagan Ram Pillarisetti and Jeroen C. J. M. van den Bergh，2010）。

Pillarisetti J. R.，J. C. J. M. van den Bergh 2010，"Sustainable nations：What do aggregate indexes tell us？" *Environment*，*Development and Sustainability* 12：49-62.

以改进，将它们放在可比较的水平上，将两种不同的、互补的可持续性观点结合在一起，而这两种观点是不可约的。因此，民间团体或决策者有责任研究如何应对这些相互矛盾的指标。这正是我们需要讨论的最后一种方法的原理，即为用户配备结合各种指标的多维仪表盘。

1.6 应对多维性：仪表盘

正如已经强调的，测度福利或可持续性的"仪表盘"方法有着悠久的历史，可以追溯到 20 世纪 60 年代的社会指标运动。在经历了第一次石油危机的挫折之后，到 20 世纪 90 年代人们再次青睐这种呈现统计数据的方式，现在人们更加关注环境问题，正如前面提到的，国际组织在仪表盘重回人们视野中发挥了很大的作用。1992 年里约首脑会议的主要成果是通过了《21 世纪议程》，其第 40 章邀请签署国沿着经济效率、社会公平和环境可持续性这三个"布伦特兰"报告的核心内容，制定关于其方案和实施的定量信息。这个建议的直接结果是联合国可持续发展委员会（United Nations Commission on Sustainable Development，UNCSD）于 1995 年启动了一项工作方案，该方案首先列出了具有 134 项指标的初始清单，在 1996 年至 1999 年进行了试点后指标降至 58 个。这份清单经过第三次修订（联合国经济和社会事务部，2007）后，现在包括大约 50 个核心指标，其中涉及相当数量的其他指标。

其他国际组织也采取了一些类似或相关的举措。经合组织又一次在这一领域发挥了积极作用，继续公布其自 20 世纪 70 年代开始公布的社会指标清单，并制定了一套新的关键环境指标，这些新指标的公布始于 2001 年。欧洲组织中，欧洲理事会于 2001 年通过了自己的可持续发展战略，并于 2006 年进行了修订，从而形成了另一个可持续发展仪表盘，其中完整地列出了 11 个关键指标和大约 100 个指标。在这场大运动之后或之前，各国都采取了行动，尽管这些行动有点分散。2004 年，欧盟统计局对欧盟成员国进行的一项审查显示，目前各国之间存在很大差异：广义的仪表盘有 14~218 个指标，而狭义的仪表盘有 14~25 个指标，主要关注的是核心指标。

为了例示仪表盘是什么并讨论其优缺点，表 1-1 全面复制了 2007 年版的 UNCSD 仪表盘的内容。仪表盘方法的优点是什么？首先，根据 UNCSD 仪表盘的介绍，GDP 传达的信息虽然没有被隐藏，但却很明显地被放置在一个不重要的地方。其次，从统计学家的角度来看，仪表盘是一种很好的方法，可以从多个维度宣传其成果，而无须尝试以复合指数的形式汇总这些信息。这并不意味着完全不用汇总，汇总是由最终用户进行的。关于必须根据多少收入来权衡额外的生命年数或其他非货币方面的福利，官方统计学家不愿意对此发表意见。这应该是个人价值的问题，而不是科学判断的问题。如上所述，拉尔斯·奥斯伯和安德鲁·夏普（Lars Osberg and Andrew Sharpe，2002）已经提出了测试不同加权因子的可能性。现代通信工具允许以更系统的方式进行这项工作，统计网站的客户能够自行在线汇总，并以各种形式将结果可视化。我们已经看到，经合组织（OECD）的"美好生活指数"采取的就是这种战略。这是统计（国家或国际）组织制定的一项更为普遍的传播战略的一部分，由于官方统计数据与个人对社会经济变化的看法之间的差距越来越大，官方希望借助这一战略重拾公民的信心。

表 1-1　仪表盘例示：UNCSD 可持续发展指标（第三次修订）

主题	子主题	核心指标	其他指标
贫困	收入贫困	生活在国家贫困线以下的人口比例	日均生活费不足 1 美元的人口比例
	收入不平等	收入最高和最低 1/5 人口在国民收入中所占比例	
	环境卫生	使用改良卫生设施的人口比例	
	饮用水	使用改良水源的人口比例	
	获取能源	没有电力或其他现代能源服务的家庭比例	使用固体燃料做饭的人口百分比

续表

主题	子主题	核心指标	其他指标
政府管理	生存现状	生活在贫民窟中的城市人口比例	
	贪污	行贿人数的百分比	
	犯罪	每10万人的故意杀人犯数量	
健康	死亡率	五岁以下儿童死亡率	
		出生时的预期寿命	出生时预期健康寿命
	医疗服务	获得初级医疗设施的人口百分比	避孕普及率
		儿童传染病免疫接种	
	营养状况	儿童的营养状况	
	健康状况和风险	艾滋病、疟疾、结核病等主要疾病的发病率	吸烟率
			自杀率
教育	教育水平	小学最后一年级的总入学率	终身学习
		小学净入学率	
		成人中等（高等）教育程度	
	读写能力	成人识字率	
人口统计资料	人口	人口增长率	总生育率
		抚养比	
	旅游业		主要旅游区域和目的地的当地居民与游客的比率
自然风险	易受自然灾害影响	生活在灾害多发地区的人口百分比	
	备灾和救灾	自然灾害造成的人员和经济损失	
空气	气候变化	二氧化碳排放	温室气体排放
	臭氧层损耗	消耗臭氧层物质的消费	
	空气质量	城市大气污染物浓度	
土地	土地利用及现状		土地利用变化
			土地退化
	沙漠化		受沙漠化影响的土地
	农业	耕地和永久耕地面积	肥料利用率
			农业杀虫剂的使用
			有机农场面积
	森林	森林覆盖面积比例	因落叶而受损的林木百分比
			森林可持续经营面积
	沿海地带	沿海地区总人口百分比	洗浴水水质

续表

主题	子主题	核心指标	其他指标
海洋和海岸	渔场	安全生物界限内的鱼类种群比例	
	海洋环境	受保护海洋面积的比例	海洋营养指数
		珊瑚礁生态系统面积和活体覆盖率	
淡水	水量	水资源利用总量的比例	
		经济活动用水强度	
	水质	淡水中存在大肠菌群	水体生化需氧量
			废水处理
生物多样性	生态系统	保护区、总保护区和按生态区域划分的陆地面积比例	保护区的管理效力
			选定的主要生态系统区域
			栖息地破碎化
	物种	物种威胁状态的变化	选定关键物种的丰度
			外来入侵物种的丰度
经济发展	宏观经济表现	人均 GDP	总储蓄
		投资在 GDP 中的份额	调整后的净储蓄占国民总收入的百分比
			通货膨胀率
	可持续公共财政	债务与国民总收入的比率	
	就业	就业率	不稳定就业
		劳动生产率和单位劳动成本	
		妇女在非农业部门有薪就业中的比例	
	信息和通信技术	每百人中的互联网用户	每百人固定电话线路用户
			每百人中的移动电话用户
	研究与开发		国内研究和开发总支出占 GDP 的百分比
	旅游业	旅游业对 GDP 的贡献	

续表

主题	子主题	核心指标	其他指标
全球经济伙伴关系	贸易	经常账户赤字占 GDP 的百分比	发展中国家和最不发达国家的进口份额
			对发展中国家和最不发达国家出口产品实施的平均关税壁垒
	外部融资	给予或收到的官方发展援助净额占国民总收入的百分比	外国直接投资净流入和净流出占 GDP 的百分比
			汇款占国民总收入的百分比
消费和生产模式	物质消费	经济物资密集度	国内物资消费
	能源使用情况	年度能耗、总能耗和主要用户能耗	可再生能源在能源使用总量中的份额
		能源使用强度、总强度和经济活动中的能源使用强度	
	废物产生和管理	危险废物的产生	废物的产生
		废物处理和处置	放射性废物管理
	运输	客运方式划分	货物运输方式划分
			运输的能源使用强度

此外,仪表盘不仅能促进现有数据统计,也是帮助开发新统计数据。使用一个全面的社会经济发展仪表盘有助于确定统计生产中的差距,或满足国际统计协调的需求。仪表盘还具有相对容易适应决策者需求或民间团体代表要求的优点:仪表盘的开发更易参与,特别是地方一级开发的仪表盘。

但仪表盘的主要缺点在于其丰富性。对这些仪表盘的批评通常针对它们的混合性,以及它们的组成常常很随意。人们还可能担心仪表盘的不全面或协调性,仪表盘组合经常发生变化,或者仪表盘提供的信息太多而无法成为有效的沟通工具,即使它们的主要信息汇总在一组规定数量的一级指标下。

1.7 核心问题：汇总能走多远？

从引言这一章中可以学到哪些经验教训？正如引言中所说的，我们已经确认，GDP测度的问题不是缺乏替代方案，也不是这个研究领域已经被抛弃了几十年——恰恰相反。在"社会指标"运动以及威廉·诺德豪斯和詹姆士·托宾在1960~1970年的开创性贡献之后，各项举措迅速出台。这些指标从不同的视角提出，由学术界、国际组织和各种非政府组织实施或倡议。由此产生的情况非常复杂和多样，仍在不断演变，在这一章中，我们并没有自称要对其细节进行深入讨论。本章的主要目的是对重要指标进行图例分类说明。

希望这足以揭示那些岌岌可危的问题。最主要的是能在汇总方面找到一个可以接受的折中方法。在极端情况下，广义的仪表盘能使我们全面了解各国许多方面的表现。这种仪表盘是有用的，但避免任何信息丢失既是它们的优势也是它们的局限。无法从如此大的仪表盘中得出任何清晰的综合信息，这就解释了人们为什么更倾向于使用GDP提供的更简单的信息。如果既用GDP测度，又用全面的仪表盘，那么前者的优越性很可能会持续保持。单一的指标天然具有吸引力，过于丰富的详细数据集无法与之竞争。

现有仪表盘是否能够重新整理异质性信息，从而与GDP相媲美？合成指标的局限使人们对这种办法的可行性产生了一些疑问。因此，我们了解的最佳解可能介于两者之间，即在中间层面进行汇总，保留最难相互约掉的项。但这有两个要求：清楚地认识到福利的几个维度及其可持续性需要单独测度，因为在这些维度中，汇总仍然是必需的，所以可以酌情遵循规则来完成汇总。如威廉·诺德豪斯和詹姆士·托宾所提议的那样，是否仍可以用货币单位进行汇总，或者使用其他指标是否更合适？这些问题是后续章节的主线，我们将从最具争议的可持续性领域着手。

第 2 章
测度可持续性

2.1 引言

本书的大部分内容都与改善当下福利的测度有关。然而，第1章表明，关于替代指标或 GDP 补充指标的大量文献也涉及可持续性问题，或者更普遍地说，涉及福利的跨期问题。本章是我们将致力于解决这些问题的唯一一章。我们提前讨论可持续性测度，这样做有三个主要原因。

第一个原因是主题的内在重要性。如果完全以牺牲后代的福利为代价，那么推动更好地监测当下福利就没有什么意义。20 世纪 80 年代末，当下发展或当下福利与可持续性之间的这种相互作用是布伦特兰报告的核心（Gro Harlem Bruntland，1987），这一内容仍然是最受关注的信息之一。离我们更近的是，近期的《人类发展报告》（联合国开发计划署，2011）将之列为总主题，目的是探索当前人类发展指数最大化与长期前景之间的权衡和协同作用，特别是在环境方面的作用。人们不断指责 GDP 对所有这些问题视而不见，因此，GDP 的替代指标必须解决可持续性方面的问题，重要的是不要将其视为次要指标。

第二个原因是为了使层次清晰。本章的一个核心思想是，由于可持续性的重要性和特殊性，可持续性的测度必须与当下福利的测度分开进行。这似乎是不言而喻的，但并不是所有文献都采用了这种做法。目前正进行的几个提议似乎认为GDP的合适替代指标必须是一个可持续福利指数，因此将测度福利及其可持续性的两个想法融合到了一个单一的指标中。在继续讨论之前，有必要解释不采取此做法的原因。

第三个原因是讨论可持续性测度问题，使我们能够初步思考一个占据本书大量篇幅的问题，即货币与非货币福利之间的对立。事实上，第1章表明，这个问题与前一个问题结合起来，提供了一种沿着两个方向对GDP替代方案进行分类的方法。第一个方向反对那些试图同时测度福利及其可持续性的指标，也反对那些明确区分这些维度的指标。第二个方向对比了用货币等价物表示结果的指标和依赖于其他单位的指标。沿着这个双重方向GDP替代指标可分为四类，并且没有一类是没有内容的。

在第一类中，包含可持续性维度的综合货币福利指数的开创性例子是威廉·诺德豪斯和詹姆士·托宾的可持续经济福利指标（SMEW）。绿色GDP也属于这一类别。"真实储蓄"和"调整后的净储蓄"仍然是货币指标，但只注重可持续性，因此属于第二类。接下来，非常流行的生态足迹被认为是第三类非货币指标，该指标只传递有关可持续性的信息，完全不涉及有关当下福利的信息。根据生态足迹指标，表现最好的国家往往是非常贫穷的国家，但就当下福利而言，人们很难将这些国家视为成功案例。其他几个综合指标倾向于重新汇总当下福利和可持续性这两个方面。

除此之外，可持续发展的仪表盘自20世纪90年代初在"21世纪议程"计划下蓬勃发展，其本质上，综合了所有这些维度来看待问题，因为仪表盘通常结合了货币和非货币指标，以及致力于测度发展的指标或长期可持续性指标。

货币和非货币指标之间的这种对立，往往被理解为弱可持续性和强可持续性之间的对立。我们来重点关注两个明确致力于可持续发展的指标：调整后的净储蓄和生态足迹。我们已经看到这两个指标传递的消息有多不同。图2-1再次证实了这一点。图中所描述的是调整后的净储蓄与生态盈余之间的相关性，而不是与生态足迹之间的相关性，以使两个指数往同一方向变动。然而，这种相关性（如果有的话）似乎是负的：其中一个指标显示可持续发展的国家往往从另一个指标的角度看走的是不可持续道路。这通常被视为弱/强可持续性争论的典型例证，调整后的净储蓄的货币指标对用实物或人力资本替代消耗性自然资源的可能性表现得过于乐观，而生态足迹则代表相反的偏见，完全忽略了技术进步带来的机遇。克服这种对立将是本章的另一个主要主题。

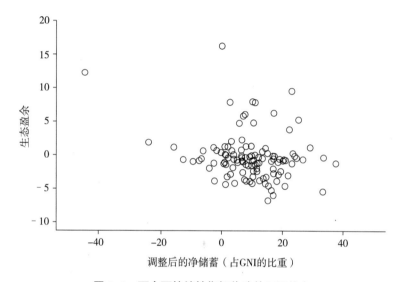

图 2-1 两个可持续性指标传达的不同信息

注：调整后的净储蓄是广义的储蓄概念，包括自然资源折旧和人力资本净积累，所有这些项目都用货币单位表示，结果用国民总收入（GNI）的百分比表示。生态盈余是指各国的平均生物承载量与其可再生资源消耗量之间的差额，用"全球人均公顷数"表示。负值意味着一个国家的消费超过其资源禀赋。

资料来源：这两个指标的值来自 2011 年《人类发展报告》（联合国开发计划署，2011）。

更准确地说，本章的结构安排如下：我们先讨论一下这些指标在跨期或可持续福利方面的缺点。我们将从个人福利评估中的跨期福利维度开始，从全球财富的角度来衡量福利，以及可持续消费或福利的概念是如何从这一概念中衍生出来的。国内生产净值（Net Domestic Product，NDP）或绿色 GDP 等概念与这些概念在经济领域中是对应的，我们将研究这种方法为何会产生比预期更多的问题，并探讨本书为何明确支持单独测度可持续性。

然后，我们将重点讨论第二个分歧，即货币指标和非货币指标的分歧，但使用了新的表述。二元论者对货币指标的反对暂且不提。当货币评估等同于轻信市场发出的所有价格信息时，反对"货币"评估是合理的。但货币评估并未沦落至此。一旦我们摆脱了这种狭隘的观点，货币化就成了表示可持续性各组成部分相对权重的一种传统方式。这并不是说单位的选择是完全无关紧要的。根据所涉及的问题，有些单位能向用户提供更多信息，而生态足迹成功的原因就在于采用了一种更适合测量地球资源压力的单位。然而，在这个问题之前我们还要解决一个根本问题。在选择汇总单位之前，需要知道汇总本身的范围有多大，这基于影响长期社会经济和环境观点的各种因素。

我们的大部分讨论将集中在这一点上，而结论将是矛盾的。在积极的方面，我们将探索那些纳入弱/强对立论的有潜在优势的方法。这证实了货币方法的构建并不是无法捕捉到强可持续性的观点。我们甚至能找到例子，其中一些货币单位的应用在某种意义上，可能传递的信息过于强烈。从消极的方面来说，结论将强调所有提出的、完全可持续性指标的理论性质。因此，这些理论发展可以从两个方面进行解读：要么说明探索普遍可持续性指标可以从哪些角度入手，要么证明这一探索类似于对梦想的探索，并且我们最好立足于更务实的次优解决方案，理论在设计这些指标中发挥的作用较小。

正文开始前必须重申最后两点。首先，本章最多可以视为可持续性研究的导论，可持续性是一个庞大的，往往是非常专业的话题。我们并没有试图对这一研究进行全面的评估。对更多细节感兴趣的读者请参见更全面的研究，如约翰·佩齐和迈克尔·托曼（John C. V. Pezzey and Michael A. Toman，2003）、杰弗里·希尔和本特·克里斯特伦（Geoffrey Heal and Bengt Kriström，2005）、盖尔·阿舍姆（Geir B. Asheim，2007）的研究。

其次，可持续性问题经常被等同于"绿色"宏观经济指标问题。这两个问题之间确实有很大的重叠，本章将使用环境例证。然而，严格来讲，这两个问题不能混为一谈。从当下福利来看，当绿色经济指标受到环境特征的影响，而这些特征并未在通常的汇总中体现出来时，说明绿色经济指标的存在是必要的。这一问题在本书其他章节中有隐含或明确的论述。相反，评估可持续性涉及许多方面，这些方面不是环境因素，而是我们延续生活水平的基础：生产资本（人力资本或非人力资本、有形资本或无形资本）的替代或积累，以及制度等因素的演变。在本章中，我们集中讨论可持续性的一般性问题，这一问题范围广泛，包括环境和非环境层面。

2.2　财富与可持续福利

2.2.1　贴现未来的福利流

可持续性测度是将长期经济前景引入社会经济福利评估的一种方法。这不是唯一的方法，而且解决这个问题的其他方法对构思本章引言中简要回顾的一些指标发挥了作用。我们的第一个任务是讨论这些方法的关系。

这个问题可以通过类比个体福利评估中时间维度的产生方式来解释。对于一个特定的个体来说，推动未来福利测度的原因是显而易见的。假设有两个同龄的人，他们在当下的满意度是一样的，但个体 i 的余生前景不佳，而个体 j 事先知道他将从不断扩大的机会中获益，例如，这可能是因为他正处于职业生涯的初期，从事的是一类能提供高回报和积累丰富经验的工作。

将未来福利的信息纳入这两个人的福利测度的原因很明显。评估在时间 t 观察到的个人未来跨期福利的标准方法是测度他的未来效用，即米纳赫姆·亚阿里（Menahem E. Yaari，1965）提出的方案：

$$v(t) = \int_t^{\square} u(c(\tau)) s(\tau \mid t) e^{-\lambda(\tau - t)} d\tau \tag{2-1}$$

在公式（2-1）中，假设一个人能活到时间 t（预计在某个时间范围后变为零），$s(\tau \mid t)$ 是指在时间 τ 之前存活的概率，$c(\tau)$ 是消费流或其他效用来源或负效用在时间 τ 的矢量，$u(\cdot)$ 是瞬时福利的结果，λ 是一个主观的贴现因子。小写字母用来强调这样一个事实：在这个阶段，我们考虑的是个体而不是集体。这不是总结未来效用的唯一方法，也不是解释个人寿命不确定性的唯一方法，另见安托万·博米耶（Antoine Bommier，2006）。但参与这种争论并不是我们的目的。

另一个问题是，如果我们比较不同年龄段的人的福利，如何纠正数据，因为这些人的预期剩余寿命不同，预期的生活品质也不同。如果不采取任何此类纠正措施，老年人的预期福利就会被机械地降低，因此我们在对人的生活进行评估时，考虑到他们过去取得的成就。跨期效用函数基本上是用来模拟个人如何计划他们的余生的，只对他们的全部人生做了一半评估。我们先不考虑第二个问题。

即便如此，在实践中，很少有人能像现在这样估计公式（2-1），而统计评估往往使用一个相关的货币财富概念。为了详尽起见，财富的概念不仅应包括流动资产 $k(t)$，还应包括未来净收入 $y(t)$ 的贴现流，贴现系数现在用利率 r 表示，即不同时期消费之间的技术转换率：

$$w(t) = k(t) = \int_t^\square y(\tau)s(\tau \mid t)e^{-r(\tau - t)}d\tau = \int_t^\square c(\tau)s(\tau \mid t)e^{-r(\tau - t)}d\tau \quad (2\text{-}2)$$

这种福利替代方式的依据是在 r 固定不变的假设下，$w(t)$ 与 $v(t)$ 之间存在正相关。这里的问题是知道如何将针对个体的概念转换为集体的概念。形式上，小写字母被大写字母替换，并且社会福利的跨期函数表现为：

$$V(t) = \int_t^\square U(C(\tau))e^{-\mu(\tau - t)}d\tau \quad (2\text{-}3)$$

而全球财富的概念代表了全球经济的跨期预算约束：

$$W(t) = K(t) = \int_t^\square Y(\tau)e^{-r(\tau - t)}d\tau = \int_t^\square C(\tau)e^{-r(\tau - t)}d\tau \quad (2\text{-}4)$$

最近用这种方法来测度长期福利的一个应用实例是斯特恩对气候变化的评论（Nicholas Stern，2007），他用一个介于公式（2-3）和公式（2-4）之间的混合指标来评估全球变暖的后果和旨在预防全球变暖的政策。随后，人们围绕贴现系数 μ 的恰当选择展开了激烈的辩论，斯特恩因给予遥远的未来过多的权重而受到批评。正如稍后将要明确指出的，这种时间偏好在可持续性指数中发挥了一定作用，与它在这场争论中所起的作用不同。但鉴于对这一问题的争论不断出现，有必要提醒大家这其中的利害关系。

首先，从公式（2-1）演变为公式（2-3）当然不是无意的，我们更改了符号，将个体贴现系数 λ 替换为集体贴现系数 μ。原因是，在这两种情况中没有人赞成采用类似的值。在个体层面上，λ 因缺乏远见而被引入核算，这在人们的行为中得到证实。事实上，在个体层面上，在评估福利时，我们是否应该考虑到这种短见是有争议的。如果我们再用同样的两个瞬间效用函数 $u(\cdot)$ 评估两个个体 i 和 j，但 $\lambda_i \gg \lambda_j$，我们不能仅仅因为个体 i 在时间上更加短见就认为他不那么富裕。时间偏好是否反映了缺乏远见，是否证明公共机构对个人福利的家长式评估是合理的，也存在争议。

在集体层面上，从道德角度反对贴现的理由十分充足。毫无疑问，没有理由将个人心理学的特点作为衡量一群人福利水平的基准。许多作者都支持弗兰克·拉姆齐（Frank Ramsey，1928）的观点，认为如果我们要尊重人际和代际公平，集体层面的可接受值应为 $\mu = 0$。事实上，不这样做的基本动机和保持公式（2-3）中 μ 的正值是切合实际的：这是为了避免无穷积分的不收敛性。

支持 $\mu > 0$ 的传统观点认为，这计入了人类灭绝的风险：我们必须根据后代存在的概率来权衡（Partha Dasgupta and Geoffrey Heal，1974）。如果我们遵循这个传统观点，我们会看到 $e^{-\mu(\tau-t)}$ 并不是公式（2-1）中 $e^{-\lambda(\tau-t)}$ 的对应项，而应被视为生存功能 $s(\tau \mid t)$ 的对应项，将个体生存系数转变为人类的生存系数。然而，正如公式（2-1）所示，这并不是考虑非零灭绝风险的唯一方法（Antoine Bommier and Stéphane Zuber，2008），其次，很难依赖这一论点赋予 μ 一个精确的值。

第二点是公式（2-3）的纯时间偏好率必须与公式（2-4）的社会贴现率相区分。这在短期内是正确的，当我们按市场利率估计 r 时，r 不必精确地反映 μ。从长远来看，这仍然是正确的，当市场参考不再可用时，r 必须被估算。社会贴现率的两个重要附加参数是经济的预期总体增长率和对代际公平的偏好程度。高预期增长可以使后人少付出努力，即使人们同样关心自身的福利。如果我们相信，总体经济增长不衰退将使后代总体上比我们富裕得多，就能实现这一目标。从这一点上来讲，各种因素可能会使情况更加复杂化。例如，如果未来经济发展变得越来越不确定，我们会进行风险规避（Martin L. Weitzman，2001；Christian Gollier，2012）。或者，适用于各种政策问题的贴现因素可能是异质的，如果预计未来此类环境资源将日益稀缺，子孙后代的福利因此受到了极大的限制，那么影响这一资源未来发展的决策不能像建造新工厂或投资其他基础公共设施一样，基于对未来的相对估值。这样的论据已被用来为斯特恩评论中的现实选择辩护（Thomas Sterner and U. Martin Persson，2008；Roger Guessnerie，2005）。

当我们稍后研究用于加权可持续性组成部分的核算价格的动态变化时，相对价格问题将引起强烈的反响。未来经济增长的不确定性提醒我们，只要我们想量化未来，就不能忽视不确定性。理想情况下，我们生成的不是指数，而是这些指数的概率分布，或者可用概率解释的指数，这显然与标准的统计指数不同。

然而，在这个阶段，对公式（2-3）和公式（2-4）中统计指标的可行性和相关性持怀疑态度就足够了。这些公式对理论工作的有用性是毋庸置疑的。正如斯特恩在全球变暖预防评论中所尝试的那样，其也可以用于当前政策的成本效益分析。但这里要讨论的是另一个问题。我们的目标是扩充常规统计指标，以克服其局限性。这要求指标可以定期统计并与用户对话。贴现的社会福利是一个明显没有这些特点的概念。如果我们想根据公式（2-3）评估未来的福利，所需要的远不止是将全球预警等现象的预计成本纳入 GDP 增长的预测中，我们需要建立一个完整的社会福利预测机制，包括福利的各个方面及其决定因素。根据保罗·萨缪尔森（Paul A. Samuelson，1961）的说法，这涉及在福利评估中投入大量的"未来性"，这将使评估既难以解释，也可能不太可信。

我们可以阅读大量后续文献来不断尝试克服这一问题，但在某种程度上，更可行的是，在测度未来状况指数时，使用与当前社会经济状况相关的统计数据相同的单位测度，并避免依赖满足公式（2-3）和公式（2-4）要求的长期预测。人们通常会问，这些尝试是否成功了？而回答通常是，还没有成功。

2.2.2 从跨期福利到可持续消费

我们首先要解决的是缺乏统一度量单位的问题。一些统计数据使用者喜欢那些令人印象深刻的大数字，比如预期收入或福利水平的总和。但是，如果将这些数据与我们今天生活中习惯处理的数据（如年个人收入、储蓄率等）相比较，这些数据就更容易理解了。实际上，有一种方法可以重新调整公式（2-3）和公式（2-4）得出的数值，即将其转换为等效永久福利流和收入流，通过这些常数变量提供完全相同的贴现和。它们的表达式分别是

$$\bar{U} = \mu \int_t^{\square} U(C(\tau)) e^{-\mu(\tau-t)} d\tau \tag{2-5}$$

与

$$\bar{C} = r \int_t^{\square} C(\tau) e^{-r(\tau-t)} d\tau = r \left[K(t) + \int_t^{\square} Y(\tau) e^{-r(\tau-t)} d\tau \right] \tag{2-6}$$

后一个概念可以解释为可持续消费，即在不突破将流动资产和未来收入流相结合的跨期预算约束的情况下，可以永久维持的最大即时消费水平。乍一看，公式（2-5）或公式（2-6）只解决了重新调整问题，而没有为"未来性"问题提供任何解决方案，就像保罗·萨缪尔森所做的那样。评估仍然需要对 $C(\tau)$ 或 $Y(\tau)$ 进行全面的预测，即使最基础的 $\bar{C}$ 也需要进行预测。

但是，这个常数概念的吸引力在于，至少在某些情况下，这一新的表达式似乎只需要从当前观测中获得的数据。事实上，在这种情况下，$\bar{C}$ 可以等同于标准国民经济核算中已有的概念，如国内净产值（NDP），本章引言中提到的绿色 GDP 概念就是对其进行归纳得到的。

这一点是由马丁·魏茨曼（1976）提出的，他的贡献可以从两个相对的角度来看：他既提供了一种评估方法公式（2-6），又为国民核算人员提供了一个计算 NDP 的理由。值得强调的是，为什么这样的理由会受到欢迎。和 GDP 一样，NDP 是一个合成概念，它综合了一些直接有利于提升当下福利的维度——消费，而不是储蓄。这似乎比 GDP 测度做得更好，因为 NDP 从产出中减去了每年耗尽的资本份额，但它加上了消费和净储蓄，这就像苹果和橙子相加一样是没有意义的。

更准确地说，从衡量经济活动的角度来看，这种相加是有意义的，消费和储蓄都是当前经济活动的产出，如果我们要衡量的是总体活动，那么将它们相加是合理的。但是，在这种情况下，就没有理由减去资本消耗，我们替换耗尽资本投入的能源也是一种经济活动，由此产生的能够重新注

入经济的就业机会和收入必须被计算在内。因此，NDP 看起来不像预期那样是一个最佳指标。

从福利的角度来看，恢复 NDP 的方法考虑到储蓄虽然对当下福利没有贡献，但构成了当下对未来福利的贡献，这正是我们希望在跨期方法中包括的内容。如果是这样的话，显然净储蓄才是最重要的，而资本破坏必须计为负值，因为与储蓄相反，它对未来福利有着负面影响。

对于既可用于消费又可用于投资的通用商品而言，NDP 与可持续消费之间的这种一致性是微不足道的。在这种情况下，资本的折旧率为 δ，在时间 t 时消耗 $Y-\delta K$ 可确保资本存量在 $t+dt$ 初期保持不变，从而保证过程的无限复制。这完全符合希克斯收入的定义，即"个人一周内可以消费的最大价值，而且在这一周结束时能像刚开始一样富裕"（John R. Hicks, 1946）。

马丁·魏茨曼的贡献更进一步，保留了消费的标量表示 $C(t)$，允许资本商品的多样性，然而，缺乏对优化经济的关注，这将是一个很大的局限性。资本商品的存量表示为 $K_k(t)$，$k=1, \cdots, m$，可能包括各种自然资本的存量。这些资本商品的运动规律是

$$\dot{K}_k(t) = g_k(K(t), C(t)) \tag{2-7}$$

也就是说，在基本时间段内，资本存量的变化取决于所有这些资本商品存量的初始值（向量 $K(t)$）和当前的消费行为。

然后，我们认为经济的运作就像是效用函数（2-3）的最大化，用 $\pi_k(t)$ 表示与流量公式（2-7）相关的共态变量。优化问题用哈密顿量求解

$$H(\tau) = U(C(\tau))e^{-\mu(\tau-t)} - \sum_k \pi_k(\tau)g_k(K(\tau), C(\tau))$$

除公式（2-7）外，最优路径必须满足 $\partial H/\partial C = 0$ 和 $\dot{\pi}_k = -\partial H/\partial K_k$。

然后，我们称 $V^*(t)$ 为 $V(t)$ 所获得的最佳值，$V(t)$ 是初始资本禀赋 $K(t)$ 的函数。从标准结果中我们得知

$$\partial V^*(t)/\partial K_k = \pi_k$$

这对应于通常对共态变量的解释：它们衡量的是时间 t 时 m 种资本货物每种附加单位的社会跨期效益，即在有效竞争经济中的现值或价格。这直接导致

$$\dot{V}^*(t) = \sum_k \pi_k(t)\dot{K}_k(t) \tag{2-8}$$

但是沿着一条时间一致的最优路径，V^* 随时间的推移而变化，也可以通过对公式（2-3）中的 t 进行微分来计算，得到

$$\dot{V}^*(t) = -U(C(t)) + \mu\int_t U(C(\tau))e^{-\mu(\tau-t)}d\tau = -U(C(t)) + \mu V^*(t) \tag{2-9}$$

因此，结合公式（2-5）、公式（2-8）和公式（2-9）得到

$$\bar{U} = \mu V^*(t) = U(C(t)) + \sum_k \pi_k(t)\dot{K}_k(t) \tag{2-10}$$

这表明三个概念具有一致性：

- 永久效用 $\bar{U}$ 的水平，提供的全局效用量与经济发展预期所遵循的路径完全相同。

- 在 $V^*(t)$ 指标上，如果我们将其重新定义为这个经济体的包容性财富，通常把财富解释为从初始禀赋中获得的未来收益。

- 接近 NDP 的数量——当前消费的估值加上以当前优化价格估值的资本禀赋的净变化。如果我们将 $U(C(t))$ 与 $C(t)$ 同化，NDP 等式是成立的。

乍一看，这同时满足了第 2.1.2 小节末尾所述的两个条件。首先，它解决了我们所遇到的 $V(t)$ 量级的问题：期末贴现的全局效用现在被缩小到与当下福利相当的水平。其次，我们显然能够在不需要计算未来效用水平的完整序列的情况下实现这一目标，因为该指标可以仅根据当前观察结果来计算，比如当前消费量 $C(t)$、各种资本商品 $\dot{K}_k(t)$ 存量的当前变化以及这些变化估值的当前系数 $\pi_k(t)$。

但这个解决方案能够持续多久呢？其中存在三个问题。这是 NDP 吗？它是否说明了我们当前的生活方式是否可持续？它是否至少能告诉我们什么程度的消费是可持续的？遗憾的是，这三个问题的答案都是否定的。让我们依次来分析这三个问题。

第一个问题是最容易回答的。随着论证的进行，读者可能会发现，由国民核算人员计算得出的值与 NDP 的潜在差异是显而易见的。一致性要求将全球货币消费与当下福利同化；一致性还假设，通过国民经济核算衡量

的资本流动确实包括所有对长期福利来说重要的各种资本。最后，假设资本市场所揭示的或国民核算人员所估算的价格与优化价格 $\pi_k(t)$ 相对应。所有这些条件确实至关重要。

第二，这个新的指数是否能测度可持续性，即我们的孩子是否能过上和我们一样的生活？否定的理由很简单。我们先暂时承认 $\bar{U}$ 是衡量可永远持续福利水平的一个适当指标，这些信息显然不足以证明我们实际上走的是不是可持续道路。

图 2-2 用水平线说明了这一长期可持续福利问题。了解这一水平只是解决可持续性问题的一部分。真正的意义是要了解我们目前的可持续水平，就其本身而言，$\bar{U}$ 指标并不能说明我们是否处于路径 B 过度初始消费的情况下，虽然福利取得了短期增长，但最终会迫使后代的生活水平低于当前的水平，或者是否处于路径 C 的情况下，当前的行为足够节俭，能使所有后代的福利永久增长。

对此，我们可以提出反对意见，即使 $\bar{U}$ 不是可持续性问题的完整答案，它也是其中的一个重要组成部分。如果我们向公众或决策者提供 $U(C(t))$ 和 $\bar{U}$ 的同步测度，我们可以让他们自己检查 $U(C(t)) \leqslant \bar{U}$。但这种呈现结果的方式可能会引起混淆，正如校正后的 GDP 或其他所谓的可持续福利指标被当作实际 GDP 或福利指标的替代指标，而不是补充指标一样。分别用于衡量当下和未来预期福利增长或减少的专门指标则不会引起混淆。

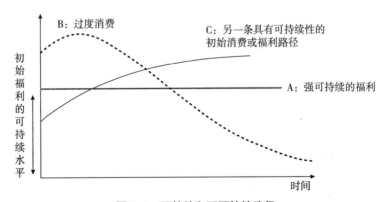

图 2-2 可持续和不可持续路径

但问题还不止如此。即使我们采用（$U(C(t))$，$\bar{U}$）的方式来表示当前和未来的社会状态，问题是我们甚至不能说 $\bar{U}$ 代表一种可持续的生活水平。事实上，在公式（2-10）中并没有出现这种情况。一个能提供与 $V^*(t)$ 相同的全球跨期效用的恒定流量，不一定能在实践中构建出来。

最好的证明方法是提供一个反例，同时以一种说明性的方式综合所有提出的观点。这个反例就是一个简单的吃蛋糕经济体（Harold Hotelling，1931），其收入仅来源于对一种可耗尽资源的开发。去掉下标 k，因为 k 在这个单一的资产框架中没有用处，这个经济体的优化问题是

$$\max_{C(\tau)} \int_t^{\square} U(C(\tau))e^{-\mu(\tau-t)}d\tau \tag{2-11}$$

约束条件为

$$\dot{K}(\tau) = -C(\tau)$$

当 $K(t)$ 为初始存量时，所有 τ 的条件为 $K(\tau) \geqslant 0$。

哈密顿量变成

$$H(\tau) = U(C(\tau))e^{-\mu(\tau-t)} - \pi(\tau)C(\tau).$$

由于 K 不直接出现在哈密顿量中，因此 $\pi(\tau)$ 变为 $\dot{\pi} = -\partial H/\partial K = 0$，即 $\pi(\tau) = \pi$。假设一个对数效用函数，H 相对于 C 的最大化就导致

$$C(\tau) = \frac{e^{-\mu(\tau-t)}}{\pi}$$

调整 π 使初始存量 $t \to \square$ 完全耗尽后

$$C(\tau) = \mu K(t)e^{-\mu(\tau-t)}$$

从这个最佳消费路径的表达式中，读者可以检验

$$V^*(t) = (\log(\mu K(t)) - 1)/\mu \tag{2-12}$$

因此

$$\bar{U} = \mu V^*(t) = \log(\mu K(t)) - 1$$

该表达式显示了这样一个事实：如果一个经济体得到最佳管理，就会产生一个与初始存量 $K(t)$ 正相关的全球跨期福利。如果 μ 足够低以至于线性逼近公式（2-12），则它甚至近似对应于该存量，我们可以把它和一个等效永久福利水平 $\bar{U}$ 联系起来。然而，这根本不是一种可持续的福利，原因很简单，就是这样一个经济体不能从任何正的持续消费中获益。考虑

到这一经济体的有限资源和不可能用任何其他因素来代替这个资源，从长远来看，C 不可能一直维持正值。这个非常简单的例子正好证实了 $\bar{U}$ 概念的局限性。$\bar{U}$ 概念只是一种根据当下福利流重新表达积分 $V^*(t)$ 的方法，但不能保证这一经济体能永久受益于这种福利流。

什么方法能更好地描述这个经济体？关于 $U(C(t))$ 的信息仍然具有重要的经济意义，如果我们想评估与其他一些经济体的成员相比，该经济体成员的满意度。然而，从可持续性的角度来看，真正重要的信息是，这样一种消费水平必须以牺牲后代福利为代价获得，因此，无法实现可持续性。为了传递这样的信息，我们可以说 $\dot{K}(t)<0$，在这个简单案例下，不需要计算不同 K_k 变化的相对价格。我们现在要讨论的就是这种实现可持续性的方法，这种方法无疑更适合这个问题。但是，正如我们将看到的，其中仍然有许多问题没有解决，原因很简单，我们已经提到过。评估可持续性必然涉及对未来的预测，因为相信我们需要的关于未来的所有信息都已经存在于当前的观察中是不切实际的，任何可持续性指数都无法摆脱这种明显的局限性。

2.3　储蓄方法：一个参考框架

2.3.1　将重点转向可持续性：为什么？

让我们来盘点一下。到目前为止，我们已经研究了两种指标，实际上，它们彼此非常接近，$V(t)$ 和 $\bar{U}=\mu V(t)$，唯一的区别是重标度因子 μ。两种指标都总结了未来效用流的全球路径，但没有明确的信息说明未来效用流将如何在不同的群体中分配。当我们将当下福利等同于全球消费时，对代际分配的忽视达到了极点，也就是说，$U(C(\tau))=C(\tau)$，在这种情况下，我们完全不关心谁消费了多少。

当下福利函数的替代函数将更加重视各代人之间共享资源的方式，霍特林所举的例子中使用的对数形式就是如此，进一步推动这一关注的方法通常是依赖更一般的形式 $U(C(\tau)) = C(\tau)^{1-\gamma}/(1-\gamma)$，式中，$\gamma$ 表示对跨期不平等的厌恶，对应于特定情况的对数形式为 $\gamma = 1$。然而，即使是这类指标也可能无法区分图 2-2 中给出的三种情况，尽管这些指标能显示出一个根本区别：路径 B 与路径 C 相反，当前行为迫使后代的一些福利低于当代的福利。这就是可持续性问题。

在这一阶段，可能需要暂停一下，以结束对个体跨期福利问题的比较，这一问题也是我们的出发点。为什么我们通常在集体层面下提出可持续性问题，而很少在个人层面提出？其中的区别在哪里？毕竟，对于个人来说，我们也可以测度效用路径在其生命周期中是上升还是下降，有时我们的确会这样做，例如研究涉及个人未来的福利因素（如退休福利）时。但是，从这一点出发，这个问题似乎与个体不那么相关，因为通常认为个别水平上 $u(c(t))$ 的不平等是个人选择的问题。假设两个同一年出生的人 i 和 j，他们在 t 时间拥有相同的初始禀赋，并且面临着相同的未来收入前景。如果 i 现在选择消耗大部分资源，忽略了自己未来的需要，而 j 选择到生活的后期阶段再消费，这就被视为个人选择，当比较这两个人的福利时不应该被考虑在内。最后，如果 i 的选择使他陷入赤贫，社会会帮助他，但是，如果社会认为所有这些都是短视导致的结果，而不是因为这个人从一开始就因自然或社会决定论而处于不利地位，那么社会将以最微薄和不情愿的方式帮助他。

在集体案件中，情况明显不同。在这里，跨期不平等不再被视为人生不同时期内自由假定的内在不平等。现在，对不同世代的人进行比较时，我们认为我们的道德义务是不把我们自身不能接受的任何形式的牺牲强加给后代。这正是可持续性的概念试图获取的信息。它只会为我们社会未来的一系列道路提供部分分类标准，也就是说，在两种道路之间进行二元分类，一种是当下福利将总是至少与当前水平一样，另一种是不符合当前水平。还有一个风险是，第一种道路可能面临坐吃山空的局面，哈罗德·霍特林的例子就是这样的，并且最后，从一个非常长远的角度来看，这是必然的。资源消耗得越晚越好，人类终有一天会从地球表面消失。因此，如果我们想从现在开始选择不同的可持续发展路径，只能考虑与某个时间范围相关的可持续性问题，而且可能必须与其他标准结合起来。然而，毫无疑问，这一标准应在我们构建替代指标或 GDP 补充指标的尝试中受到重视。借助前一节中开发的概念工具，我们现在将重点关注这个标准。

2.3.2　不完善但可预测的经济体的可持续性

从之前的讨论中，我们已经看到一个备选办法可以用来评估可持续性，即一个衡量各种商品存量变化的指数，这些商品对未来的福利很重要。在马丁·魏茨曼的案例中，我们已经看到了如何利用经济优化路径确定的共态变量 π_k 来加权这些演变。但这种最优性的假设显然是有问题的，而且，在长期生态环境变化领域，导致效率低下的潜在因素众多，这一假设的问题就更突出了。不需要这种最优性假设的指标需要满足一些基本要求。

我们现在要沿着肯尼斯·约瑟夫·阿罗、帕萨·达斯古普塔和卡尔·戈兰·穆勒（Kenneth J. Arrow, Partha Sarathi Dasgupta and Karl－Göran Mäler）在一系列论文中提出的思路（Partha Sarathi Dasgupta and Karl－Göran Mäler，2000；Partha Sarathi Dasgupta，2001；Kenneth J. Arrow, Partha Sarathi Dasgupta and Karl－Göran Mäler，2003a）来探讨避免这种最优假设的方案。幸运的是，这不需要复杂的工具，因为之前的一些结果可以很容易地推论出经济运行可能遵循的任何形式的轨迹。我们可以认为从初始状态 $K(t)$ 出发，$K(\tau)$ 和 $C(\tau)$ 都是根据运动定律公式（2-7）的轨迹进化而来的，而无须将该轨迹设为最优。如果目的是评估当前消费行为的可持续性，我们将用一个常数 C 来描述这一轨迹，其中包含 K 的演化。在上面研究的哈罗德·霍特林例子中，这将导致有限时间内自然资源的耗尽，此时消耗量被迫突然调整为零。或者，消耗量也可以沿着一个渐进的耗竭路径变化，从高于最优水平的初始水平开始，然后以更快的下降速度以进行补偿，也就是说

$C(\tau)=\mu'K(t)e^{-\mu'(\tau-t)}$，其中 $\mu'>\mu$。

让我们来研究一下，如果我们选择后一种非最优路径会得到什么，与此非最优路径相关联的新的估值函数将是

$$V(t)=\int_t^{\square}\left[\log(\mu'K(t))-\mu'(\tau-t)\right]e^{-\mu(\tau-t)}d\tau=\frac{1}{\mu}\left[\log(\mu'K(t))-\frac{\mu'}{\mu}\right]$$

$$(2-13)$$

与之相关的等效永久效用流，现在等于

$$\bar{U} = \mu V(t) = \log(\mu' K(t)) - \frac{\mu'}{\mu} \tag{2-14}$$

从这个表达式中，仍然可以依据对应的 $K(t)$ 的边际增长对跨期福利的贡献来计算资本的估算价格，也就是说

$$\pi(t) = \frac{\partial V(t)}{\partial K(t)} = \frac{1}{\mu K(t)}$$

在这种特殊情况下，不管预期路径的非最优性程度如何，公式都不会改变，并且仍然满足关系

$$\pi(t)\dot{K}(t) = \bar{U} - U(t) = -\frac{\mu'}{\mu}$$

换句话说，基于资本估值不再参考公式（2-11）的优化值，我们仍然有一个指标表明当前的消费水平是不可持续的，这可以解释为当前效用水平与确保同样的全球贴现福利水平的恒定水平之间的差距。

所有公式都是通用的。我们可以重新代入多种资本商品，正如魏茨曼的方法那样，纳入"消费品"成本的多样性并不高。因此，资本商品 i 新的通用公式为

$$\dot{K}_k(t) = R_k(K_1(t), \cdots, K_m(t), C_1(t), \cdots, C_p(t)) \tag{2-15}$$

这一公式意味着，所有形式的消费和所有现有的资本商品存量都可以同时影响这些存量的变化，也就是说，是一个相当通用的设定。然后，在给定初始条件 $K_1(t), \cdots, K_m(t)$ 的情况下，我们设定一个"程式"，关于公式（2-15） $C_1(t), \cdots, C_p(t)$ 和 $K_1(t), \cdots, K_m(t)$ 的预期联合轨迹。对于此程序，相关的估值函数为

$$V(K_1(t), \cdots, K_m(t)) = \int e^{-\mu(\tau-t)} U(C_1(\tau), \cdots, C_p(\tau), K_1(\tau), \cdots,$$

$K_m(\tau))d\tau$

再引入当下拥有福利可能性 $U(\cdot)$，这不仅取决于消费流，还取决于不同资本商品的现有存量提供的便利性。然后，和以前一样，我们可以把 V 随时间推移而产生的变化写成

$$\dot{V}(t) = \sum_k \pi_k \dot{K}_k(t) \tag{2-16}$$

其中，

$$\pi_k = \frac{\partial V}{\partial K_k} \tag{2-17}$$

这可以理解为第 i 个资本商品的核算价格。

在何种意义上可以认为公式（2-16）是一个可持续性指标？其基本结果是以 $\dot{V}(t) \geqslant 0$ 作为维持当下福利水平路径的必要条件。这可以使用 $\dot{V}(t)$ 的其他特征立刻得到证明，即：

$$\dot{V}(t) = - U(t) + \mu V(t)$$

处于持续的初始福利水平意味着所有 τ 的 $U(\tau) \geqslant U(t)$，因此

$$V(t) \geqslant \int e^{-\mu(\tau - t)} U(t) d\tau = U(t) / \mu$$

这直接说明 $\dot{V}(t) \geqslant 0$。

因此，$\dot{V}(t)$ 的负值警示的是，在某个时刻随着时间的推移，福利将降到其当前价值以下，这是对不可持续性的验证。一般来说，这种验证只是部分的，因为它只为可持续性提供了必要条件，但不能确保可持续性受到人们重视。事实上，对于给定的 μ，如果在其他时期 $U(\tau)$ 有一些补偿性的正变化，那么在足够长或足够短的时间内出现的 $U(\tau)$ 的下降很可能与正 $\dot{V}(t)$ 保持一致。

但是，如果我们假设 μ 是允许指数生成调整指标的参数，则可以克服一部分局限。如果考虑到违反可持续性的轨迹，即对于所有 $\tau > \tilde{\tau}$ 来讲 $U(\tau) < \psi U(t)$，其中 $\psi < 1$，U 在 $[t, \tilde{\tau}]$ 区间内以 U_{max} 为界。这意味着

$$V(t) < (\tilde{\tau} - t) U_{max} + \frac{1}{\mu} \psi U(t)$$

因此

$$\dot{V}(t) = - U(t) + \mu V(t) < \mu(\tilde{\tau} - t) U_{max} + (\psi - 1) U(t)$$

使其成为负值可以通过选择

$$\mu < \frac{(1 - \psi) U(t)}{(\tilde{\tau} - t) U_{max}}$$

因此，在这种情况下，对于所有 $\mu < \tilde{\mu}$，$\tilde{\mu}$ 的存在使 $\dot{V}(t)$ 是负值并传递不可持续性的正确信息。这里，μ 没有规范定义，这与我们在比较影响经济未来路径的政策的成本和收益时所用的福利贴现法中用的定义不同。这里的情况是不同的，因为我们只是在一个指数构建框架中，寻找一个总

结预期效用路径形状的指数：调整 μ 的值可以看作是调整指数的分辨率，以探索长期的社会福利路径。

2.3.3 示例

让我们用一个例子来说明这种方法的特性，它会比简单的霍特林模型要复杂一些。这个例子将标准索洛增长模型的特征与自然资源的存在相结合，与霍特林的例子相反，自然资源是一种可再生资源，但具有阈值效应：超过一定的压力，资源不能以补偿其贬值的速率自我更新。该方法用 $K(t)$ 和 $S(t)$ 表示这两种资本的存量，而不是用下标表示各种资本商品，$K(t)$ 是标准资本商品，$S(t)$ 是自然资源的存量。我们首先列出柯布—道格拉斯全球生产函数：

$$Y(t) = K(t)^{\alpha}$$

$K(t)$ 按净投资公式累计：

$$\dot{K}(t) = Y(t) - C(t) - \delta K(t) = \sigma Y(t) - \delta K(t)$$

式中，$C(t)$ 是生产出的商品在时间 t 的消耗量，σ 和 δ 分别是储蓄率和折旧率。已知 K 的这种演化模式意味着资本存量 K^* 是均衡的，通过均衡 $\dot{K}$ 到零来计算。我们得到：

$$K^* = \left(\frac{\sigma}{\delta}\right)^{\frac{1}{1-\alpha}} \tag{2-18}$$

单纯看 K 和 Y，一个以低于 K^* 的资本存量为起点的经济体将走上一条上升的道路。相反，如果一个经济体从 $K(t) > K^*$ 开始，这意味着它节省的成本太少，无法维持生产。例如，如果该经济体由于上一代人的高储蓄而继承了大量的资本存量，并且突然转向储蓄较低而不那么节俭的行为，或者资本面临着越来越高的过时率，这种情况就可能发生。在这两种情况下，我们都可以预料到人口的当下福利将无法持续下去。

现在让我们转向自然资源。我们可以把自然资源作为生产 $Y(t)$ 的额外投入。这意味着要对它们的开采率建立一个明确的模型。让我们选择一个更紧凑的模型，它包括假设生产活动在 S 上具有负外部性，并且通过在效用函数中引入 $S(t)$，这种负效应直接影响到福利。$S(t)$ 上生产的这种负外部性应该只会超出某个阈值。在 $Y \leq Y^*$ 的情况下，即使一些自然资源或者在这个过程中被消耗或受到破坏，我们仍假设该自然资源的自发再生速率足以保持它的存量不变。但是，当 $Y > Y^*$ 时，自然资源开始不可逆转地贬值，其速度随着 Y 的增加而增加。更准确地说，我们将之列为：

$$\dot{S}(t) = -\lambda(Y(t))S(t)$$

式中，Y 在 Y^* 之前，$\lambda(\cdot)$ 为 0，在 Y^* 和第二个阈值 Y^{**} 之间 $\lambda(\cdot)$ 从 0 增加到 λ_{max}，然后永久保持在该最大值 λ_{max}。

最后一步是将当前效用定义为 $C(t)$ 和 $S(t)$ 的函数，这里使用的规范也是柯布—道格拉斯函数，即 $U(t) = C(t)^{\epsilon}S(t)^{\eta}$。根据当前效用的定义，贴现率为 μ，跨期效用记为：

$$V(t) = \int_t^{\square} e^{-\mu(\tau-t)} C(\tau)^{\varepsilon} S(\tau)^{\eta} d\tau$$

鉴于 $V(t)$ 的定义和该经济体所有参数的运动定律，可以根据公式（2-16）计算每个时期的可持续性指标，以获得不同的 μ 值。为了进行数值说明，该指数将表示为当下总福利的一部分，与公式（2-17）中核算价格效用单位表示保持一致，因此

$$\sum(t) = [\pi_K(t)\dot{K}(t) + \pi_S(t)\dot{S}(t)]/U(t)$$

这个 $\sum$ 指标是 ANS 的理论对应项，人们可以尝试为这个程式化的经济体建立经验性的模型，但是使用与我们所考虑的"程式"具有实际关联的精确估算价格。由于使用了"实际"价格，它本应使用文献中早先使用的"真实储蓄"这一名称。

我们将以两个侧重于环境层面的"非货币"指标作基准对该指标进行基准测试。第一个指标 Φ_1 简单地说就是自然资源的当前变化率 $\dot{S}/S$，而第二个指标 Φ_2 将试图在本质上更接近生态盈余的概念。为此，我们基于这样一个事实，即阈值 Y^* 可以解释为环境承载能力，也就是说，在不以不可逆转的方式消耗资源的情况下，我们可以拥有的最大生产水平。位于时间 t 的第二个指标是 Y^* 和 $Y(t)$ 之间的相对差异：

$$\Phi_2(t) = 1 - \frac{Y(t)}{Y^*}$$

如果该经济体生产的产品超过了与自然资产保护相适应的产量，第二个指标将是负值，反之将是正值。

这三个指标 $\Sigma(t)$、$\Phi_1(t)$ 和 $\Phi_2(t)$ 将以同样的定性方式进行解释，负值表示当下福利在短期或长期都不可持续。由于所有这些指标都是用相对术语表示的，它们的数量级将大致落在可比较的范围内，用图解来说明更容易。$\Sigma(t)$ 和 $\Phi_2(t)$ 具有附加属性，它们也可以是正值，但这些正值具有不同的含义。对于 $\Sigma(t)$ 来说，它必然是生产资本的正积累，而对于 $\Phi_2(t)$ 来说，这仅仅意味着该经济体的生活水平低于其环境的承载能力。

现在，让我们比较一下在环境崩溃情况下，一个无法控制其生产和消费的社会保持与自然资源保护相适应水平时，这些指标的性质。假设如下：生产资本和自然资本的初始存量都等于1。柯布—道格拉斯生产函数的系数 $\alpha = \dfrac{1}{3}$。在初始条件下，产量 Y 等于1，消耗量为0.8。固定储蓄率 $\sigma = 0.2$ 加上折旧率 $\delta = 0.05$，该经济体趋于公式（2-18）给出的长期资本水平，也就是说，$K^* = 8$，这意味着长期生产水平为2，长期消费水平为1.6。

从纯粹的消费和生产角度来看，初始条件是完全可持续的，并且，从忽略环境的角度来看，这种可持续性将反映在该经济体最初等于 $\sigma Y - \delta K = 0.15$ 的正净储蓄率中。随着社会接近其长期生活水平（但总是高于此水平），这种传统的储蓄指标逐渐接近于零。$C(t)$ 的预测路径位于图 2-3（a）的上方，图中给出了该经济体的主要预测结果，即 C、S 和 U。

∘ 现在，在环境方面，当 $Y(t)$ 超过第一个阈值 Y^*（此处固定为1.5）时，产量的扩大开始导致自然资源无法再生。当 $Y(t)$ 超过第二个阈值 $Y^{**} = 3$ 时，该自然资本的折旧率将逐步增至最大值 $\lambda_{\max} = 0.25$。在这些值的情况下，自然资源的净消耗开始于 $t = 18$，而这种消耗对当下福利的负面影响大于 $t = 27$ 时 $C(t)$ 增加产生的正面影响。此后，这个盲目忽视经济扩张对环境影响的社会，如图 2-3（a）的两条底线所示，当下福利水平 $U(t)$ 不可避免地下降了。这样的演变当然不是最佳的，但这里的目标不是讨论这种效率低下及其产生的原因，只是为了评估这些指标警示不可持续情况的作用有多大。

如图 2-3（b）所示，所有指标都警示了未来的不可持续性，因为它

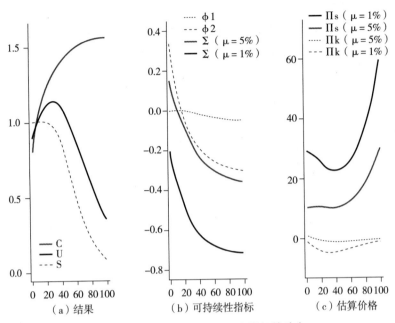

图 2-3　环境崩溃场景下三个指标的动态

们最终都是负值，但预期程度不同。实际上，根据这里保留的规范，这两个实物指标 Φ_1 和 Φ_2 并不能很好地预测环境崩溃。当自然资源开始枯竭时，也就是说，在当前效用 $U(t)$ 本身开始下降之前，这两个指标都低于零，但比 Σ 指标发出的第一个不可持续信号要晚得多，这里为该指标设定了贴现系数 μ 的两个值，以说明该贴现系数的影响。再次说明，这个参数的选择不需要理解成表达了一种态度，即如何权衡不同代人的福利。它可以看作是一个技术参数，可以被调整，使指标如人们所希望的那样具有远见。在这里，选择 $\mu=0.01$ 与 $\mu=0.05$ 足以立刻让我们了解预期路径不满足所有 τ 的 $U(\tau) \geqslant U(0)$。

这个指标是如何达到这个结果的？原理如图 2-3（c）所示。一种解释是，从一开始，我们就将高估值归因于自然资本。事实上，初始估值很高是因为估算价格 π_S 从一开始就包含了自然资本对福利很重要这一事实，而且由于其相对稀缺性的增加，这一事实将越来越重要。预计，当 $S(t)$ 实际开始下降时，π_S 就会飙升。但是，在初始条件下，这无法解释指标传递的不可持续信息，因为该估算价格适用于初始等于零的物理变化量 $\dot{S}(t)$。这种解释只能基于这样一个事实，该指标将负值归因于生产资本，即时纳入资本积累对长期福利的负面影响，如图 2-3（c）的底线所示。

综上所述，∑ 指数具有吸引人的性质，甚至有可能左右其他两个指数。特别是，从理论上讲，通过核算价格能够充分预测经济增长的环境外部性后果。从这个意义上说，它的使用并不局限于对"弱"可持续性状况的评估，在"弱"可持续性状况下，资本积累总是能够抵消环境恶化的后果。在本书模拟的背景下，考虑到影子价格 π_k 的负值，为了弥补自然资本的损失而加速资本积累，将会加重 ∑ 所提供的负信号。

2.4 储蓄方法：仍然存在很多问题

让我们回顾一下。我们有可能制定出一个指标，既可以补充 GDP，也可以替代任何衡量当下福利的其他指标。它的工作方式如下：GDP 衡量经济活动，但不等于福利。当前福利 $U(t)$ 的具体指标需要指示与当前的 GDP 水平一致的当下福利水平。一些因素有助于提高福利，其他因素可能不能提高福利，而当下福利水平可能会受到许多其他因素的影响，而这些因素并没有被计入 GDP 中。第 4 章将对这样一个指数展开探索。但如果要求这项指标进一步展望未来，将会适得其反。这项任务必须留给另一个专门衡量现在和未来全球变化方向的指标来完成，未来在这里被理解为一个长期的视角，而这正是 ∑ 指标所具备的。

为了进一步说明这组指标（GDP、$U(t)$ 和 ∑）在实践中是如何运作的，让我们看看它们在生产资本或自然资本突然受到冲击时的预期动态。人们一再批评 GDP，因为它发送了明显不相关的信息。如果冲击是由于复建需求而增强经济活动，而且 GDP 被错误地当作福利指标，那么这次冲击将被视为一种好事，这显然是胡说八道。

当通过这组建议的指标，GDP 给出的信号回到正确位置时，这种矛盾就消失了。以下几种情况可供参考：

• 如果冲击（例如，风暴或地震）影响了生产资本，而该经济体试图重组损失的资本作出反应，该经济体可以采取两种方式：要么增加产量从而增加工作强度或通过增加储蓄从而降低消费。正如最初考虑的那样，第一种情况可能确实会导致 GDP 上升，但 $U(t)$ 指数使我们无法将其视为纯粹的好消息。工作努力的增加或消费的减少代表效用指数的下降，这传递了一个正确的信息，即最初的灾难绝对不是一件好事。然而，在这种反应下，Σ 指标可以准确地告诉我们，由于这一暂时的努力，可持续性并没有受到威胁，当前的一代人偿还了因灾难产生的一部分账单。

• 如果该经济体没有试图恢复已经失去的资本，并在没有任何额外生产努力的情况下仍维持其正常生活水平，那么可能由于可用于生产的资本减少而导致生产活动减少，但如果消费持续不减，当下福利不会有任何变化。关于可持续性的信息则取决于经济体的初始状况和冲击的程度。如果经济体在遭受冲击之前走上了一条更加可持续的道路，那么即使未对冲击作出防御性反应仍可以保持可持续性。但如果它本来接近严格意义上的可持续性，而冲击很大，那么 Σ 指标会指明，可持续性不可能再维持下去。这准确表达了迟早要偿还账单的事实。

• 如果冲击影响了自然资本，那么信息的类型是相同的。如果这个社会有可能通过积极行动或暂时减少其消费来恢复这一资本的初始水平，我们就可以获得关于全球经济活动（可能增加）、当下福利（稳定或衰退）和可持续性（维持或不再保证）的相同信息。在不太有利的情况下，对环境造成的损害是确定的，原则上不能修复，增加生产活动不是一种理想选择。我们只能在减少当下福利或威胁可持续性之间做出选择。

2.4.1 实践中的货币化

然而，我们对于积极的信息要求太多了。读者对实现这一理论框架的要求是如此之高，这是无法回避的。表面上，Σ 指标看起来像一个只需要观察当前流量和价值的指标。它导致了这样一种错觉：我们可以用会计师评估公司财务可行性的方式来衡量可持续性，或者用家庭评估自身是否过度消耗资源的方式来衡量可持续性。在实践中，该指标中可直接测量或甚至可测量的因素很少。对未来福利至关重要的各种实物、自然或非物质资产的存量变化似乎是统计中最容易的部分，特别是考虑到所要求的只是变化，而不是对全球存量进行全面衡量。但是，即使对于不同形式生产资本的变动这样简单的事情，我们也知道测度并不完善。特别是，由于设备缺乏系统的存量统计，折旧是以相对传统的方式进行计量的。

除了这种显然很简单的情况，这个问题变得越来越困难。比如人力资本的指代指标，它是 ANS 经验分析的一个重要部分。有时使用的替代指标是教育支出总额，但这显然是一个非常糟糕的替代指标。它没有考虑到人力资本体现在个人身上，随着个人年龄的增长而贬值；它也忽略了一定水平的教育支出在创造人力资本方面或多或少是有效的。另一种方法是直接评估人力资本存量，将其作为预期收入折现流的总和，这是根据现有个人的当前年龄、就业岗位和技能预计其将在剩余的工作年限中获得的预期收入（Dale Jorgenson and Barbara M. Fraumeni，1989）。然后就可以检验这种存量是如何随时间推移而变化的。

这种方法满足可持续性评估的一些要求。它衡量人力资本时不是用在积累过程中投入的资金，而是用其实际的潜在收益来衡量：一个斥巨资但效率低下的教育系统不会被视为自动产生大量人力资本的系统。这也考虑到了折旧或过时：较短的剩余工作年限会降低当前技能的价值。如果实施得当，它甚至可以正确地解释可能威胁可持续性的负面冲击对人力资本的影响。例如，教育系统效率的突然下降会导致技能积累和相关收入潜力出现拐点。同样，如果经济危机预计会对失业者的收入潜力产生长期影响，则应将其记录为对全球储蓄指数具有负面影响。

但所有这些在几个方面仍然有局限。首先，它关注的是人力资本积累对生产力和收入能力的贡献，如果我们认为教育也有助于福利，而这些福利不受劳动力市场的重视，那么我们应该讨论在自然资本的情况下，上述模型中假设的福利设施的等价项。尽管它显然依赖于当前对劳动力技能分布的观察和对这些技能经济回报的衡量，但它也对应了对未来这些技能回报的预测。这样的回报在长期内保持不变是一个假设，而不是一个经验事实。

对于代表自然资本的 K_k 组成而言，将指标建立在预测上而不仅仅是当前观察结果上更有必要。对于这部分自然资本来说，存量不一定是完全已知的，比如尚未发现的矿产资源；但这类商品的流量是已知的，我们可以从市场估值中获益。结合这两条关于流量和价格的信息评估 $\pi_k \dot{K}_k$，意味着我们要假设观察到的价格正确地反映了 $\dot{K}_k$ 对未来福利贴现流的影响，以及我们希望用于指数的贴现率。如果没有，我们必须根据 $U(t)$ 的全部预测和由此产生的贴现金额 $V(K_1(t)，\cdots，K_m(t))$ 重建 $\dot{K}_k$ 的估值，正如我们对那些不存在市场的自然产品所做的那样，而估算是估值的唯一方法。

此外，上面提出的程式化例子表明，全面实施拟议框架不仅要求我们对没有市场或有众所周知的低效市场的货物进行估算，还要求我们对所有其他货物进行估算，由于某些市场的缺乏或效率低下，可能会使整个价格体系提供的信息产生偏差。在所提供的例子中，这走到了要求对生产资本积累进行负估值的极端地步。诚然，这个程式化的例子是为了产生这样的结果而构想出来的，但它足以证明问题的存在。这个例子也表明，只需要衡量存量变动的指标本身就是不切实际的。为了正确估计存量 k 的给定变化值，我们通常需要知道存量的数量，实际上还需要知道所有形式资本货物的存量。不知道社会生态环境系统的整个状态 $(K_1(t)，\cdots，K_m(t))$，就无法确定该系统的整个未来路径 $\partial V(K_1(t)，\cdots，K_m(t))/\partial K_k$。

总之，没有奇迹发生。除非我们相信有关未来趋势的所有信息都在当前观察到的价格中得到了充分反映这种假设，否则不进行预测根本无法衡量未来的任何特征，任何预测的基本前提都是充分了解我们需要预测的系统的当前状态，并充分了解控制其未来演变的规则。所有这些都对指数构建者提出了较高的要求，进而引发了更多的问题。

首先，我们必须阐明所寻求构建的指数的最终效用。如果目的是了解 $U(t)$ 的预测路径是否会在未来某一点穿过水平线 $U = U(0)$，直接检验 $U(t)$ 的图形就足够了。一旦预测出这一路径，就不需要借助指数了。然而，让我们忽略这个论点。总结性指标通常综合了各种预测方法的结果，例如，在金融或财政领域使用的许多可持续性指标就是这样。但最主要的一点也是最基本的一点是，事实上，这种完美的预测是不可能的，因为需要应对几种不确定性。

更准确地说，主要的不确定性大致可分为三类。第一类主要是全球"技术"不确定性，这反映了一个事实，即很难确定控制经济—环境相互作用的参数。即使这些参数在当前时期被精确地掌握，由于各种外部冲击，它们会随着时间推移以不可预测的方式演变。第二类可被称为"规范"不确定性：我们想知道下一代人是否能保持 $U(0)$ 水平，但不确定他们未来偏好的模型。第三类是所谓的"行为不确定性"。这种 Σ 方法运行时假设的就是未来的行为是完全预先确定的。然而，即使没有其他两种形式的不确定性，系统仍可能有几种未来路径。只选择其中一条路径（进程）可能会使 Σ 指标不如初看到的那样合理。我们首先讨论最后一点。

2.4.2　行为不确定性，或当"弱"指标变得太强时

参考"程式"的选择是进行预测的标准操作。预测是对"如果……怎么办"一类事件的预测。Σ 指标应用了这种方法也无可厚非。例如，参考场景可以是"一如往常"（Business As Usual，BAU）的场景，即假设当前行为无限延续。在这种情况下，指标的作用是为 BAU 场景引领我们走上的路径提供一个总结性的说明。但是 BAU 场景通常伴随着各种变化，比如行为或政策在未来某个时间点发生变化。"如果……怎么办"这一问题研究自然伴随着其他问题如"还有什么"。

上面那个简单的教学示例有力而简明地说明了这一点的重要性。细心的读者可能已经注意到这个例子中使用的"如果……怎么办"假设场景存在的矛盾。它将最初的消费/储蓄行为描述为"不可持续"，因为这是它在整个预测范围内永久应用的最终结果。从形式上讲，"如果"同样的行为持续累积下去，最终会引发环境和生活条件的不可逆转恶化是完全正确的说法。然而，此信息忽略了其他选项。例如，由于我们初始的生产水平低于环境阈值 Y^*，因此可以以相同的速度积累资本并扩大生产能力，直到达到这个阈值，然后，为了不进入永久性环境退化机制，突然减少积累并寻找替代需求，并从增加的消费机会中获益。因此，不公平的说法是，生活

在时间 $t=0$，以假定的 20% 的储蓄率生活的人们正在向他们的后代传递一种不可持续的状态，正如第 2.3.3 小节中用最具远见的 Σ 指标方法（如 $\mu=0.01$）所计算的那样。事实恰恰相反。通过储蓄超过资本置换所需的资金，这些人改善了后一代人的机会，而且他们这样做的同时也不损害其他后代的机会。只要我们保持在环境阈值之下，在发展的早期阶段积累资本并不会立即造成环境不可逆转的恶化。

这个结果值得坚持，因为它清楚地表明了将"货币"和"弱"指标与可持续性联系起来是多么简单。在这里，一个所谓的"弱"指标在它不应该警示的时候发出不可持续的信息：这一指标似乎又过于"强"了。这表明，尽管简洁巧妙和明白易懂，测度可持续性的 Σ 方法仍然忽略了重要的一点。问题不在于用"资本"指标测度可持续性。问题在于预测当前资本货物积累或减量后果的方式太过狭隘。可持续性问题不仅是知道 U 的一个特定潜在路径是否总是高于初始值 $U(0)$。一旦做出当前的消费选择后，这一问题必须扩大到后代能走的所有道路上。按照约翰·佩齐（John C. V. Pezzey，1997）的说法就是，我们需要转向一种更注重资源的可持续发展观，而不是雄心壮志地去预测未来的人群将如何有效地利用这些资源。类似的观点可以在盖尔·阿舍姆（Geir B. Asheim，2007）的文章中找到。

柯克·汉密尔顿和迈克尔·克莱门斯（Kirk Hamilton and Michael Clemens，1999）以及约翰·佩齐（John C. V. Pezzey，2004）指出，当时间 t 的当前操作是最大化跨期目标 $V(t)$ 进程的一部分时，该 Σ 指标也提供了一个不可持续性测试，涵盖了所有可能的未来路径（而不仅仅是一个特定的进程）。当 $U(t) > \bar{U}$ 时，后代就不可能在所有时期内保持 $U(t)$，不管他们做什么。事实上，如果可能的话，后代可以走一条具有更大 $\bar{U}$ 的可行道路，因此，实现更高的 $V(t)$，这与最优性假设相矛盾。这个观察很有趣，但是我们应该寻找一个更好的测试，也就是一种适用于次优情况且提供了必要的可持续性的充分条件，而不仅仅是必要条件的测试。

尽管这在文献中很少见，但我们认为，在离散时间内，将这种可持续性方法形式化更容易，因为我们需要清楚地区分整体状况和 1 期初比 0 期初多出的机会。我们要让符号适应这个离散时间框架。K_t 将再次成为"资本"商品的载体，这些商品对福利很重要，并在 t 期初是可用的。A_t 将是人们在同一个离散时间 t 内选择的一组"行为"。这些"行为"包括消费行为。可供人们选择的行为是由资本货物的当前可用性界定的，也就是说，约束条件为 $A_t \in \Phi(K_t)$。这些行为，结合期初可用的资本存量，通过方程 $K_{t+1} = f(A_t, K_t)$ 确定下一期初可用的资本存量水平，这相当于初始连续时间问题方程式（2-7）的离散时间。同样的变量也决定了当前的效用 $U(A_t, K_t)$，再次假设资本货物的舒适性价值。

基于所有这些定义，我们可以确定 $\Phi(K_1)$ 未来行为的集合以及由此产生的资本存量（A_1，A_2，…，K_2，K_3，…），从资本 K_1 开始，也就是说，一旦选择了第 0 期的行为，仍然还有机会选择其他行为。在这个集合中，我们可以计算最大福利水平 U，这样 $\Phi(K_1)$ 中至少有一个元素满足 $U(A_t, K_t) \geqslant U$。这在形式上等同于将最大最小准则应用于路径选择，但没有假设遵循最大最小路径。用 $V(K_1)$ 表示 U 的这个值：它表示 K_1 能为后代提供的最低富裕程度的上限。可持续性的本来定义是，如果当前的效用水平 $U(A_0, K_0)$ 小于或等于 $V(f(A_0, K_0))$，那么它是可持续的，也就是说，如果我们使每一代人都维持和我们一样的生活的可能性，这就不需要事先假设未来几代人将如何利用这些可能性。例如，生活在第 1 期的利己主义者可能会选择过度消费他们所继承的资源，这迫使后代的效用水平大幅下降。或者，如果这些人非常无私，他们可能会故意采用低于最初 $U(A_0, K_0)$ 的生活标准，以向自己的子女或孙子提供更多的机会。这两种情况产生的轨迹都将违反我们对可持续性的初始定义，如图 2-2 所示，因为这些轨迹在某一点上会低于 $t=0$ 的初始效用水平。但是生活在第 0 期的人不能为此承担责任。对于生活在 $t=0$ 的那一代人，唯一的要求是，他们的行为不会迫使未来的福利减少。

顺便说一句，这种方法既符合货币或"足迹"方法的可持续性表述方式，也证实了两种指标之间的选择更像是一种表述问题，而不是基本原则问题。如果我们使用货币单位来表示效用水平，得出的是货币指标，$V(K_1) - U(A_0, K_0)$ 可以解释为可持续性缺口，无量纲替代指标为相对缺口 $V(K_1)/U(A_0, K_0)$。但我们也可以将这个框架用于全球足迹的通用指标。设 λ 为参数，使 $V(f(A_0, \lambda K_0)) = U(A_0, K_0)$。此参数 λ 表示为确保初始行为 A_0 值不变的可持续性，必须提高初始资本禀赋的比例。该参数大于 1 表明真正的资本存量 K_0 无法保证我们生活的可持续性。

这种方法与罗伯特·索洛（Robert M. Solow，1974）和约翰·哈特维克（John M. Hartwick，1977）在早期关于自然资源的辩论中提出的代际公平最大最小方法有着明显的联系。虽然这一观点并不是假定社会以最大化这一标准的方式行为，正如我们在从马丁·魏茨曼论证转向对 Σ 指标的阐述时放宽了最优性标准那样①。

它还与所谓的动力系统的生存方法（Jean-Pierre Aubin，1991）有着非常密切的联系。只要从当前点出发至少有一条路径不会违反为相关变量预定义的一组约束，那么这个系统就是可行的。在这里，约束条件包括禁止将未来的效用级 U_t 降低到其当前的 U_0 级以下。然而，不用说，以这种方式放弃唯一参考"路径"的假设并不能简化指标的实际应用。即使在简单的确定性环境中，也无法直接定义生存路径或"生存内核"（Christophe Bene，Luc Doyen and Daniel Gabay，2001；Verburg Martinet and Luc Doyen，2007；Stefan Baumgärtner and Martin F. Quass，2009）。在这一阶段，我们显然还不能真正地将其字面意义理解为构建适用的可持续性指标。

2.4.3　技术和规范的不确定性

如果我们加上一个背景，即所有这些都发生在一个不确定的环境中，我们称之为技术不确定性，那会怎么样？无论可持续性指标是基于什么基本原则构建的，不确定性意味着它们只会显示一个可能性，即我们正处于或不处于不可持续的道路上，而类似的潜在错误则会没有必要地预警那些不可能出现的问题，或者另一方面，让我们误以为自己处在一条可持续的道路上，而事实并非如此。盖尔·阿舍姆和基尔·阿恩·布雷克（Geir B. Asheim and Kjell Arne Brekke，2002）、罗伯特·凯恩斯和吴文龙（Robert

---

① 盖尔·阿舍姆、沃尔夫冈·布霍尔茨和塞斯·维特根（Geir B. Asheim，Wolfgang Buchholz and Cees Withagen，2003）对哈特维克方法的分析见解深刻，并将之与可持续发展问题联系了起来。

Asheim G. B. , W. Buchholz, C. Withagen 2003, "The Hartwick rule: Myths and facts," *Environmental and Resource Economics* 25: 129-150.

D. Cairns and Ngo Van Long, 2006) 都讨论过这个问题。

让我们来讨论如何在上一节的框架内实现这一点。再次思考第 1 期初剩余资本存量的最大最小值 $V(K_1)$，并假设该值具有累积分布函数 $F(v)$。在这种情况下，$1-F(U(A_0, K_0))$ 显示的是一个概率：当下福利水平 $U(A_0, K_0)$，在 A_0 的行为下，在未来是可持续的概率。

我们还可以探索当前行为成果的全球分配。例如，当前政策 A_0 比政策 A_0' 更可能导致全球不可持续性概率降低，就不可持续性而言，政策 A_0 可能会产生更多的负面后果。例如，人们可能会认为，投资于一项技术创新，可能会为某些耗尽自然资源提供一种替代资源。在大多数情况下，这种创新有望维持当下福利，但是，在一些罕见的灾难性案例中，它可能会使我们后代的处境比原本没有它时更糟糕，因此有必要进行套利。只有当所有 v 的 $F(v) \leq F'(v)$ 时，政策 A_0 才能被视为比政策 A_0' 更可取。

最困难的是，问题不仅仅是把概率分布用于社会—生态—环境相互作用的另一种共识模型的参数上。我们的处境具有极端的不确定性：除了控制这些相互作用的模型参数，模型本身的结构也具有不确定性。当前存量的测度，甚至是考虑了存量和未来变化的自然资产也具有不确定性。毫无疑问，可持续性指标无法避免此类困难。显然，这些困难远远超出了统计学家通常面临的问题，他们的日常工作基本上是测度世界的现状。在这一层面上，在正确测度当前事态的方式上，可能存在测度问题和分歧。但是试图量化可持续性增加了评估未来这一维度并且关于未来发展的异质性观点开始发挥作用，所有的后果都是人们可以猜测的。

更基本的不确定性来自我们提出的第三个不确定性维度，即规范性维度。直观地说，可持续性的定义可以和我们想要维持的可持续的事物一样多，我们这里所说的"规范性"不确定性适用于当前和未来的偏好。Σ 指标完全取决于对函数 U 的选择，这显然不是一个小问题。这同样适用于前一小节的替代方法，其中 U 函数具有类似的作用。从经验上讲，我们可以试着从当前人们对环境因素与经济因素的评估推断出 U 的形式。由于这不能通过观察到的价格来推断，我们必须依靠其他方法，例如条件价值评估法，或直接测量环境便利设施对主观福利指标的影响，这将是第 4 章和第 5 章中讨论的问题。

但潜在的问题依然存在。今天在特定的生态环境背景下建立的条件评估或主观评价是否可以用来预测未来几代人在可能已经变得非常不同的环境中对事物的评估？例如，我们的后代可能会对某些环境产品的相对稀缺性变得非常敏感，而我们今天很少关注这些产品，因为它们目前仍然非常丰富。相反，一些反环保主义者可能会争辩说，未来几代人可能对我们现在重视的某些环境设施的消失完全漠不关心，而我们重视只是因为我们习惯了这样做。这带来了额外的复杂性，这一复杂性源于 U 函数可能存在的路径依赖性。例如，这么说可能会引起争端，严格的伊斯特林学派相信人们的愿望可能会永远照进现实，他们认为 $U(t)$ 只是一个常数，在这种假设下，任何增长或衰退的路径都是一条持续的福利之路。当然，这不是我们希望捍卫的立场（见第 5 章），但它粗略地说明了可持续性的定义有多相对。

为了说明这一规范性问题的另一方面，我们还提到了 U 如何汇总个人偏好的重要性，即当下福利的分布维度。例如，如果人们认为当下福祉的一个主要指标必须是 80% 的底层人口的可支配收入，或 50% 底层人口的可支配收入，而不是总人口的可支配收入，那么可持续性指标必须适应这一目标函数。在一个国家内部不平等现象自然加剧的世界里，关于可持续性的信息将根据当代人所制定的目标而有所不同。对分配问题的特别关注甚至可能要求扩充"资本"商品的清单，对于底层 $x\%$ 的人口来说，维持福利的可持续性可能需要一些机构进行针对性投资，保护这部分人口免受贫困，这也意味着要考虑将这类机构列为"资产"。

2.4.4 另一个问题：不可持续性的跨国维度

在解决国际层面的问题时，也会出现分配问题。毫无疑问，我们需要从全球层面看待可持续性，这也是气候变化辩论的核心。这将是本章的最后一点。

我们主要是从构建"国家"或"国内"指标的角度来寻求替代 GDP 的指标，这些指标将用于比较各国的表现。这些指标仍以国家为基础。这并不是说 t 时生活在 A 国的人们的福利水平不受同期其他国家的影响。A 国所有合作伙伴或竞争对手遵循的社会经济和环境政策都会影响该国的福利。例如，B 国的劳动法规薄弱可能会造成 A 国的劳动力市场问题。或者从 B 国过境到 A 国的污染可能对 A 国人的健康产生不利影响。然而，只要我们关心的是当下福利，我们就不需要观察这些跨越国界的影响。原则上，我们应直接观察 A 国国内的这些后果：高失业率、低工资、健康状况差等。我们再来谈可持续性评估，可持续性评估更加复杂。A 国的未来福利可能会受到 B 国目前或随后做出的选择的影响，对 A 国的统计学家来说其后果并非立即可观察到。处理这种相互作用的方法是可持续性指标（如 ANS）和生态足迹之间产生分歧的另一个原因。根据选择的指标，最不发达国家或最发达国家最担心不可持续性，前者是由于实物资本和自然资本投资不足或自然资源管理不善，后者是因为它们的高生活水平给世界生态系统和自然资产带来了压力。生存能力方法依赖于 ANS，因为它评估了一个国家的后代是否有能力维持生活水平。

ANS 的拥护者会为第一种观点辩护，认为如果市场运作正常，发达国家对其他国家资源施加的压力反映在它们为进口这些资源支付的价格上。尽管这些进口资源的成本很高，如果发达国家仍然有一个正的 ANS，这意味着它们投入了足够的资金来补偿它们对自然资源的消耗。如果出口国希望本国走上可持续的道路，那么它们有责任将其出口收入再投资到足够数量的资源上。

然而，只有在市场有效的假设下，价格才能提供信息。如果市场没有效率，而且自然资源定价过低，那么进口国将从隐性补贴中获益，出口国将被征税。这意味着前者的有效可持续性被高估，而后者的可持续性被低估。当资源根本没有市场，或者存在着强烈的外部性时，这个问题将变得更加重要。

测度单一国家的情况时，我们不能接受忽略外部性或市场运作效率低下引起的问题的指标。但这项任务并不容易。比如下面这个非常程式化的两个国家的例子。忽略实物资本后，生产中劳动力是唯一的投入，但对自然资源的存量有外部影响，自然资源现在是一种全球公共产品，可供免费使用，在时间 t 时可获得数量 $S(t)$。我们也忽视这种商品的自然再生。因此，它被视为一种可耗尽的资源。

我们假设两国在每个时期的产量和消费量为 $C_1(t) = C_2(t)$，但技术不同。国家 2 使用对 $S(t)$ 没有影响的清洁技术，国家 1 使用"污染"技术，导致 $S(t)$ 按与 $C_1(t)$ 成比例的金额贬值，也就是说，$dS(t) = -\lambda C_1(t)$。

最后，我们假设只有国家 2 受到 $S(t)$ 损失的影响，从而进一步推动了不对称性。例如，当前效用函数的形式与之前相同，即 $U_2(C_2, S) = C_2^\mu S_1^{-\mu}$。国家 1 完全不关心 $S(t)$ 的水平，因为其地理特征能充分保护其免受 $S(t)$ 下降的影响。因此，其瞬时效用函数是 $U_1(C_1, S) = C_1$。在这样的环境下，我们自然可以将国家 1 和国家 2 分别重新定义为"污染国"和"受污染国"。

在这两个国家的背景下，我们如何对一般规则进行统计记录呢？一种可能是计算特定国家的 $S(t)$ 核算价格，核算价格差异反映了两国 $S(t)$ 变化的不同。如果 V_1 和 V_2 是两国的跨期效用，那么我们定义 $\pi_1 = \partial V_1 / \partial S$ 和 $\pi_2 = \partial V_2 / \partial S$。其次，考虑到 $S(t)$ 的贬值是全球性的，$S(t)$ 随时间的推移整体变化必须从每个国家的加权核算价格中扣除。因此我们得到

$$\sum_1 (t) = \pi_1(t)\, dS(t) = -\pi_1(t)\lambda C_1(t) \tag{2-19}$$

与

$$\sum_2 (t) = \pi_2(t)\, dS(t) = -\pi_2(t)\lambda C_1(t) \tag{2-20}$$

很容易猜出 $\pi_1(t)$ 等于 0：污染国不受 $S(t)$ 变化的影响；因此污染国未赋予这项资产任何价值，并认为自身是可持续的。另外，受污染国的资产被赋予一个正值 $\pi_2(t) > 0$，其生活水平是不可持续的。生存指标也会传达同样的信息。

从某种角度来看，这些结果是有意义的。的确，污染国走的是一条可持续的道路，而受污染国却不是。但从另一个角度来看，对决策者来讲，这些信息具有误导性。国家 2 在恢复其可持续性方面无能为力，只有污染国技术的改变才能恢复受污染国的可持续性。

解决这一矛盾的办法不一定是抛弃公式（2-19）和公式（2-20）这样的指标，它们所传达的信息并不是没有意义，而是将它们与另一组指标结合起来，这些指标不会评估每个国家自身的可持续性，而是评估不同国家对全球不可持续性的责任。如果我们重写 dS_1 和 dS_2，各国对全球存量恶化的责任分担（在本例中，$dS_2 = 0$），公式（2-19）和公式（2-20）被改

写为

$$\sum\nolimits_1 (t) = \pi_1(t) \left[dS_1(t) + dS_2(t) \right]$$

$$\sum\nolimits_2 (t) = \pi_2(t) \left[dS_1(t) + dS_2(t) \right]$$

我们马上发现这两个方程的元素可以被重新排列为：

$$\sum\nolimits_1' (t) = \left[\pi_1(t) + \pi_2(t) \right] dS_1(t) \tag{2-21}$$

与

$$\sum\nolimits_2' (t) = \left[\pi_1(t) + \pi_2(t) \right] dS_2(t) \tag{2-22}$$

在这个替代公式中，全球核算价格 $\pi(t) = \pi_1(t) + \pi_2(t)$ 可以解释为全球存量 dS 的给定变化对跨期福利总指数 $V = V_1 + V_2$ 的全球影响，每个国家对全球可持续性或不可持续性的贡献或责任分担等于其对 dS 的贡献，并以该贡献的隐含价格进行加权计算。例如，当我们使用各国各自的温室气体排放水平来估计其对气候变化的责任分担时使用的就是这种方法，其估值依据是一个共同的价格，该价格应该反映出 CO_2 的边际吨数对全球造成的损害。

双重核算制度（公式（2-19）到公式（2-20）和公式（2-11）到公式（2-22））说明了不可持续性和对全球不可持续性的责任分担是两件不同的事情，都值得测度。一个具有较高负值 dS_i 和 $\pi_i = 0$ 的国家也可能是可持续的，即使对全球不可持续性负有较大责任，反之亦然。

现在，我们无法否认这一切反过来又需要许多假设，即使这些假设存在争议。例如，有两个可加性假设分别认为 dS_i 的可加性和 $V = V_1 + V_2$ 作为全球福利指数具有某种意义，即国家福利可以以功利主义的方式汇总。这种解决可持续性多维方面问题的方法仍然提出了贯穿本章的主要问题，即我们能够同时预测世界上所有国家 S 变化的长期后果。

2.5 结论：未来的方向

人们常说，明确提出问题就等于解决了一半问题。这适用于本书的问题吗？适用，但不完全适用。对于那些渴望没有任何其他竞争指标的单一可持续性指标的人来说，答案显然是否定的。我们在解决这一问题还未过半时就不得不停下脚步。至少在一般的统计研究领域，太多障碍似乎无法克服。根本原因很明显，预测可持续性就是预测未来，这不是一个纯粹的测度问题，而是一个全球性的预测问题。然而，在这一更具建设性的方面取得突破是非常重要的。即使最终目标仍然遥不可及，我们也能提出几条建议，寻找次优的解决方案。让我们回顾一下主要内容。

首先，我们现在更清楚我们需要测度什么和为什么测度。理论上的弯路有助于确定不太值得追求的目标。对社会福利贴现概念的统计记录可能是浪费时间，尽管乍看起来更具吸引力，但可持续生活标准或恒定等效生活标准的替代概念似乎也与我们的问题不太相关。它们与统计学家在绿色 GDP 的名义下试图建立的指标一致，而绿化 GDP 常常被认为是标准 GDP 对可持续性问题缺乏关注的解决方案。到目前为止，这些努力还没有取得很大的成功，这可能不是偶然的。

原因不只是收集所有必要信息存在困难，而是这种投资的回报是没有保证的。即便系统建立起来一个指标，我们也无法确切知道如何使用它。诚然，它会对国家排名进行一些有趣的改动，从而有利于那些在对地球资源产生较低压力的情况下生产更多产品的国家，但这一指标本身并未指示可持续性。即使它是衡量可持续消费的一个指标，而且我们已经看到它不能提供足够的证明，只有在与实际消费相比时，它才会提供有关可持续性方面的信息。如果我们能够直接分析这一比较的结果，那么信息肯定会更清晰，这就是可持续性指标应该关注的问题。我们需要的是资源过度消耗的指标或储蓄/负储蓄指标。

如果我们以这种方式来解决这个问题，它又会分成两个子问题。第一个问题是确定所有那些对未来福利有重要影响的资产、它们目前的存量，以及对它们随时间推移而变化的测度。这仍然在统计人员的能力范围内，他们的大部分研究都是以此为导向的。

第二个问题是几乎无法克服的问题，那就是要合成所有这些信息。有些因素通常是累积的，如生产性实物资本、人力资本、无形资本（如知识或制度），而其他资本商品则是可耗尽的，这类资本通常是自然资本，它们的耗竭通常是可逆的或不可逆的，如可耗竭性资源。当我们开始汇总所有这些信息时，我们会被 50 多年前保罗·萨缪尔森（Paul A. Samuelson）提出的"未来性"问题所困扰。一个令人满意的解决方案是假设市场上的人正确了解这些资产对未来福利的影响，并以最佳方式管理这些信息。通常情况下，当前价格汇总是一个值得采用的解决方案。但这种认为我们可以清晰了解市场的看法是不合理的。因此，评估的重任就转移到了指数构建者身上，我们要求他们为影响福利的资产提供正确评估，无论是货币还是非货币评估。

在这种情况下，现有的各种指标对于可持续性的评估存在很大的差异，这并不奇怪。这些差异仅仅反映了对未来福利如何产生的不同看法。用这种或那种生产的资源替代过度稀缺的自然资源的设想如何？我们什么时候会超过这种可再生资源以不可逆转的方式耗竭的上限？我们生产过程中的环境外部性是什么？对于要求我们建立可持续性指标的国家，这些外部性如何跨越不同国家的边界？或者，为了不只关注单一的生态环境领域，我们的制度是否朝着有利于未来生活质量的方向发展？在这里，统计学家被敦促转变成一个多学科的前瞻性学者，这项任务令人望而生畏。这也就解释了为什么这一问题的解决方案，直到现在，基本上是为这一全球前景奠定基础而非提供全面展望。

在这种情况下，统计学家的次优解决方案相对简洁，也就是将重点放在他们认为自己能做的事情上，研发结构良好且尽可能汇总这些资产及其动态的信息仪表盘，尽可能完整地提供有关这些资产存量关键上限的信息。研究者一直在探索关于可持续性的更为全面的信息，而表达其结果的最终指标有多重选择：可以用货币来衡量，也可以遵循广义的"足迹"法来量化可持续性。但在这两个指标存在的问题大致相同。由于这些衡量需要许多假设，它们显然属于另一种活动，更具探索性，更容易引起争议。我们将在本书的总结论中再次谈到这些内容。

现在，本章想说明的另一点是，如果事先没有就我们想要维持什么达成共识，即当前社会福利的概念应包含什么内容，就不可能进行可持续性评估。这是接下来要讨论的问题。

第 **3** 章

价格能衡量一切吗？

　　修正 GDP 通常被理解为加上或减去与 GDP 结构相同的项，也就是说，货币总量按市场价格或在没有市场价格的情况下按估算价格计算。例如，威廉·诺德豪斯和詹姆士·托宾在其开创性作品中着手计算的"家庭年实际消费的综合指标。消费包括无论是否在市场上销售，依据市场价格或与消费者机会成本同等价值进行估价的所有商品和服务的价格"（1972）。

　　正如我们将在本章中看到的，这种方法不像国民经济核算的大多数用户通常认为的那样，其经济理论支持并不多。许多官方报告掩盖了经济理论在某些假设（通常未指明）下，将总收入确立为一个好的社会福利指标的事实。可以肯定的是，有一种传统经济理论，试图将社会福利与总收入或总消费价值联系起来。对这一传统理论的研究参见阿马蒂亚·森（Amartya Sen，1979）和丹尼尔·斯莱斯尼克（Daniel T. Slesnick，1998）。事实上，根据总收入或总消费量来衡量社会福利的假设是极其严格的。此外，大多数理论都涉及确定某一特定人群福利变化迹象的问题。这一理论对变化的幅度没有任何说明，更不用说福利水平本身了。对于不同偏好人群之间的比较，它也未进行说明。从这个角度来看，广泛使用的人均 GDP，作为一种按百分比来衡量各国和各代之间差异和变化的基本衡量标准，无论其是否修正，都缺乏经济理论基础。

基于这一点，有必要问一下实际需要什么。当然，政策辩论需要对各种政策选择的社会和经济后果进行排序。这是最低要求。然而，我们也需要考虑政策选择对不同人群的影响。第一，从长远来看，不同的政策可能会导致人口具有不同的习惯和偏好。例如，通过城市发展政策鼓励农村或城市生活方式是否更好？第二，长期增长的评估涉及不同世代的人，而国际生活水平的比较涉及世界各地不同的人口。英国或日本的人口比较富裕吗？这个问题很有意义，但如果不对偏好变化进行度量，就无法回答。此外，在某些情况下，排序还不够，人们想要一个基本尺度。对增长的衡量和生活水平的比较自然要求指标有能力评估某些差异是否大于其他差异。例如，在第一次石油危机后，了解社会福利的改善是否放缓（假设没有减少）似乎很重要。

在本章中，我们回顾了支持和反对货币总量作为社会福利指标的旧观点和新观点。尽管本章的主题是"校正"国民收入的方法，即通过增加或减少非市场化消费的要素来校正国民收入，这些要素按估算价格进行估价，即使在不校正的情况下，大多数人的注意力也集中在将国民收入作为社会福利衡量标准的核心问题上，这并不奇怪。在这种"简单"的情况下，问题和困难显然比进行校正时还要严重。第 3.1 节和第 3.2 节研究了两种不同的显示性偏好，用于将福利变化的符号与以市场价格计算的总消费的演变联系起来。第 3.3 节回顾了指数理论，其宏伟目标是提供基本的福利测度。第 3.4 节是关于将社会福利分解为分别代表效率和公平的因素，这是较为适中但可能更有希望的想法。第 3.5 节介绍了推算非市场化商品的价格和计算"全部收入"的问题。

本章除了第 3.4 节关于社会福利的分解外，其他部分都是重要的内容，但对于已经确信总收入的概念不能很好地表示社会福利的读者来说，可以跳过这一章。这也是经济理论背景要求最高的一章。

3.1　显示性偏好推论

国民收入替代社会福利的理论基石是 $p\Delta X \gtreqless 0$ 标准，其中 p 是初始价格向量，ΔX 是总消费的变化。[1] 这相当于检查总消费的拉氏指数[2] $p(X+\Delta X)/pX$ 是否大于 1。这种方法的灵感来源于个人福利标准。我们首先在个人层面回顾这一标准，然后再研究如何将其扩展到社会层面。

3.1.1　个体消费者显示性偏好的推论

假设一个消费者以市场价格 $p \in \mathbb{R}_{++}^{\ell}$ 消费商品束 $x \in \mathbb{R}_+^{\ell}$，并且可以自由选择任何一个商品束 x'，使得 $px' \leqslant px$。显然，对于消费者来说，x 至少和任何其他商品束 x' 一样好，因为如果其他的更好，消费者就会选择它。

此外，如果满足局部非饱和性（这意味着在每一商品束附近都有一个严格偏好的商品束），x 必须严格优于任何一个商品束 x'，使得 $px' < px$。事实上，如果 x 和一些 x' 一样好，且 $px' < px$，我们可以在 x' 附近找到一个严格优于 x 和 x' 的 x''，它足够小，以至于 $px'' < px$。

现在考虑从 x 到 x'，从 p 到 p' 的变化。假设消费者的偏好没有改变，在什么条件下人们可以说这种变化代表着福利的增加呢？如果 $p'x' \geqslant p'x$，第一次观察到 x' 至少与 x 一样好，并且，在局部非饱和性状态下，如果 $p'x' > p'x$ 则 x' 更好。相反，不等式 $px \geqslant px'$ 和 $px > px'$ 表明福利水平（弱或严格）下降。还有一个灰色区域，其中福利的变化不是由该方法，即 $p'x' < p'x$ 和 $px < px'$ 决定的。

如图 3-1 所示，该图描述了预算集中典型消费者选择的最偏好的商品束。[3] 在图 3-1 中，$px > px'$ 显示实际上 x 优于 x'，但是，由于 $px < px''$，x'' 比 x 更好或更差取决于其在消费者的无差异曲线上的精确位置。

当变化极小时（即 $x' = x + dx$，$p' = p + dp$），如果消费者的偏好可以用可微效用函数 $u(x)$ 表示，且 x 是内部的，即 $x \in \mathbb{R}_{++}^{\ell}$，灰色区域就会消失。

---

[1]　表达式 $p\Delta X$ 是 $\sum_k p_k \Delta X_k$ 的内积，其中 k 是商品符号。

[2]　拉氏物量指数采用基期价格，拉氏价格指数采用基期物量；相应的帕氏指数则采用终期价值。见第 3.3.1 小节方程（3-10）和方程（3-11）。

[3]　这条曲线是一条无差异曲线：直线描述了预算情况，消费者可以负担直线上方及下方的所有商品束，但负担不起位于直线上方的商品束。

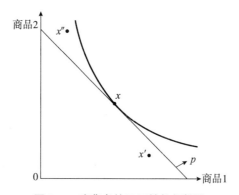

图 3-1　消费者的显示性偏好推论

实际上，在这种情况下，价格向量 p 与 x 处 u 的梯度成正比，[①] 或者，从经济角度来说，相对价格 p_k/p_k' 等于边际替代率 $(\partial u/\partial x_k)/(\partial u/\partial x_{k'})$。这意味着微分 du 与 pdx 成正比，因此与 pdx 具有相同的符号：$du \geq 0 \Leftrightarrow pdx \geq 0$。请注意这里内部性假设的重要性：如果消费者不消费某些商品，$pdx > 0$ 将与满意度下降一致。

　　在研究这种显示性偏好推论如何扩展到社会福利之前，让我们先考虑一下它的局限性。这些局限性主要来自于假设。消费者在预算集中自由选择的假设不包括配给和非市场化（特别是非排他性）公共产品，局部非饱和性假设不包括捐献部分收入的人。这些人的福利不能从个体消费的角度来考察，必须将捐赠本身作为一种消费（慷慨的消费），这引发了各种道德问题，因为在社会评价中，其他偏好问题是否应像以自我为中心的偏好那样受到重视，这是有争议的。假设偏好不变是有必要的，表明这种方法根本没有涉及对不同消费者的不同偏好的比较。即使是对消费品有相同偏好的消费者，也可能无法在如此简单的条件下进行比较，因为框架中可能缺少福利（如健康）的其他决定因素。内部消费的假设显然是不现实的，因为每个消费者只购买供应商品的一小部分。

　　局限性也来自结果本身，与福利变化的符号有关。虽然 du 与 pdx 成比

---

　　① 简单来说，如图 3-1 所示，在 x 处，无差异曲线的斜率与预算线的斜率相同。u 的梯度 $(\partial u/\partial x_1, \partial u/\partial x_2)$ 根据定义是与无差异曲线正交的向量，而价格向量 (p_1, p_2) 则与预算线正交。因此，这两个向量是成比例的。

例的结果，表明从推理中可以获得更多信息，但没有指明变化幅度，例如，对于较小的变化，$2dx$ 对效用的影响是 dx 的两倍。[1] 关于如何从根本上衡量福利，没有给出任何指示。从这一推理来看，消费的市场价值不能被称为福利的衡量指标。最后，请注意能否将这个结果扩展到一个具有时间和不确定性的场景还尚未确定。如果存在完整的市场和一个完全理性的消费者，人们可以用这种方法来评价他的终身福利。但是，无论有没有完整的市场，福利与每期消费（或收入）的市场价值之间的关系都不是即时可知的，正如前一章所讨论的那样。

3.1.2　通过代表性代理人将推论延伸至社会福利

如何将这一显示性偏好推论从个人收入或消费扩展到国民收入？假设一个由 n 个成员组成的社会福利被定义为一个应用于个体效用 $W(u_1(x_1)，\cdots，u_n(x_n))$ 的社会福利函数的值。目的是将这个数量级与总消费量的市场价值 $X = x_1 + \cdots + x_n$ 联系起来，更准确地说，与标准 $pX > pX'$ 联系起来。

研究者提出了两种建立这种联系的方法。一种方法是假设一个"代表性代理人"消费量为 X，用其需求行为模仿假设社会的总需求。在宏观经济学中，人们习惯于将代表性代理人的偏好与社会福利挂钩。由此，显示性偏好推论的转置是直接的，因为社会等同于这个宏观经济个体。然而，正如艾伦·柯曼（Alan P. Kirman，1992）所解释的，这种方法是相当不可信的。代表性代理人几乎不存在。特别是，当收入在个人之间重新分配，价格保持不变时，总需求不太可能保持不变（描述给定价格的需求和收入之间关系的个人恩格尔曲线应该是线性和平行的），但代表性代理人必须保持相同的需求。事实证明，当价格也允许变化时，恩格尔曲线的线性和平行条件实际上是代表性代理人存在的充分必要条件。[2]

当收入和价格的变动受到限制时，代表性代理人就不太可能存在了。例如，詹姆斯·道和达·科斯塔·韦朗（James Dow and da Costa Werlang，

---

① 我们或许可以认为指数理论（在第3.3节中讨论）借鉴了这一想法。

② 见 Angus Deaton 和 John Muellbauer（1980）。Deaton A.，J. Muellbauer 1980，*Economics and consumer behaviour*，Cambridge：Cambridge University Press.

1988) 和迈克尔·杰里森 (Michael Jerison, 2006) 假设收入份额由一个仅取决于价格向量和总收入的函数 (分配规则) 决定:用 M 表示总收入,分配规则是一个向量值函数 $f(p, M)$,其中 $\sum_{i=1}^{n} f_i(p, M) = M$, $f_i(p, M)$ 是个体 i 的收入。然后,在收入份额从不偏离分配规则的假设下,研究代表性代理人。即使在这一限制下,一般也不能保证代理人的存在。[①] 这些作者在研究了代表性代理人存在的情况并设置了一个固定的分配规则后,发现了以下具有吸引力的事实。

首先,可能发生的情况是代表性代理人偏好 X 而不是 X' ,而所有个体对 X' 中的商品束而不是 X 中的商品束,或者代表性代理人对 X 而不是 X' 有弱偏好,而所有个体都对 X' 中的商品束而不是 X 中的商品束有弱偏好,并且至少一个个体有严格偏好。这被称为"帕累托不一致"的代表性代理人,解释这种可能性的例子并不简单 (见引用文献)。但问题不限于病理性偏好,因为几乎任何对 X 的偏好都能来自帕累托不一致的代表性代理人。

其次,如果 $pX>pX'$,也就是说,如果代理人在 p 下偏好 X 而非 X' ,那么至少有一个人偏好 X 中的商品束而不是 X' 中的商品束。事实上,如果 $pX>pX'$,至少有一个 $i \in \{1, \cdots, n\}$,必然是 $px_i>px_i'$ 。因为 $pX = \sum_{i=1}^{n} px_i$ 和 $pX' = \sum_{i=1}^{n} px_i'$ 。$px_i>px_i'$ 意味着 i 更偏好 x_i 而非 x_i' (假设局部非饱和性)。但很明显,可能只有一个个体与代理人一致。

再次,如果代表性代理人是帕累托一致的 (即不是帕累托不一致),那么它的偏好可以用社会福利函数 $W(u_1(x_1), \cdots, u_n(x_n))$ 来表示。为此,将成对 (p, M) 作为偏好对象更为方便。代表性代理人对 (p, M) 的偏好与在预算约束下必须选择 $pX \leq M$ 的代理人的一般间接偏好类似:如果在前一个预算中选择的商品束比在后一个预算中选择的商品束更受偏好,则 (p, M) 比 (p', M') 更受偏好。对于个体 $i = 1, \cdots, n$,其对 (p, M) 的偏好也可以定义其偏好是根据分配规则 $f(p, M)$ 得出的,该分

[①] 代表性代理人的存在要求汇总需求函数的斯勒茨基 (Slutsky) 矩阵是对称的和负半定的,解释见哈尔·范里安 (Hal Varian, 1992),斯勒茨基矩阵的定义见公式 (3-16)。Varian H. 1992, *Microeconomic Analysis*, New York:Norton.

配规则确定每个 i 的收入 m_i，并根据个体对 (p, m_i) 的间接偏好得出：如果从预算中选择 $(p, f_i(p, M))$ 优于从预算中选择 $(p', f_i(p', M'))$，则 (p, M) 比 (p', M') 更受 i 的偏好。用 $v_i(p, M)$ 表示 i 对 (p, M) 的偏好的效用函数，用 $V(p, M)$ 表示代表性代理人对 (p, M) 的偏好。

如果代表性代理人是帕累托一致的，那么当所有 i 的 $v_i(p, M) = v_i(p', M')$ 时，则 $V(p, M) = V(p', M')$。然后社会福利函数 W 的定义如下：对于每一个向量 $(\hat{u}_1, \cdots, \hat{u}_n)$，对应的 (p, M) 所有 i 的 $v_i(p, M) = \hat{u}_i$，使得 $W(\hat{u}_1, \cdots, \hat{u}_n) = V(p, M)$。这个函数定义得很明确，因为所有 i 的任何其他 (p', M') 对应的 $v_i(p', M') = \hat{u}_i$，则 $V(p', M') = V(p, M)$。此外，这个函数必须严格地在向量 $(\hat{u}_1, \cdots, \hat{u}_n)$ 的域上增加，这样所有 i 的 (p, M) 对应的 $v_i(p, M) = \hat{u}_i$。

然而，将代表性代理人与帕累托社会福利函数联系起来的结果是有限的，因为函数只是根据给定的分配规则定义的。对于另一个分配规则，代理人通常具有不同的偏好。而且除满足帕累托原理外，其函数不需要满足良好的伦理性质。

最后这一点可以用一个例子加以说明。假设一个有两种商品的经济体，其中个体 1 只喜欢商品 1，而其他个体只喜欢商品 2。分配规则如下：$m_1 = 0.9M$，对于 $i = 2, \cdots, n$，$m_i = 0.1M/(n-1)$。商品 1 的总需求量为 $X_1 = 0.9M/p1$，可通过柯布—道格拉斯偏好获得，代表性代理人用函数 $(X_1)^{0.9}(X_2)^{0.1}$ 表示。让我们用个体喜欢的商品的消费量来衡量个体 i 的效用 $\hat{u}_i$。这是一种很自然的测度方法。然后，我们可以看到，根据个人效用编写的社会福利函数，即代表性代理人的偏好可以写作：

$$(\hat{u}_1)^{0.9} \, (\hat{u}_2)^{\frac{0.1}{n-1}} \cdots (\hat{u}_n)^{\frac{0.1}{n-1}} \qquad (3-1)$$

显然，社会福利函数受分配规则的直接影响，并且"富有"个体在其中的权重更大。在这个例子中，分配规则对于社会福利函数公式（3-1）是最优的。但是其他社会福利函数可以使代表性代理人的偏好合理化，因为 $(\hat{u}_1, \cdots, \hat{u}_n)$ 的变化受到分配规则的限制。例如，函数 $(\hat{u}_1)^{0.9}(\hat{u}_2)^{0.1}$ 即使忽略所有代理人 $i = 3, \cdots, n$，在给定的分配规则下也同样有效，这一规则对于这个社会福利函数显然不是最优的。请注意，这种社会福利函数甚至不是帕累托式的。詹姆斯·道和达·科斯塔·韦朗（James Dow and da Costa Werlang，1988）和迈克尔·杰里森（Michael Jerison，2006）用不同的论据表明，即使分配规则对任何社会福利函数都不是最优的，也可能存在帕累托一致的代表性消费者。

3.1.3　用最优性假设将推论扩展到社会福利

上一小节的结论表明，除非假设分配规则对一个合理的社会福利函数是最优的，否则没有理由给予帕累托一致代表性代理人更多的伦理信任。事实证明，分配的最优性是这里要研究的第二种方法的基础。这种方法为"$pX \geqslant pX'$"标准提供了不同的解释。

正如保罗·萨缪尔森（Paul A. Samuelson，1956）所解释的，假设 X 是最优分配的，从这个意义上来说，$(x_1, \cdots, x_n)$ 的约束条件 $x_1 + \cdots + x_n = X$ 使 $W(u_1(x_1), \cdots, u_n(x_n))$ 最大化。在这种假设下，福利函数取决于总消费量，并与社会福利相一致：

$$W^*(X) = \max W(u_1(x_1), \cdots, u_n(x_n)) \quad \text{s. t. } x_1 + \cdots + x_n = X \quad (3-2)$$

它很像一个效用函数，如果假设每个参数中的 W 都在增加（帕累托规则），它可以将显示的偏好参数应用于总消费。

通过将这种方法与前一种方法联系起来可以证明这一点，因为分配的社会最优性是帕累托一致代表性代理人存在的充分（但不是必要）条件。对于给定的 (p, M)，在约束条件 $pX \leqslant M$ 下找到一个最大化 $W^*(X)$ 的 X。这相当于在 $p(x_1 + \cdots + x_n) \leqslant M$ 和 $X = x_1 + \cdots + x_n$ 的约束条件下最大化 $W(u_1(x_1), \cdots, u_n(x_n))$。$(x_1 + \cdots + x_n)$ 选择相应的最佳消费分配，然后可以通过设置 $f_i(p, M) = px_i$ 来定义分配规则。当前市场价格向量为 p 时，个人收入为 $f_i(p, M)$，x_i 对于 i 来讲必须是最优的。如果不是，i 会找到一个更好的 x_i' 来满足 $px_i' \leqslant f_i(p, M)$，从而可以找到一个替代分配 $(x_1', \cdots, x_n')$ 来满足约束条件 $p(x_1' + \cdots + x_n') \leqslant M$，并且通过帕累托规则产生比 $(x_1, \cdots, x_n)$ 更好的社会福利。但这将与用来选择 $(x_1, \cdots, x_n)$ 的最优性相矛盾。

因此，在这种分配规则下，存在一个代表性代理人，因为在约束 $pX \leqslant M$ 的情况下，个体需求 x_i 的总和与 $W^*(X)$ 的最大值一致。然后，代表性代理人的偏好可以用函数 W^* 表示。此外，由于 W^* 和帕累托最优 W 之间存在联系，它显然与帕累托是一致的，其相应的社会福利函数在向量 $(\hat{u}_1, \cdots, \hat{u}_n)$ 的相关范围上是等于 W 的，即向量使得对于所有 i 都有一个最优的 $(x_1, \cdots, x_n)$，其中 $u_i(x_i) = \hat{u}_i$。

这些初步考虑使表述和证明第二种方法的信息成为可能。如果 $(x_1, \cdots, x_n)$ 在价格 p 下是根据社会福利函数 W 优化分配 X 的市场分配，并且如果 $pX \geqslant pX'$，那么，用 W 来衡量的社会福利的分配 $(x_1, \cdots, x_n)$ 与 X' 的分配一样好。这是因为 X 是在 p 和 $M = pX$ 定义的预算约束下的代表性代理人的选择，而不等式 $pX \geqslant pX'$，根据标准显示性偏好推论，意味着 $W^*(X) \geqslant W^*(X')$，即存在

$$W(u_1(x_1), \cdots, u_n(x_n)) = W^*(X) \geqslant W^*(X') \geqslant W(u_1(x_1'), \cdots, u_n(x_n'))$$

使所有 $(x_1', \cdots, x_n')$ 满足 $X' = x_1' + \cdots + x_n'$。

在相同的假设下，再加上至少有一个个体的偏好满足局部非饱和性假设，它认为如果 $pX > pX'$，那么社会福利在 $(x_1, \cdots, x_n)$ 下的分配比 X' 下的任何分配都好。这是因为 W^* 也满足局部非饱和性。

第二种方法的局限性在于，假设消费或财富可以通过一次性转移来实现再分配（这意味着假设唯一的约束条件是 $x_1 + \cdots + x_n = X$），并且现状（在显示性偏好推论的应用中）总是社会最优的，这种假设是不现实的。删除这两个假设中的任何一个都会使该方法无效。当现状不理想时，社会福利的改善会也与总消费的减少相适应，而不仅仅是与总消费价值的减少相适应。一个较小但分配合理的蛋糕可能比一个较大但分配不合理的蛋糕更受欢迎。

当通过扭曲性税收进行再分配时，即使在此类税收的约束下分配是最优的（这种约束本身可能是由于个体特征信息不完善产生的），显示性偏好推论也失灵了。事实上，在次优情况下，不同个体的社会边际收入价值通常是不平等的，[①] 因此分配偏向社会边际价值较高的个体，即使总消费的市场价值降低，也可能改善社会福利。具体地说，通常的情况是，穷人

---

① 考虑到社会福利函数依据个人间接效用定义：$W(v_1(p, m_1), \cdots, v_n(p, m_n))$。对于 i 来说，收入的社会边际价值定义为：$\dfrac{\partial W}{\partial v_i}\dfrac{\partial v_i}{\partial m_i}$，也就是说，它衡量了个体 i 拥有一美元所导致的社会福利变化。

在社会最优状态下保留了更大的社会边际收入价值，因为这种税收的再分配不如一次性转移成功。然后，如果改变分配方式，使穷人消费价值增加的幅度小于富人的消费价值减少的幅度，则可能会改善社会福利，但也会降低初期价格下的总消费市场价值。

结论显而易见。在合理假设下，总收入或总消费的市场价值与社会福利没有直接关系。正如上文所强调的，显示性偏好方法在个人层面上已经相当有限。在社会层面上，分配是不可忽视的，并且它还严重制约了收入作为福利替代品的可能性。

3.2　显示性偏好方法的变体

阿马蒂亚·森（1976）研究了显示性偏好方法的变体。如果消费者偏好是凸的，那么在任何商品束 x 上都有一个价格向量 p，使得对于所有商品束 x'，$px' < px$ 意味着 x 比 x' 更受欢迎。例如，在图 3-1 中，把 p 作为内生变量，以获得方程 $px' = cst$ 的直线，该直线与商品束 x 的无差异曲线相切。

这个参数并没有假设 x 在预算集中能使效用最大化，这意味着向量 p 不需要与市场价格一致。事实上，x 的某些成分甚至可能无法在市场上销售。

正如阿马蒂亚·森所解释的，如果社会福利是由直接根据数量定义的函数 $\bar{W}(x_1, \cdots, x_n)$ 来衡量的，并且这个函数是拟凹的，那么这个参数可以立即扩展到社会福利。但是相应的价格向量 $\bar{p}$ 必须有 $n\ell$ 个分量（如 $\bar{W}$ 的参数），每一个分量 $\bar{p}_{ik}$ 加权特定个体 i 消费的特定商品 k 的消费量。

如果 $(x_1, \cdots, x_n)$ 是一种市场分配，所有的个体都面对相同的 ℓ 维度的价格向量 $p \in \mathbb{R}^{\ell}_{++}$，并在其预算集中自由选择，如果社会福利函数是帕累托函数，则可以选择 $n\ell$ 向量 $\bar{p}$，使所有 i 的 $\bar{p}_{ik}/\bar{p}_{il}$（个体 i、商品 k 和 l）的比值都相同，并且等于相对市场价格 p_k/p_l。然后，体现分配偏好的内积 $\bar{p} \cdot (x_1, \cdots, x_n)$ 可以简单归结为 $\alpha_1 px_1 + \cdots + \alpha_n px_n$。

然后，用这种方法得到的准则可以表述为，当 $\sum_{i=1}^{n} \alpha_i px_i \geqslant \sum_{i=1}^{n} \alpha_i py_i$ 时，对于任何拟凹函数 $\overline{W}(x_1, \cdots, x_n)$，市场分配 $(x_1, \cdots, x_n)$ 至少与另一个分配 $(x'_1, \cdots, x'_n)$ 一样好，其中合适的权重向量 $(\alpha_1, \cdots, \alpha_n)$ 是根据 $(x_1, \cdots, x_n)$ 而定的。

这种方法的主要局限性是权重 $(\alpha_1, \cdots, \alpha_n)$ 通常以复杂的方式受到分配的影响。例如，如果函数 $\overline{W}(x_1, \cdots, x_n)$ 来自社会福利函数 $W(u_1(x_1), \cdots, u_n(x_n))$，权重 α_i 必须与 i 收入的社会边际价值成比例，$\dfrac{\partial W}{\partial u_i} \dfrac{\partial v_i}{\partial m_i}$，其中 $v_i(p, m_i)$ 是间接效用函数，且 $m_i = px_i$。在寻求国民经济核算理论基础的背景下存在另一个局限性，那就是国民收入与 $\sum_{i=1}^{n} \alpha_i px_i$ 没有直接关系，权重似乎使情况更复杂了。

阿马蒂亚·森研究了解决这两个问题的方法。首先，总收入可以用分解公式表示。如果按比例计算权重使 $\alpha_1 + \cdots + \alpha_n = n$，则总和可分解为两项：

$$\sum_{i=1}^{n} \alpha_i px_i = pX \times \frac{\alpha_1 px_1 + \cdots + \alpha_n px_n}{pX} \tag{3-3}$$

如果 $(\alpha_1, \cdots, \alpha_n)$ 和 $(px_1, \cdots, px_n)$ 的排名是反的，则第二项小于整体，也就是说，在厌恶不平等超出支出的情况下。

阿马蒂亚·森举了这种加权系统的一个例子，建议取与 $(px_1, \cdots, px_n)$ 中个体等级（最富有者排名为 1，依此类推）成正比的权重。然后分解式的第二项采用了一种熟悉的形式。事实上，如果假设 $px_1 \leqslant \cdots \leqslant px_n$，可以得到

$$\frac{\alpha_1 px_1 + \cdots + \alpha_n px_n}{pX} = \frac{2}{n+1} \frac{npx_1 + \cdots + ipx_i + \cdots + 1px_n}{pX}$$

对于数值较大的数，比值 $(2i-1)/(2j-1)$ 与 i/j 没有很大的不同，因此对于数值较大的 n，

$$\frac{\alpha_1 px_1 + \cdots + \alpha_n px_n}{pX} \simeq 1 - G(px_1, \cdots, px_n) \tag{3-4}$$

其中 $G(px_1, \cdots, px_n)$ 是基尼系数，其定义如下：

$$G(px_1, \cdots, px_n) = 1 - \frac{(2n-1)px_1 + \cdots + (2i-1)px_i + \cdots + 1px_n}{npX}$$

更准确地说,我们可以计算出

$$\frac{\alpha_1 px_1 + \cdots + \alpha_n px_n}{pX} - (1 - G(px_1, \cdots, px_n)) = \frac{1}{n}\left(1 - \frac{\alpha_1 px_1 + \cdots + \alpha_n px_n}{pX}\right)$$

当 n 数值较大时,该表达式的结果实际上是较小的。

该建议提供了简单直观的权重,并将总收入包含在社会福利标准的分解式中。遗憾的是,这样的等级次序权重很难与帕累托的社会福利函数方法相协调。彼德·哈蒙德(Peter Hammond,1978)指出,只有当所有个体的恩格尔曲线都是线性的且相同时,这种方法得到的分配偏序(即配备给不同等级固定比例的等级排列权重,并对所有可能的市场价格应用显示性偏好参数)与帕累托社会福利函数 $\bar{W}(x_1, \cdots, x_n) = W(u_1(x_1), \cdots, u_n(x_n))$ 是相容的。由于哈蒙德的结果适用于比比例权重更大的固定等级排列权重,而且他的证明存在缺陷,因此附录 B 提供了对广义结果的证明。

值得注意的是,这种方法的限制条件几乎与代表性代理人所需的条件(即平行线性恩格尔曲线)相同(实际上,更严格)。结论是,这种方法最初看起来很有希望,因为它适用于非市场商品,但最后的作用不大。难点在于找到相关的权重,而市场分配的“简单”案例表明,如果人们希望评估与帕累托原则相兼容,即尊重个人偏好,那么定义个人收入分配权重的简单方法并不存在。

显示性偏好方法的另一个局限性是,不仅标准不完整,在某些比较中未得出有效数据,而且当结果确定时,它只指示福利变化的符号。我们无法得到福利变化的定量评估,这可以通过其他指标来获得,比如 GDP。只有在分解式方程(3-3)中,人们才能在某个定义明确的价格下对总消费的变化进行定量。在指数理论中可以找到更直接的获取基本指数的方法,我们将在下一节中讨论。使总收入出现在社会福利分解式中的想法将在后面的章节中进一步探讨。

3.3 指数理论

欧文·费雪（Irving Fisher，1922）提出指数理论试图定义价格和数量指数，当价格和数量在不同情况下发生变化时，希望以有意义的方式比较货币价值。与显示性偏好方法相比，它测量了变化的大小，而不仅仅是变化的方向。

在欧文·费雪的开创性研究之后，指数理论研究在三个方向上迅速发展。第一个是对指数的直接公理化研究，它不直接与福利概念联系在一起，但受到上述显示性偏好参数的启发；第二个是通过简单的价格数量统计来寻求真实福利标准的近似值；第三个是在概念上和伦理上更宏伟，但急需数据的货币度量效用。在这里，我们将研究前两种方法，因为货币度量是下一章的主题。

3.3.1 公理化方法

公理化方法包括定义价格和数量指数 $P(p^1, p^0, x^1, x^0)$ 和 $Q(p^1, p^0, x^1, x^0)$（其中 p^t 和 x^t 表示 $t=0$、1 时的价格和数量向量）。问题表述如下：货币价值指数 $p^1 x^1 / p^0 x^0$ 对于评估价格变化时的数量或福利变化没有意义，因此我们试图将其分解为单独的价格和数量汇总指数。

这里有三个具有良好性质的例子。第一个是有关分解式的想法，认为价格指数和数量指数的乘积必然等于货币价值指数。第二个引用了显示性偏好参数，并指出当价格向量不变时，数量指数必然等于价值指数。第三个认为求时间的倒数能计算出指数的倒数。

$$P(p^1, p^0, x^1, x^0) Q(p^1, p^0, x^1, x^0) = \frac{p^1 x^1}{p^0 x^0} \tag{3-5}$$

$$Q(p, p, x^1, x^0) = \frac{p x^1}{p x^0} \tag{3-6}$$

$$Q(p^1, p^0, x^1, x^0) Q(p^0, p^1, x^0, x^1) = 1 \tag{3-7}$$

欧文·迪韦特（Erwin Diewert，1992b）提供了 21 个这类公理的列表，并显示了成对的欧文·费雪指数

$$P^F(p^1,\ p^0,\ x^1,\ x^0)=(\frac{p^1x^0}{p^0x^0}\frac{p^1x^1}{p^0x^1})^{1/2} \tag{3-8}$$

$$Q^F(p^1,\ p^0,\ x^1,\ x^0)=(\frac{p^0x^1}{p^0x^0}\frac{p^1x^1}{p^1x^0})^{1/2} \tag{3-9}$$

满足所有公理，是唯一满足所有公理的指数。例如，拉氏（拉斯贝尔，Laspeyres）指数不满足（3-7），其定义为

$$P^L(p^1,\ p^0,\ x^1,\ x^0)=\frac{p^1x^0}{p^0x^0},\ Q^L(p^1,\ p^0,\ x^1,\ x^0)=\frac{p^0x^1}{p^0x^0} \tag{3-10}$$

帕氏（帕煦，Paasche）指数也不满足

$$P^P(p^1,\ p^0,\ x^1,\ x^0)=\frac{p^1x^1}{p^0x^1},\ Q^P(p^1,\ p^0,\ x^1,\ x^0)=\frac{p^1x^1}{p^1x^0} \tag{3-11}$$

欧文·迪韦特对欧文·费雪指数的描述非常简单。除了公式（3-5）和公式（3-7）以及指标严格为正的要求外，这一描述还依赖于以下属性，这些属性在时期 0 和 1 的权重之间施加对称性：

$$P(p^1,\ p^0,\ x^1,\ x^0)=P(p^1,\ p^0,\ x^0,\ x^1) \tag{3-12}$$

$$Q(p^1,\ p^0,\ x^1,\ x^0)=Q(p^0,\ p^1,\ x^1,\ x^0) \tag{3-13}$$

这是他定义的一个变体，适用于物量指数。

$$\frac{p^1x^1}{p^1x^0}\frac{p^0x^1}{p^0x^0}=\frac{p^1x^1}{p^0x^0}\frac{p^0x^1}{p^1x^0}\ \text{按分母重新排列各项:}$$

通过（3-5）得出, $=\dfrac{P(p^1,\ p^0,\ x^1,\ x^0)Q(p^1,\ p^0,\ x^1,\ x^0)}{P(p^1,\ p^0,\ x^0,\ x^1)Q(p^1,\ p^0,\ x^0,\ x^1)}$

通过（3-12）得出, $=\dfrac{Q(p^1,\ p^0,\ x^1,\ x^0)}{Q(p^1,\ p^0,\ x^0,\ x^1)}$

通过（3-13）得出, $=\dfrac{Q(p^1,\ p^0,\ x^1,\ x^0)}{Q(p^0,\ p^1,\ x^0,\ x^1)}$

通过（3-7）得出, $=Q(p^1,\ p^0,\ x^1,\ x^0)^2$

取两侧的平方根，得到欧文·费雪物量指数。然后通过公式（3-5）得出欧文·费雪价格指数。

这种方法的一个很大的优点是，它可以同时应用于总量和个人消费。

与之相对应的是，它与福利的联系很难建立。人们希望物量指数能反映福利的变化。为了理解所需的财产，用真实享乐指数来衡量个人福利是很方便的。为了使事情尽可能简单，假设消费者的偏好是同向的，对于线性齐次函数 $\beta(p)$，间接效用函数等于 $m/\beta(p)$[①]。这个间接效用可以作为一个物量指数

$$Q(p^1,\ p^0,\ x^1,\ x^0) = \frac{p^1 x^1/\beta\ (p^1)}{p^0 x^0/\beta\ (p^0)} \tag{3-14}$$

从公式（3-5）得出的价格指数似乎没有什么坏处。如果使用真实指数公式（3-14），我们将获得

$$P(p^1,\ p^0,\ x^1,\ x^0) = \frac{\beta\ (p^1)}{\beta\ (p^0)}$$

这很有意义。现在让我们检查一下其他属性是否得到了满足。首先，这个价格指数满足公式（3-12），尽管公式（3-12）是有问题的，原因很快就会解释。

物量指数公式（3-14）满足公式（3-6）和公式（3-7），没有任何问题，这似乎证实了这些特性是合理的。然而，问题在于这个物量指数不能满足公式（3-13）。

人们可能会试图为公式（3-13）辩护，理由是如果它反映了福利，数量指数应该主要取决于数量，而不是价格。但这一特性揭示了一个问题。如果将该指数应用于反映预算集内效用最大化的市场情况，则可能无法获得配置 $(p^0,\ x^1)$ 和 $(p^1,\ x^0)$。这个问题涉及公式（3-12）和公式（3-13）。真实指数公式（3-14）仅适用于以下情况：p^t 是 x^t 的支持价格，即 p^t 的相对价格与 x^t 的边际替代率相对应。

解决这一问题的一个方法是，在任意情况下，通过采用支持价格向量 $p(x)$，重新定义真实指数。然后，我们很容易得到一对满足公式（3-12）和公式（3-13）的指数，因为它们分别取决于数量和价格：

---

① 当 $\lambda \in \mathbb{R}_{++}$，线性齐次函数满足 $\beta(\lambda p) = \lambda\beta(p)$。如果当且仅当 λx 至少与 λy 一样好时，对于所有的 $\lambda \in \mathbb{R}_{++}$，同类偏好使得 x 至少与 y 一样好。例如，用 $x_1^\alpha x_2^{1-\alpha}$ 表示的柯布—道格拉斯偏好是同类的，并通过 $\beta(p) = p_1^\alpha p_2^{1-\alpha}$ 推导得到间接效用函数 $m/\beta(p)$。

$$Q(x^1, x^0) = \frac{p(x^1)x^1/\beta(p(x^1))}{p(x^0)x^0/\beta(p(x^0))}, \quad P(p^1, p^0) = \frac{\beta(p^1)}{\beta(p^0)}$$

当 p^t 是 $t=0$，1 的 x^t 的支持价格时，这对指数满足公式（3-5）。其他的描述公理也完全得到了满足。然而，这并不符合欧文·费雪指数。区别仅仅在于一点，即在所有情况下，公式（3-5）都要得到满足。

如果要使公式（3-5）得到满足，你可以用它来定义价格指数，然后给出一对指数

$$Q(x^1, x^0) = \frac{p(x^1)x^1/\beta(p(x^1))}{p(x^0)x^0/\beta(p(x^0))}, \quad P(p^1, p^0, x^1, x^0) = \frac{p^1x^1}{p^0x^0 Q(x^1, x^0)}$$

显然，公式（3-12）又未得到满足。

综上所述，欧文·费雪指数与真实福利指数总体上不一致的事实意味着，其看似完美的公理描述是有问题的。我们还可通过社会福利而不是消费者福利进行分析。

3.3.2 福利变动近似值

指数理论的第二类研究寻求仅依赖于价格和数量数据的指数，但在个人层面上是福利变化的良好替代值。从第 3.1 节中提到的显示偏好参数来看，众所周知，如果帕氏指数满足 $Q^P(p^1, p^0, x^1, x^0) > 1$，则 x^1 优于 x^0；如果拉氏指数满足 $Q^L(p^1, p^0, x^1, x^0) < 1$，则 x^0 优于 x^1。在反映预算集最大化的市场情况下，不可能同时有 $p^1x^1 > p^1x^0$ 和 $p^0x^0 > p^0x^1$。因此，$p^1x^1 > p^1x^0$ 意味着 $p^0x^0 \leqslant p^0x^1$，因此欧文·费雪指数满足 $Q^F(p^1, p^0, x^1, x^0) > 1$。同样，$p^0x^0 > p^0x^1$ 意味着 $p^1x^1 \leqslant p^1x^0$，因此 $Q^F(p^1, p^0, x^1, x^0) < 1$。换言之，欧文·费雪指数永远涵盖了那些通过拉氏和帕氏指数确定的显示性偏好的情况。然而，到目前为止，除了显示性偏好参数，其他方面还没有取得任何进展。

同样，欧文·迪韦特（1976，1992a）也继约翰·希克斯（John R. Hicks，1941）之后，讨论了马丁·魏茨曼（Martin L. Weitzman，1988）的观点，提出了一个目标更宏伟的方法。设 $e(p, u)$ 表示个人支出函数（即当市场价格为 p 时，获得效用水平 u 所需的最少支出）。等价变化和补偿变化分别等于

$$EV(p^1,\ p^0,\ x^1,\ x^0)=e(p^0,\ u(x^1))-e(p^0,\ u(x^0))$$

$$CV(p^1,\ p^0,\ x^1,\ x^0)=e(p^1,\ u(x^1))-e(p^1,\ u(x^0))$$

当从 x^0 移动到 x^1 时，如果单个效用增加或减少，则这些变化幅度中的每一个都会得到正确记录——这对于任意价格向量 p 的表达式 $e(p,\ u(x^1))$ 至 $e(p,\ u(x^0))$ 都成立，因为函数 $e(p,\ u)$ 随着 u 而增加。

如果这些情况是通过预算集内效用最大化得到的，那么对于 $t=0$、1，有 $p^t x^t=e(p^t,\ u(x^t))$，以及对于所有商品 k，通过谢泼德引理（Shephard's Lemma）得到

$$x_k^t=\frac{\partial e}{\partial p_k^t}(p^t,\ u(x^t)) \tag{3-15}$$

设 S^t 表示 $\ell\times\ell$ 斯勒茨基（Slutsky）矩阵，其 kk' 项定义为

$$S_{kk'}^t=\frac{\partial e}{\partial p_k^t \partial p_{k'}^t}(p^t,\ u(x^t)) \tag{3-16}$$

现在我们来研究一下如何求 EV 和 CV 表达式的近似值。当价格不太一样时，例如，$e(p^0,\ u(x^1))$ 的二阶泰勒展开式得出：

$$e(p^0,\ u(x^1))\simeq e(p^1,\ u(x^1))+\sum_k (p_k^0-p_k^1)\frac{\partial e}{\partial p_k^1}(p^1,\ u(x^1))$$

$$+\frac{1}{2}\sum_{k,\ k'}(p_k^0-p_k^1)(p_{k'}^0-p_{k'}^1)\frac{\partial e}{\partial p_k^1 \partial p_{k'}^1}(p^1,\ u(x^1))$$

$$\simeq p^1 x^1+(p^0-p^1)x^1+\frac{1}{2}(p^0-p^1)'S^1(p^0-p^1)$$

其中第二行使用公式（3-15）和公式（3-16），$(p^0-p^1)'$ 表示由列向量 (p^0-p^1) 移项成的行向量。

等价和补偿变化的二阶近似可计算如下：

$$EV(p^1,\ p^0,\ x^1,\ x^0)\simeq p^1 x^1+(p^0-p^1)x^1+\frac{1}{2}(p^0-p^1)'S^1(p^0-p^1)-p^0 x^0$$

$$\simeq p^0(x^1-x^0)+\frac{1}{2}(p^0-p^1)'S^1(p^0-p^1) \tag{3-17}$$

$$CV(p^1,\ p^0,\ x^1,\ x^0)\simeq p^1 x^1-p^0 x^0-(p^1-p^0)x^0-\frac{1}{2}(p^1-p^0)'S^0(p^1-p^0)$$

$$\simeq p^1(x^1-x^0)-\frac{1}{2}(p^1-p^0)'S^0(p^1-p^0) \tag{3-18}$$

请注意,一阶项不依赖于偏好,其符号分别与拉氏和帕氏数量指数的比较结果相一致。然而,二阶项不能从价格和数量信息中推导出来,并且依赖于有关偏好的信息。显然,我们应该记住,只有在价格 p^0 和 p^1 不太一样的情况下,这样的近似值才是有效的(允许数量和效用存在较大差异)。

欧文·迪韦特的方法包括为支出函数寻找(1)足够灵活的函数形式,以便它们能够很好地进行任何二次可微支出函数的二阶近似,以及(2)足够简单的函数形式,以便相应的(精确的)等价变化仅取决于价格和数量数据。所获得的等价变化的测量值被欧文·迪韦特称为"最高级"。

例如,欧文·迪韦特指出支出函数的定义为

$$e(p, u) = [p'Apu^2 + 2(pa)(pb)(u - \alpha)(u - \beta)]^{1/2} \tag{3-19}$$

其中 A 是一个 $\ell \times \ell$ 对称矩阵,a 和 b 是 ℓ-向量,而 α、β 是实数,函数形式足够灵活,因此可以进行任意一点 (p, u) 的任意两次连续可微支出函数的二阶近似,且 $u > 0$,$p \in \mathbb{R}^{\ell}_{++}$[①]。

现在假设 $\alpha = u^0$,$\beta = u^1 \neq u^0$,A 被归一使得 $p^{0'}Ap^0 = 1$,a 被归一使得 $p^0 a = 0$。如欧文·迪韦特所示,这些假设与公式(3-19)相符合,假设 $u^0 > 0$ 和 $p^0 \in \mathbb{R}^{\ell}_{++}$,则在 (p^0, u^0) 点将任意两次连续可微支出函数进行二阶近似。在这些假设下,公式(3-19)的等价变化等于仅依赖于价格和数量的表达式,并且涉及欧文·费雪物量指数:

$$p^0 x^0 \left[\left(\frac{p^0 x^1}{p^0 x^0} \frac{p^1 x^1}{p^1 x^0} \right)^{1/2} - 1 \right] \tag{3-20}$$

最后一点很容易说明。在假定的归一化下,$e(p^0, u) = u$,因此

$$EV(p^1, p^0, x^1, x^0) = u^1 - u^0 = p^0 x^0 \left(\frac{u^1}{u^0} - 1 \right) \tag{3-21}$$

依据公式(3-15),使用 $e(p^t, u(x^t)) = p^t x^t$,可以计算

$$x^t = \frac{Ap^t (u^t)^2}{p^t x^t}$$

这意味着

① 见欧文·迪韦特(1992a)。Diewert W. E. 1992a, "Exact and superlative welfare change indicators," *Economic Inquiry*, 30: 565-583.

$$\frac{p^0x^1}{p^0x^0}\frac{p^1x^1}{p^1x^0}=\frac{p^0Ap^1(u^1)^2/p^1x^1}{p^0x^0}\frac{p^1x^1}{p^1Ap^0(u^0)^2/p^0x^0}=\left(\frac{u^1}{u^0}\right)^2 \tag{3-22}$$

如果最后一个等式依赖于这样一个事实，即根据 A 的对称性 $p^0Ap^1=p^1Ap^0$。将公式（3-22）代入公式（3-21），得到公式（3-20）。

要强调的一点是，许多弹性函数产生不同的等价变化公式。例如，使用另一个函数，可以得到一个公式，该公式涉及拉氏和帕氏数量指标的算术平均值，而不是欧文·费雪指数中的几何平均值：[1]

$$p^0x^0\left[\frac{1}{2}\frac{p^0x^1}{p^0x^0}+\frac{1}{2}\frac{p^1x^1}{p^1x^0}-1\right] \tag{3-23}$$

令人费解的是，在某些情况下，不同的表达式可能有不同的符号，它们同样是用来估算等价变化的。即使任意拉氏指数和帕氏指数接近统一值，它们的几何平均值也可以低于统一值，而算术平均值则比统一值更大。同样令人费解的是，公式（3-17）和公式（3-18）中真实二阶近似值所包含的项随个人偏好而变化，而不仅仅取决于数量和价格。那么公式（3-20）和公式（3-23）如何才能用来估算福利变化？

对参数中这一明显矛盾的解释是，欧文·迪韦特只在初始情况（p^0，u^0）下进行了估算。只有当真实支出函数与在（p^0，u^1）情况下预期的弹性函数完全相等时，等价变化的每一个公式才是正确的，对于这种情况，不能保证可以得到近似值。否则会有一个误差项，当 u^1 趋向于 u^0 时，该项会收敛到零，但可能会一直大于福利的变化。因此，无论这两种情况有多相似，类似公式（3-20）或者公式（3-23），不能得出福利变化的正确符号，更不用说福利变化的幅度了。

注意，在公式（3-20）的推导过程中，显然"假定"的是 $\beta=u^1$，但这是具有误导性的，因为这并不意味着任何 u^1 值都是可接受的。相反，不同的归一化意味着 u^1 有一个特定的值，即 $p^0x^0Q^F(p^1，p^0，x^1，x^0)$，从公式（3-22）可以看出。虽然这些归一化与在（p^0，u^0）处估算真实支出函数的弹性函数是一致的，但它们可能会在估计时产生严重的差异。这是获得仅取决于价格和数量的 $e(p^0，u^1)$ 表达式的成本。

---

[1] 见欧文·迪韦特（1992a）。

总之，没有一个近似结果可以规避这样一个问题，即价格和数量数据不能完全确定福利变化的符号，即使是局部符号。必须注意的是，这种方法只适用于个人消费福利，而不适用于总消费和社会福利。

综上所述，在本章描述的两种方法中，指数理论确实提供了有趣的概念，但它未能提供充分反映个人福利和社会福利的指标。指数理论当然也不能证明将总收入作为社会福利衡量标准的合理性。

3.4　福利分解

虽然总收入不能作为社会福利的合理指标，我们仍然希望它能作为社会福利的一个因素。特别是，我们已经看到分配很重要，但没有在总收入中体现。但是，当分配系数保持不变时，总收入的变化是否反映了社会福利的变化？这个想法激发了一个项目去寻找一个便捷的社会福利分解式，其中总收入作为一项出现，就像阿马蒂亚·森的分解式（3-3）一样。当某种衡量社会福利的货币指标值为总收入的 73% 时，这意味着分配中的不平等会使总收入对福利的贡献减少 27%，那么这样表述起来就更方便了。

3.4.1　与社会支出函数相关的第一种分解式

罗伯特·波拉克（Robert A. Pollak, 1981）提出了社会支出函数的概念。该函数的一般定义采用支出函数的标准形式，并计算给定价格向量 p 下达到给定水平（社会）福利 w 所需的（总）支出的最小金额：

$$\overline{V}(p, w) = \min p(x_1 + \cdots + x_n) \quad \text{s. t. } W(u_1(x_1), \cdots, u_n(x_n)) \geq w$$

$$(3\text{-}24)$$

然后，我们可以定义相应的"货币单位"社会福利函数，在这些参数中，社会福利水平用实物分配代替：

$$V(p, x_1, \cdots, x_n) = \overline{V}(p, W(u_1(x_1), \cdots, u_n(x_n))) \qquad (3\text{-}25)$$

相当于，

$$V(p, x_1, \cdots, x_n) = \min p(x_1' + \cdots + x_n')$$

s.t. $W(u_1(x_1'), \cdots, u_n(x_n')) \geqslant W(u_1(x_1), \cdots, u_n(x_n))$

在宽松的正则条件下，这些函数被明确地定义，对于给定的 p，V 函数通常等于 $W(u_1(x_1), \cdots, u_n(x_n))$。

无论采用何种社会福利函数 $W(u_1(x_1), \cdots, u_n(x_n))$，当用货币单位表示该函数时，其时间演变都可以与 GDP 的时间演变相比较。但这并不能为 GDP 本身提供依据。当 $(x_1, \cdots, x_n)$ 是价格 p 下的市场分配时，通常

$$V(p, x_1, \cdots, x_n) \leqslant pX$$

因为当分配为社会最优时（给定 X），两个项相等；当分配非最优时，两个项构成不等式。当 $(x_1, \cdots, x_n)$ 不是价格 p 下的市场分配时，仍然存在 $V(p, x_1, \cdots, x_n) \leqslant pX$，但即使 $(x_1, \cdots, x_n)$ 是 X 的最佳分配方式依然可能存在不等式。

因此，对于市场分配，戴尔·乔根森（Dale W. Jorgenson, 1990）提出了以下分解式：

$$V(p, x_1, \cdots, x_n) = pX \times \frac{V(p, x_1, \cdots, x_n)}{pX} \tag{3-26}$$

这一分解式的加法变体，

$$V(p, x_1, \cdots, x_n) = pX + (V(p, x_1, \cdots, x_n) - pX)$$

也由戴尔·乔根森和丹尼尔·斯莱斯尼克提出。这种分解式可以适应各种社会福利函数 $W(u_1(x_1), \cdots, u_n(x_n))$。

使用分解式（3-26）来分析变化（跨越时间或空间）会在价格变化时增加复杂性。如果要比较 p，$(x_1, \cdots, x_n)$ 和 p'，$(x_1', \cdots, x_n')$ 这两种市场分配，可以运用

$$\frac{V(p, x_1', \cdots, x_n')}{V(p, x_1, \cdots, x_n)} = \frac{pX'}{pX} \times \frac{V(p, x_1', \cdots, x_n')/pX'}{V(p, x_1, \cdots, x_n)/pX}$$

第一项很好地描述了拉氏数量指数。遗憾的是，第二项可能小于 1，即使两种分配中的分布都是最优的，因为如果 $p' \neq p$，通常会有 $V(p, x_1', \cdots, x_n') < pX'$。一个相关的问题是这个公式不是对称的。如果以 p'，$(x_1', \cdots, x_n')$ 为基准，就可以得到分解式

$$\frac{V(p', x_1, \cdots, x_n)}{V(p', x_1', \cdots, x_n')} = \frac{p'X}{p'X'} \times \frac{V(p', x_1, \cdots, x_n)/p'X}{V(p', x_1', \cdots, x_n')/p'X'}$$

其中这两项不是前一个分解式的倒数。

该观察结果揭示公式（3-26）的局限性。当 p 固定时，函数 $V(p, x_1, \cdots, x_n)$ 通常等于 W。因此，为了比较各种分配情况，应确定参考价格向量 $\tilde{p}$，并在整个过程中使用它。这对于分解式的第一项来说不是问题，第一项像一个恒定的数量价格指数一样变化。但是，正如上面所观察到的，分解式的第二项仅在 p 是分配（$x_1, \cdots, x_n$）的现行价格时才能准确地度量不平等。

这里不得不提到分解式的另一个局限性。戴尔·乔根森和丹尼尔·斯莱斯尼克将公式（3-26）中的第一项称为"效率"项，将第二项称为"公平"项。这种命名有点误导人，因为 pX 可能非常低效，例如，生产部门没有有效地利用技术。分配时也可能非常低效，例如，（$x_1, \cdots, x_n$）可能是 X 的低效分配。在这种情况下，第二项将部分衡量分配效率低下的程度，而不仅仅是分配中的不公平。

这种观点使我们有兴趣思考赫拉夫（J. de V. Graaff, 1977）提出的相关分解式。

3.4.2　与效率和公平相关的第二种分解式

赫拉夫的分解式并不涉及将总收入作为一个元素，但它提供了有趣的想法，下一小节将深入探讨。赫拉夫将效率指数作为使所有人保持当前满意度的任何生产束的最小分数，将社会福利标准化为保持当前社会福利水平的任何生产束的最小分数进行计算，并将公平指数作为归一化社会福利与效率的比率来衡量公平指数。归一化社会福利是效率和公平指数之积。

让我们更详细地研究一下这些概念。我们保留这样一个假设，即社会福利函数在个人效用中不断增加，个人偏好满足局部非饱和性。分解式的一个关键元素是西托夫斯基（Scitovsky）集，它包含总消费向量，可以进行分配以保持所有个体当前的满意度。西托夫斯基集的正式定义为

$$\mathbf{S}(x_1, \cdots, x_n) = \{X' \in \mathbb{R}_+^\ell \mid \exists (x'_1, \cdots, x'_n), x'_1 + \cdots + x'_n$$
$$= X', u_i(x'_i) \geq u_i(x_i) \forall i\}$$

相当于计算上轮廓集 $\{x'_i \in \mathbb{R}_+^\ell \mid u_i(x'_i) \geq u_i(x_i)\}$ 的闵可夫斯基和（Minkowski Sum）。

用生产集 $\mathbf{P} \subset \mathbb{R}_+^\ell$ 来描述生产可能性，赫拉夫的效率指数定义为

$$\varepsilon(x_1, \cdots, x_n) = \min\lambda \text{ s. t. } \exists X' \in \mathbf{P}, \ \lambda X' \in \mathbf{S}(x_1, \cdots, x_n)$$
$$= \min\lambda \text{ s. t. } \lambda\mathbf{P} \cap \mathbf{S}(x_1, \cdots, x_n) \neq \varnothing$$

当在现有的生产可能性下，不可能在不降低任何人满意度的情况下提高一个人的满意度时，该指数等于1。因此，当 X 不在 $\mathbf{P}$ 的上边界时，它指示生产效率低下。当 $(x_1, \cdots, x_n)$ 可以重新分配以提高每个人的满意度时，它也指示分配效率低下。

这一指数与吉拉德·德布鲁（Gerard Debreu，1951）的资源利用系数有一定的相似性，这是生产前可获得的资源的最小比例，在给定技术和偏好的情况下，这一比例可以使每个人保持目前的满意度。与赫拉夫指数不同，德布鲁系数取决于商品在生产中作为净投入或净产出的作用。

赫拉夫使用的社会福利衡量标准并不完全是社会支出函数。它涉及亚伯拉罕·伯格森（Abram Bergson）集，该集包含可分配以维持社会福利的总消费向量。它被正式定义为

$$\mathbf{B}(x_1, \cdots, x_n) = \left\{ \begin{array}{l} X' \in \mathbb{R}_+^\ell \mid \exists (x_1', \cdots, x_n'), \ x_1' + \cdots + x_n' = X' \\ W(u_1(x_1'), \cdots, u_n(x_n')) \geq W(u_1(x_1), \cdots, u_n(x_n)) \end{array} \right\}$$
$$= \{ X' \in \mathbb{R}_+^\ell \mid W^*(X') \geq W(u_1(x_1), \cdots, u_n(x_n)) \}$$

伯格森集的下边界对应函数 W^* 的无差异曲线图。有趣的是，伯格森集也是与给定社会福利水平相对应的西托夫斯基集的并集：

$$\mathbf{B}(x_1, \cdots, x_n) = \bigcup_{\substack{(x_1', \cdots, x_n') \text{ s. t.}}} \mathbf{S}(x_1', \cdots, x_n')$$
$$W(u_1(x_1'), \cdots, u_n(x_n')) \geq W(u_1(x_1), \cdots, u_n(x_n))$$

西托夫斯基集的下边界（也称为西托夫斯基曲线）不会因为相交而形成一张无差异曲线图。但是，如果将注意力限制在一组效用向量 $(u_1, \cdots, u_n)$ 上，这些向量在所有因素中都占主导地位，那么相应的西托夫斯基曲线就不会相交。

赫拉夫的社会福利指数的定义与效率指数的定义方式相同，伯格森集起到了西托夫斯基集的作用：

$$\Gamma(x_1, \cdots, x_n) = \min\lambda \text{ s. t. } \exists X' \in \mathbf{P}, \ \lambda X' \in \mathbf{B}(x_1, \cdots, x_n)$$
$$= \min\lambda \text{ s. t. } \lambda\mathbf{P} \cap \mathbf{B}(x_1, \cdots, x_n) \neq \varnothing$$

在现有生产条件下，社会福利不可能增加时，该指数等于1。

分解式的要素如图 3-2 所示。P 曲线是生产集合的上边界（即该曲线上方或该曲线下方可生产的任何集合束），S 曲线是用于分配的西托夫斯基集的下边界 $(x_1, \cdots, x_n)$（即在该曲线上或以上的任何聚集束可以被分配，使每个 $i = 1, \cdots, n$ 在 x_i 时得到满足）。B 曲线是伯格森集的下边界（即该曲线上或上方的任何集合束都可以被分配，以产生与 $(x_1, \cdots, x_n)$ 相同的社会福利）。注意，B 曲线也是公式（3-2）中定义的函数 W^* 的 $W(u_1(x_1), \cdots, u_n(x_n))$ 的无差异曲线。

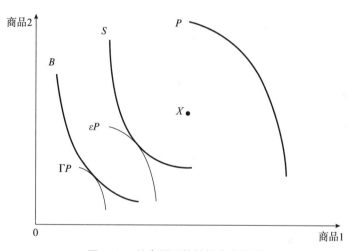

图 3-2   社会福利的赫拉夫分解式

$\mathbf{S}(x_1, \cdots, x_n) \subset \mathbf{B}(x_1, \cdots, x_n)$ 总是存在，因为保持每个人的满意度显然是为帕累托社会福利函数维持社会福利，而用其他分配方式维持社会福利是可能的，但其他分配方式中，一些人的满意度会降低。当 $(x_1, \cdots, x_n)$ 是有效分配的（从某种意义上说，X 的其他分配不会对某人来说更好，也不会对所有人来说更糟），X 属于 $\mathbf{S}(x_1, \cdots, x_n)$ 的下边界。当它为 W 的最佳分配时，X 属于 $\mathbf{B}(x_1, \cdots, x_n)$ 的下边界。

赫拉夫的公平指数是社会福利和公平指数的比率：

$$\eta(x_1, \cdots, x_n) = \frac{\Gamma(x_1, \cdots, x_n)}{\varepsilon(x_1, \cdots, x_n)}$$

由于包含 $\mathbf{S}(x_1, \cdots, x_n) \subset \mathbf{B}(x_1, \cdots, x_n)$，该指数始终小于或等于 1。

当 $(x_1, \cdots, x_n)$ 是 W 的最优分配时，它等于1，在这种情况下，三个指标实际上都等于1，因为局部非饱和性迫使任何帕累托高效生产计划位于生产集的上边界。总之，分解式是

$$\Gamma(x_1, \cdots, x_n) = \varepsilon(x_1, \cdots, x_n) \times \eta(x_1, \cdots, x_n) \qquad (3\text{-}27)$$

公平指数可能小于1，即使 $(x_1, \cdots, x_n)$ 是 X 对 W 的最佳分配，这有点令人难以接受。这将发生在分配不完全有效的情况下，这样社会福利将通过生产集中的另一个生产计划最大化。西托夫斯基和伯格森集的下边界通常只在 X 处重合，此时 $(x_1, \cdots, x_n)$ 是 X 对 W 的最优分配。如果缩减集 $\Gamma(x_1, \cdots, x_n)\mathbf{P}$ 不是在 X 点与 $\mathbf{B}(x_1, \cdots, x_n)$ 相交，通常情况下 $\Gamma(x_1, \cdots, x_n)\mathbf{P}$ 不与 $\mathbf{S}(x_1, \cdots, x_n)$ 相交，所以 $\Gamma(x_1, \cdots, x_n) < \varepsilon(x_1, \cdots, x_n)$。

赫拉夫分解式的另一个令人难以接受的特征是，他衡量归一化社会福利时依据的是生产集 $\mathbf{P}$，不同于罗伯特·波拉克（Robert A. Pollak, 1981）的社会支出函数。这意味着不同生产集的情况无法进行比较。例如，如果技术进步使增加社会福利成为可能，社会福利相应增加，则指数 $\Gamma(x_1, \cdots, x_n)$ 可能保持不变。蛋糕的大小不在考虑中。特别是，这种分解式不包括总支出，向量 X 本身在其中所起的作用很小。因此，这种方法不能满足本节的目的，但它为下一小节提供了灵感。

这是一个有待深入研究的领域。在接下来的两个小节中，我们提出了两个新的分解式。

3.4.3 基于伯格森曲线的新分解式

从赫拉夫、乔根森和西托夫斯基提出的分解式中汲取灵感，我们来寻求一种更好的分解式，以避免这些分解式存在的缺点。与图3-2相似，描绘了一个典型的曲线（为了更好地可视化不同的曲线，从更悲观的角度看待效率和公平）。带负斜率的线表示参考价格 $\tilde{p}$ 的等价值束。

我们将波拉克函数 $V(\tilde{p}, x_1, \cdots, x_n)$ 作为社会福利的指标。它除了具有方便的货币尺度外，还具有独立于技术之外的优点，便于比较不同技术下的分配。数量级 $V(\tilde{p}, x_1, \cdots, x_n)$ 如图3-3所示，取商品1作为数字计价单位。

　　与实际福利相比较的基准、理想状况，可以被构建为生产集所能获得的最高水平的社会福利。

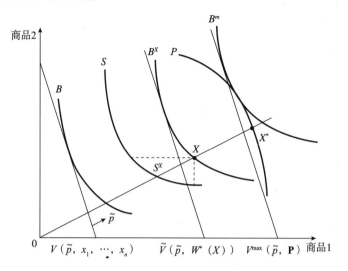

图 3-3　社会福利分解

$$V^{\max}(\tilde{p},\ \mathbf{P}) = \max \overline{V}(\tilde{p},\ W^*(Y))\, \text{s.t.}\ Y \in \mathbf{P}$$

该数量如图 3-3 所示。曲线 B^m 是与生产集相交的 W^* 的最高无差异曲线。

分解式的起点是商品

$$V(\tilde{p},\ x_1,\ \cdots,\ x_n) = V^{\max}(\tilde{p},\ \mathbf{P}) \times \frac{V(\tilde{p},\ x_1,\ \cdots,\ x_n)}{V^{\max}(\tilde{p},\ \mathbf{P})} \qquad (3\text{-}28)$$

其中第二项，通常小于 1，概括了效率低下和不公平。

　　为了了解为什么 $V^{\max}(\tilde{p},\ \mathbf{P})$ 是合适的基准，注意当生产集和伯格森集相切时，会得到理想的情况。在这种情况下，效率和公平的所有指标都应等于 1，因此社会福利必须等于基准量，在分解式中，效率低下和不公平将在非理想情况下扣除一定的基准量。相反，这意味着基准量必须等于与生产集相切的最高伯格森曲线。实际上，固定伯格森曲线（W^* 的无差异曲线）并考虑属于不同生产集的各种可能的最优分配，每个生产集都会与此曲线相切。在所有这些情况下，基准量必须相同，因为它必须等于伯格森曲线上的社会福利。

现在让我们来研究如何将公式（3-28）的第二项分解为效率和公平项。第一个可以起作用的项是 $\overline{V}(\tilde{p}, W^*(X))$，也就是说，$X$ 的最优分配可以得到的最大社会福利。$W^*(X)$ 的无差异曲线是图上的 B^X 曲线。比率

$$\chi(x_1, \cdots, x_n) = \overline{V}(\tilde{p}, W^*(X))/V^{\max}(\tilde{p}, \mathbf{P})$$

然后测量由于生产计划 X 的次优性而造成的福利损失。与 X 的分配方式无关，与生产集中存在更好的计划有关。这不仅仅是生产效率的一个衡量标准，它还说明了 X 方向的次优性。即使 X 位于生产边界（即 $\mathbf{P}$ 的上边界），这个比率也可能小于 1。

如果 X 是无效分配的，就好像 X 的一部分在分配之前被浪费掉了，所以实际分配的数量就位于 X 下方的曲线 S 的一部分上。曲线的这一部分在图中用 X 下面的虚线标识，表示为 S^X。S^X 部分资源的最佳分配可以获得的最低福利水平，即：

$$V^{\min}(\tilde{p}, S^X) = \min \overline{V}(\tilde{p}, W^*(Y)) \text{ s. t. } Y \in S^X$$

由此产生一个有趣的数量可用于衡量分配效率。让

$$\delta(x_1, \cdots, x_n) = V^{\min}(\tilde{p}, S^X)/\overline{V}(\tilde{p}, W^*(X))$$

这一指数衡量的是，在分配效率低下的情况下，X 所能达到的福利水平与 X 实际达到的福利水平之间的差距。

当 X 有效分布时，这一指数等于 1，因此位于曲线 S 上，S^X 减小为单元集 $\{X\}$。为了满足 $\delta(x_1, \cdots, x_n)$ 的这一特性，在比率的定义中，采用 $V^{\min}(\tilde{p}, S^X)$ 而不是 $V^{\min}(\tilde{p}, S)$ 是很重要的。当 X 有效但不是社会最优分配时，采用后者会导致指数 $\delta(x_1, \cdots, x_n)$ 通常低于 1。

最后，公平可以用以下比率来衡量

$$\xi(x_1, \cdots, x_n) = V(\tilde{p}, x_1, \cdots, x_n)/V^{\min}(\tilde{p}, S^X)$$

当 X 的分配是最优的时候，这个比值等于 1。当分配效率较低但个体份额最优时，比值也等于 1，因此 $(x_1, \cdots, x_n)$ 的伯格森曲线上存在 $Y \in S^X$。在这种情况下，人们可以舍弃 X 的一部分，但保持效用的相同分配，并获得剩余数量的社会最优分配。

总之，我们得到了以下分解式：

$$V(\tilde{p}, x_1, \cdots, x_n) = V^{\max}(\tilde{p}, \mathbf{P}) \times \chi(x_1, \cdots, x_n) \times \delta(x_1, \cdots, x_n) \times$$
$$\xi(x_1, \cdots, x_n) \tag{3-29}$$

这种分解式似乎可以避免前面分解式的主要缺点。与公式（3-26）不同的是，这一分解式依赖于尊重偏好的社会福利概念，明确地将分配公平与分配效率和生产优化分开，而与公式（3-27）不同的是，它不依赖于技术。当 X 为最优分配时，它的公平指数总是等于 1，这是一个既不满足公式（3-26）也不满足公式（3-27）的性质。此外，当 X 有效分配时，其分配效率指数始终等于 1。

同时还可以得到赫拉夫分解式（3-27）的一个良好特性。当生产集和西托夫斯基集相切时，其效率指数 $\varepsilon(x_1, \cdots, x_n)$ 等于 1。事实上，我们提出的生产最优性指数 $\chi(x_1, \cdots, x_n)$ 可以分解为生产效率指数和方向最优性指数。前者可定义为 $\pi(x_1, \cdots, x_n) = \bar{V}(\tilde{p}, W^*(X))/\bar{V}(\tilde{p}, W^*(X^*))$，其中 X^* 是位于生产边界的 X 的扩展部分（见图 3-3）。取生产和分配效率两个指标的乘积 $\pi(x_1, \cdots, x_n)\delta(x_1, \cdots, x_n)$，所需的特性就可以得到。

这种分解式的一个局限性是，它是为一种非常特殊的私人商品模型而构想的，不能扩展到一个具有非市场商品（如公共产品或个人不可转移商品）和不平等生产技能的环境中。

然而，在寻找以总收入为特定项的分解式中，分解式（3-29）并不是一个成功的分解式。它没有将 X 的市场价值作为特定项显示。然而，前两项的乘积等于

$$V^{\max}(\tilde{p}, \mathbf{P}) \times \chi(x_1, \cdots, x_n) = \bar{V}(\tilde{p}, W^*(X))$$

当曲线 B^X 在 X 处的支持价格向量与 $\tilde{p}$ 没有太大差异时，该乘积与 $\tilde{p}X$ 没有太大差异。然而，严格地说，两者并不相同，在某些情况下，这种差异可能非常明显。

货币度量的 X 不是分解式中 X 处于合适价格时的那种简单的市场价值，这一事实也许揭示了一个深层次的难题。在社会福利分析中，很难让 pX 成为一个有趣的项。

3.4.4 另一种测度小幅变化的分解式

在最后一个分解式中，我们考虑一个更复杂的场景，其中个人效用 $u_i(x_i, y_i)$ 由市场商品 x_i 和非市场商品 y_i 决定。非市场商品还包括休闲时

间（当个人技能不平等时）和劳动时间（在不影响生产的情况下，不能在个人之间转移）。用 $v_i(p, y_i, m_i)$ 表示间接效用函数，其定义为价格 p 下用收入 m_i 购买 x_i 时个人获得的最大效用 $u_i(x_i, y_i)$，当 i 在收入 m_i 的情况下以价格 p 购买 x_i 时，对于固定的 y_i 则有：

$$v_i(p, y_i, m_i) = \max\{u_i(x_i, y_i) \mid px_i \leqslant m_i\}$$

对于小幅变化，假设 u_i 是连续可微的，可以得到一个相当简单的社会福利分解式。它基于市场商品 x_i 总是在一个市场上购买的假设，其中所有的人都面对相同的价格向量 p。

首先要注意的是，在市场分配中，对于一个小幅变化（dp, dx_i, dy_i, dm_i），效用的变化等于

$$dv_i = \frac{\partial v_i}{\partial m_i}(pdx_i + w_i) \tag{3-30}$$

其中

$$w_i = \sum_l \frac{\partial v_i / \partial y_{il}}{\partial v_i / \partial m_i}dy_{il}$$

代表是否愿意支付费用以引起向量 y_i 的变化（l 是 y_i 的维度表示）。[①]

用 $\beta_i = \frac{\partial W}{\partial v_i}\frac{\partial v_i}{\partial m_i}$ 表示 m_i 的社会边际效用，写作

$$dW(v_1(p, y_1, m_1), \cdots, v_n(p, y_n, m_n)) = \sum_{i=1}^n \frac{\partial W}{\partial v_i}dv_i = \sum_{i=1}^n \beta_i(pdx_i + w_i)$$

这使得计算以下分解式成为可能（用 $\bar{\beta}$ 表示平均 $\frac{1}{n}\sum_{i=1}^n \beta_i$，$\bar{w}$ 表示平均

---

① 分解式（3-30）证明如下。根据定义 $dv_i = \sum_k \frac{\partial v_i}{\partial p_k}dp_k + \sum_l \frac{\partial v_i}{\partial y_{il}}dy_{il} + \frac{\partial v_i}{\partial m_i}dm_i$。根据罗伊恒等式（Roy's identity），在给定的 y_i 时仍然有效，$x_{ik} = -\frac{\partial v_i / \partial p_k}{\partial v_i / \partial m_i}$，根据定义，$dm_i = pdx_i + x_i dp$，因此存在 $dv_i = -\frac{\partial v_i}{\partial m_i}\sum_k x_{ik}dp_k + \sum_l \frac{\partial v_i}{\partial y_{il}}dy_{il} + \frac{\partial v_i}{\partial m_i}dm_i = \frac{\partial v_i}{\partial m_i}pdx_i + \sum_l \frac{\partial v_i}{\partial y_{il}}dy_{il}$，通过分解 $\partial v_i / \partial m_i$，直接得到公式（3-30）。

罗伊恒等式是指分量商品的马歇尔需求等于间接效用对分量价格和对收入偏导之比的相反数。这个等式可以用包络定理来证明。证明过程是应用了对偶理论，像支出函数就是一个可行集的支撑函数。支出函数对价格求偏导则得到希克斯需求函数（这是对偶理论的一个定理），而罗伊恒等式和它不同，需要除以间接效用。

$$\frac{1}{n}\sum_{i=1}^{n}w_i\,):$$

$$dW(u_1(x_1),\ \cdots,\ u_n(x_n))=\bar{\beta}pdX+\bar{\beta}n\bar{w}$$

$$+\sum_{i=1}^{n}(\beta_i-\bar{\beta})(pdx_i-pdX/n)+\sum_{i=1}^{n}(\beta_i-\bar{\beta})(w_i-\bar{w}) \qquad (3-31)$$

这个分解式利用了这样一个事实：一件商品的平均值等于平均值的乘积加上协方差。

分解式（3-31）中的最后两项取决于个人社会优先权和它们处境变化之间的相关性，这对于分配项来说是非常直观的。如果情况改善超过平均水平的个体倾向于具有更大的 β_i 系数，则每个项都为正值。[1]

这种分解式非常简单、可加性强，并且将 pdX 作为一个项。它很好地区分了蛋糕的变化和分配的变化对市场和非市场商品的影响。有人可能认为，将重点放在以不变价格计算的总支出的演变上是合理的，前提是明确指出忽略分配问题和非市场维度。显然，这表明最有趣的方法是计算四项，而不是仅仅计算一项，因为 pdX 的正向演变可能隐藏了非市场维度和分配中的不利发展。

完成这一分解式的困难在于，不仅需要关于 $(x_i,\ y_i)$ 的联合分配的数据，还需要依赖于效用校准的 β_i 权重。在这一点上，下一章中讨论的等价收入概念显得特别有用，因为它能对效用进行校准，可以对具有不同偏好的个人进行比较。

总结来说，寻求社会福利的良好分解式是一个相当复杂和有趣的任务。在本节介绍的分解式中，公式（3-29）和公式（3-31）看起来最有趣。前者可以应用于任何社会福利概念，包含与总收入相似但不相同的集合项。后者对于小幅变化，既以总收入（固定价格）为特征，也与任何社会福利函数兼容。

社会福利分解式领域值得进一步研究。最好能够为具体分解式找到公理化依据，并能够确定体现特定效率概念的术语，尤其是特定公平概念。

---

[1] 这些项不应与"分配特征"（Martin S. Feldstein, 1972a, 1972b; Anthony B. Atkinson and Joseph E. Stiglitz, 1980）混淆，后者在分析最优间接税或公共定价中起着重要作用。分配特征取决于 β_i 与商品消费水平，而不是与商品消费变化之间的相关性。

下一章将介绍另一个分解式，该分解式涉及效用的特定校准，并将公平定义为对校准后效用的不平等厌恶。

人们可以想象，不久的将来，用现实生活中的统计数据计算这些分解式将成为一种惯例，这些分解式可以通过显示效率和社会状况的公平要素对社会福利的贡献来评估社会进步。

3.5　估算价格和全部收入的具体问题

在本章的大部分内容（即除了最后一小节和第 3.2 节的一小部分）中，我们排除了非市场商品的存在或类似的假设，这些假设显然需要在寻找收入与福利之间的联系之前对个体层面的收入进行修正。事实上，即使没有这些困难，我们也已经知道这种联系已经很难建立起来，特别是在社会层面上，这表明，通过这种修正来改良全部收入概念，成功的概率不大。改良通常是针对在最简单的情况下成功的概念，而不是针对在最简单的情况下已经存在缺陷的概念。然而，有必要研究这些校正是如何影响收入和福利之间关系的。

非市场化商品影子价格的增加通常被认为是"全部收入"的衡量标准。计算全部收入的原则非常简单，并且可以在只有两种商品的情况下加以说明，一种是一般市场化商品，称为"收入"（以其为计价单位），另一种是非市场化商品，例如健康、闲暇时间、安全、环境质量。假设一个收入为 m 的消费者，他消费了一定数量的非市场化商品 y。边际替代率 r 用来衡量他愿意支付多少 m，以便得到额外一个单位的 y。

全部收入由此定义为 $m+ry$。图 3-4 中的概念是合理的，如果人们试图找到最接近该消费者实际情况的类似市场的假设。

假设偏好是凸的，我们可以看到如果这个消费者可以在市场上以价格向量（1，r）购买这两种商品，总收入为 $m+ry$，他确实会把商品束（m，y）当作最优选择。

全部收入的概念通常与闲暇时间有关。现实中存在劳动力市场，我们

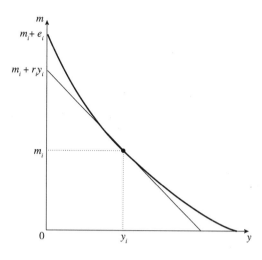

图 3-4　全部收入

则需要一些想象力来想象工人在市场上以公布的闲暇时间价格"购买"自己的闲暇时间。特别是,净工资随闲暇时间的长短而变化,许多工人并不能在预算集中真正自由地选择他们偏好的劳动量。因此,试图估计闲暇时间的真正影子价值是很有趣的。

　　一旦将分析转向价格 $(1, r)$ 下的消费束 (m, y) 框架,我们可以对前面几节的内容进行分析。个人层面的变化不大。例如,显示性偏好参数仍然有效。如果 $m+ry \geq m'+ry'$,个人持有 (m, y) 时至少和持有 (m', y') 时一样富裕。

　　我们唯一能想到的细微差别,就是对于福利的评估,在一个总商品束 (m, y) 的预算集中进行自由选择和受限于 y,或者从一个不同于典型预算集的机会集中选择 (m, y),这两者之间可能存在差异。在典型的消费者偏好中,这个问题被忽略了,它只关心最终消费的商品束。如果个人偏好得到扩充,开始关心机会,而不仅仅是最终的商品束,那么我们就可以在更广阔的空间中重新进行分析。

　　然而,在社会层面,有一个重要的新问题。影子价格 r 只针对被研究的特定个人情况。特别是,不同的个人会有不同的影子价格。因此,我们无法谈论闲暇时间或健康的"影子价格"。这使得基于价格来使用货币测度方法变得相当复杂。

考虑到这种实际的复杂性，越过"定价"方法，转向"支付意愿"方法，这不是一个很大的步骤，下一章将会讲述。这两种方法之间的差异如图 3-4 所示，其中 m_i+e_i 表示收入水平，这使得个人在享受当前商品束 (m_i, y_i) 和没有获得任何数量的 y 情况下获得收入增量 e_i 之间不存在差异。[①] 事实证明，当人们依赖于支付意愿时，用价格衡量福利所隐含的大多数问题都是可以避免的。从图 3-4 可以直观地看出，基于无差异曲线的 m_i+e_i 等指标比基于局部边际替代率的 $m_i+r_iy_i$ 等指标更精确。第 4 章将进一步探讨这种替代方法。

在这一节中，我们简要地指出，保罗·萨缪尔森（Paul A. Samuelson）的最优结果扩展到了非市场商品的分配。假设 $(x_1, \cdots, x_n) \in \mathbb{R}_{++}^{n\ell}$ 是价格 p 的市场分配，所有 i 的 $px_i>0$，而 $(y_1, \cdots, y_n) \in \mathbb{R}_{++}^{n\ell'}$ 是其他商品的非市场分配，影子价格向量为 $(r_1, \cdots, r_n)$。个体偏好被假定为局部非饱和的，并可用可微效用函数表示。如果 $(x_1, \cdots, x_n)$ 对于给定 $(y_1, \cdots, y_n)$ 的社会福利函数 $W(u_1(x_1, y_1), \cdots, u_n(x_n, y_n))$ 来讲是 X 最优分布，该社会福利函数是拟凹的，并且在商品数量上是可微分的，那么对于所有的分配 $(x_1', \cdots, x_n')$、$(y_1', \cdots, y_n')$ 有

$$\sum_{i=1}^{n} px_i + r_iy_i \geqslant \sum_{i=1}^{n} px_i' + r_iy_i'，则$$

$$W(u_1(x_1, y_1), \cdots, u_n(x_n, y_n)) \geqslant W(u_1(x_1', y_1'), \cdots, u_n(x_n', y_n'))$$

通过证明，在条件定义的社会预算集中

$$\sum_{i=1}^{n} px_i' + r_iy_i' \leqslant M$$

当 $M = \sum_{i=1}^{n} px_i + r_iy_i$ 时，$(x_1, \cdots, x_n)$ 和 $(y_1, \cdots, y_n)$ 对于目标 $W(u_1(x_1, y_1), \cdots, u_n(x_n, y_n))$ 是最优分配，因为在数量上具有拟凹性。

实际上，依据可微性，$(x_1, \cdots, x_n)$ 是 X 的最优分配，意味着对于某些 $\lambda>0$，以及所有个体 i，所有商品 k，要么是 $\dfrac{\partial W}{\partial u_i}\dfrac{\partial u_i}{\partial x_{ik}}/p_k = \lambda$，要么是 $\dfrac{\partial W}{\partial u_i}$

---

① 由于变化极小，影子价格和支付意愿之间的区别，在计算分解式（3-31）中消失了，其中支付意愿 w_i 取决于使用 m_i 和 y_{il} 之间的边际替代率计算的影子价格。

$\dfrac{\partial u_i}{\partial x_{ik}}/p_k<\lambda$ 且 $x_{ik}=0$。

根据影子价格的定义，对于所有 k、l 都有 $x_{ik}>0$，

$$\dfrac{\dfrac{\partial u_i}{\partial x_{ik}}}{p_k} \geqslant \dfrac{\dfrac{\partial u_i}{\partial y_{il}}}{r_{il}}，当 y_{il}>0 时相等。$$

现在假设对分配 $(x_1,\cdots,x_n)$，$(y_1,\cdots,y_n)$ 进行微小改变，这导致

$$
\begin{aligned}
dW &= \sum_i \frac{\partial W}{\partial u_i}\Big(\sum_k \frac{\partial u_i}{\partial x_{ik}}dx_{ik} + \sum_l \frac{\partial u_i}{\partial y_{il}}dy_{il} \Big)\\
&= \sum_i \frac{\partial W}{\partial u_i}\Big(\sum_k \frac{\partial u_i}{p_k\partial x_{ik}}p_k dx_{ik} + \sum_l \frac{\partial u_i}{r_{il}\partial y_{il}}r_{il}dy_{il} \Big)\\
&\leqslant \lambda \sum_i (pdx_i + r_i dy_i)
\end{aligned}
$$

最后一个不等式源于这样一个事实：对所有 i 来说，$\dfrac{\partial W}{\partial u_i}\dfrac{\partial u_i}{p_k\partial x_{ik}}\leqslant \lambda$ 和

$\dfrac{\partial W}{\partial u_i}\dfrac{\partial u_i}{r_{il}\partial y_{il}}\leqslant \lambda$。[①]

这证明 $(x_1,\cdots,x_n)$ 和 $(y_1,\cdots,y_n)$ 在定义的预算 M 中是最优的，因为此时的假设为当等式 $M = \displaystyle\sum_{i=1}^{n} px_i + r_i y_i$ 被保留时，$\displaystyle\sum_i (pdx_i + r_i dy_i)=0$ 以及数量上具有拟凹性。

然后，通过观察任何属于同一预算集 $\displaystyle\sum_{i=1}^{n} px_i' + r_i y_i' \leqslant M$ 的替代分配 $(x_1',\cdots,x_n')$ 和 $(y_1',\cdots,y_n')$ 来完善参数，替代方案产生的结果最多与最优分配 $(x_1,\cdots,x_n)$ 和 $(y_1,\cdots,y_n)$ 相同。

---

① 更准确地说，如果 $x_{ik}=0$ 和 $\dfrac{\partial W}{\partial u_i}\dfrac{\partial u_i}{p_k\partial x_{ik}}<\lambda$，那么 $dx_{ik}\geqslant 0$ 和 $\dfrac{\partial W}{\partial u_i}\dfrac{\partial u_i}{p_k\partial x_{ik}}dx_{ik}<\lambda dx_{ik}$；如果 $x_{ik}>0$，那么 $\dfrac{\partial W}{\partial u_i}\dfrac{\partial u_i}{p_k\partial x_{ik}}=\lambda$，而且 $\dfrac{\partial W}{\partial u_i}\dfrac{\partial u_i}{p_k\partial x_{ik}}dx_{ik}=\lambda dx_{ik}$。$y_i$ 也是如此。请注意，该参数很容易扩展到 y_{il} 必须属于紧区间的情况。当它等于上限时，$\dfrac{\partial W}{\partial u_i}\dfrac{\partial u_i}{p_k\partial y_{il}}>\lambda$，但 $dy_{il}\leqslant 0$，这意味着 $\dfrac{\partial W}{\partial u_i}\dfrac{\partial u_i}{p_k\partial y_{il}}dy_{il}\leqslant \lambda dy_{il}$。

总之，$(x_1, \cdots, x_n)$ 是最优分配的（每个个体都有非负收入），如果 $(y_1, \cdots, y_n)$ 足以确保价格向量 $(p, r_1, \cdots, r_n)$ 中包含的选择反映了社会目标的真实选择。

3.6 结论

综上所述，以总消费的市场价值作为社会福利指标的经济理论支持并不多。显示性偏好参数证明了基于拉氏指数和帕氏指数（即基于不等式 $pX > pX'$）的不完全标准是在严格的社会最优假设下成立的，这种假设在一个信息不完善的世界中是不可能实现的。然而，分解方法确实提供了关于如何在社会福利分析中将效率与公平分离的有趣见解，并且有一些有趣的以消费市场价值为特征的分解式。尤其是，公式（3-31）似乎有望成功，它使人们能够分解总支出、非市场商品和不平等的福利效应。

显示性偏好方法的一个局限性是，它们是为评估影响特定人群的变化而设计的。这一方法对比较不同国家或不同代的人口没有多大帮助。1976 年，阿马蒂亚·森明确提出了这一问题，并表明，在附加原则下，只有个别情况的统计分配，而不是人口的规模比较重要，他的方法可以扩展到以有限的方式进行人口之间的比较上。具体来说，我们可以检查如果一个国家按另一个国家的消费量分配，该国家的人口是否更富裕。具体来说，这是通过检查

$$\alpha_1 px_1 + \cdots + \alpha_n px_n > \alpha_1 px_1' + \cdots + \alpha_n px_n'$$

其中下标 $1, \cdots, n$ 指的是 n 分位数，而不是具体的个体。同样的方法也适用于 $pX > pX'$ 标准，该标准必须按人均以及前一节中列出的分解式计算。

但这种比较并不能解决比较不同偏好人群的问题。例如，在某些情况下，我们可能会发现 A 国比 B 国富裕（在 A 国看来），而 B 国也比 A 国富裕（在 B 国看来）。

这个问题与本章描述的大多数方法的另一个普遍局限性有关，即它

们都未说明如何进行人际比较。特别是，假设分配是最优的、在公式（3-26）等分解式中用单独项描述的各种方法，可以在不进一步说明分配判断的情况下，专注于总消费。这些结构中引用的函数 $\bar{W}(x_1, \cdots, x_n)$ 或 $W(u_1(x_1), \cdots, u_n(x_n))$ 基于的是对个体福利的多种不同评估。

这可以被视为一种优势，因为它将重点放在符合许多不同分配原则的总支出上。但一旦人们想同时评估分配，危险就会产生。事实上，像公式（3-26）和公式（3-31）这样的公式通常将个人消费的货币价值作为衡量个人福利的标准，这确实是在公式（3-4）中明确规定的。然而，重要的是要意识到，到目前为止提出的理论并没有给出采取这种个人福利衡量标准的理由，因此我们需要独立的论据。

下面是这种论证的例子。在约翰·罗尔斯（John Rawls，1971）或罗纳德·德沃金（Ronald Dworkin，2000）提出的正义理论中，社会正义包括以公平的方式分配资源，让个人根据自己的美好生活观来利用自己支配的资源。如果忽略了内部资源（才能、残疾）的差异，公平分配就是最大限度地提高那些资源最少的人的资源份额，而市场估值便于比较资源份额。然而，回想一下，罗尔斯的初级商品清单包括非市场化的商品，如基本自由、权力和责任职位的特权以及自尊的社会基础。财富只是其中一项，但却是重要的一项。总而言之，只要基本自由和地位等资源分配良好，个人财富便是人际比较的一个适当衡量标准。个人消费的市场价值有充分的理由作为财富比较的合理指标。

然而，如果个人能力和需求是不平等的，那么这一论点就不再支持将消费的市场价值作为一个适当的衡量标准。一个非常重要的例子是闲暇时间的估价，闲暇时间是广义消费的一部分，在劳动力市场上，不同工资率的个人获得的闲暇时间是不平等的。如前一节所示，显示性偏好论据建议使用个人的净工资率作为闲暇时间的适当定价。但是，如果没有一个合适的平减指数来修正不平等的机会，我们应该抵制比较个人全部收入（即收入加上闲暇时间价值）。我们不能简单地认为，那些有更高的完全收入的人会更富裕，而且减少完全收入的不平等是件好事。事实上，将个人的全部收入平均化意味着，那些生产力更高的人的预算集将比那些生产力更低的人（因为他们的闲暇时间成本更高）要少得多，这与自由放任的情况正好相反。此外，为了纳税，他们通常会被迫以最高工资率工作，这体现了罗纳德·德沃金（2000）称之为"人才奴役"（slavery of the talented）。关于公平的文献提出了各种合理的方法来比较生产力不平等的个人资源份额。一般来讲，有一些有趣的方法可以将财富的概念扩展到不平等需求和能力的场景下。这些问题将在第 4 章和第 6 章中更详细地讨论。

总而言之，如果想要尊重个人的偏好，那么为个人生活的不同方面制定统一价格的方式未免太简单了。

第 4 章

等价收入法或如何评估没有价格的东西

前两章介绍了涉及价格的方法。这两章都表明，收入、财富或消费的市场价值与个人福利或社会福利之间的联系并不简单。第 2 章表明，将消费市场价值与净投资价值相结合，以评估当下福利的可持续性，是困难重重的。第 3 章详细分析了总收入与社会福利之间的联系，并指出即使忽略了非市场福利维度，总收入与社会福利之间的联系也是松散的。为所有东西定价并不是"超越 GDP"的一个好方法。

在本章中，我们研究了另一种方法，即支付意愿而不是价格和影子价格。它涉及用"等价收入"（equivalent income，也称为效用币值，money-metric utility）来衡量个人福利，并将这一指标用于古典形式的社会福利函数。本章研究的方法与前一章研究的方法之间的区别似乎更像是一个技术细节，而不是范式转换。特别是，等价收入仍然用货币单位计量。对于经济学家和统计学家来说，这是一个优势，因为这样的度量似乎可以方便地进行数学和统计计算。但许多寻找替代指标的人会认为这是该测度的一个缺点，因为货币尺度是过于简单化的，甚至是被盲目崇拜的。用美元和欧元来衡量生活的美好似乎很粗俗。因此，幸福指数或能力观方法的一个很有吸引力的特征是，它们直接根据生活的重要方面，如情感、健康、教育和自尊来制定。

这一章将讨论我们应着重关注等价收入的概念。它是经济学理论中最吸引人的概念之一，因为它与福利经济学的不同部分联系在一起，但两者很少放在一起讨论。在非常不同的背景下，它至少出现了两次。第一次出现在关于消费者剩余和指数的经典著作中。在约翰·希克斯（John R. Hicks，1956）和莱昂内尔·麦肯齐（Lionel W. Mckenzie，1957）提出支出函数和类似概念后，保罗·萨缪尔森（Paul A. Samuelson，1974）、保罗·萨缪尔森和萨勃拉曼尼亚·斯瓦米（Paul A. Samuelson and Subramanian Swamy，1974）真正提出了将货币计量作为偏好的具体表示的想法。有趣的是，萨缪尔森实际上担心，货币计量可能会诱使分析师在不探究可疑的伦理含义的情况下，对某一群体的效用币值总和等展开狂热的计算。接下来出现了概念研究和应用浪潮，[1] 随之而来的是概念延伸到非市场特征（如家庭构成）等。[2] 然而，这种热情很快就被社会选择理论家所冲淡，他们捍卫了优越的伯格森—萨缪尔森社会福利函数，[3] 并批评在社会评估中使用等价收入是"武断和反复无常的伦理"（Donaldson，1992）。更准确地说，社会选择理论家指出了衡量标准对参考价格的依赖性（Charles Blackorby, François Laisney and Rolf Schmachtenberg，1994）和反平均主义影响的可能性（Charles Blackorby and David Donaldson，1988）。似乎，尽管社会选择理论家提出的批评从未充分阻止实践者在福利分析中使用消费者剩余和补偿变化，但它严重降低了该行业对（更多）的等价收入的兴趣。

正如我们将在本章中解释的那样，等价收入在经济学中又出现了，即在公平分配理论中，作为"等价"方法的一个特例。目前令人兴奋的是，在公平分配理论的背景下，这种方法的伦理基础更加牢固了。特别是，公平社会选择理论的发展，为社会选择理论家对等价收入的批判提供了新的视角。甚至产生了一种看法，效用币值并不次于伯格森—萨缪尔森方法，

---

① 具体见乔治·麦肯齐和艾弗·皮尔斯（George W. McKenzie and Ivor Pearce，1976，1982）、安格斯·迪顿（Angus S. Deaton，1980）、安格斯·迪顿和约翰·缪尔鲍尔（Angus S. Deaton and John Muellbauer，1980）、罗伯特·威利（Robert D. Willig，1981）、欧文·迪韦特（Erwin Diewert，1983）、默文·阿利斯特·金（又译为金恩，Mervyn Allister King，1983）、乔治·麦肯齐（1983）、约翰·A. 韦马克（John A. Weymark，1985）以及查尔斯·布莱克贝等（Charles Blackorby et al.，1994）和迈克尔·艾尔海姆（Michael Ahlheim，1998）引用的其他文献。

② 彼得·哈蒙德（1994）还研究了公共产品和外部性的扩展。

③ 伯格森—萨缪尔森社会福利函数是古典函数 $W(u_1(x_1)，\cdots，u_n(x_n))$ 的常用名称，尽管伯格森（1938）和萨缪尔森（1947）也引入了直接依赖于数量的函数：$\overline{W}(x_1，\cdots，x_n)$。

而且还是构建伯格森—萨缪尔森社会福利函数的最佳方法之一!

本章内容安排如下。第 4.1 节回顾了效用币值和等价收入的定义。第 4.2 节解释了社会选择理论家对其提出的各种批评。第 4.3 节展示了如何在公平分配理论和公平社会选择理论的背景下以新的视角看待这一概念,以及这如何使得反驳或至少淡化第 4.2 节所列的批评成为可能。第 4.4 节介绍了一种新的利用等价收入的社会福利分解式(采用第 3.4 节讨论的分解式)。第 4.5 节总结全章内容。

4.1 效用币值和等价收入

在第 3.3 节中,我们回顾了指数理论的两个分支,这些分支在价格和数量方面寻求福利变化的替代指标。保罗·萨缪尔森(1974)、保罗·萨缪尔森和萨勃拉曼尼亚·斯瓦米(1974)认识到,如果要获得真正反映福利的指数,该指数必须取决于个人偏好,而不仅取决于价格和数量。有几种理论遵循了这种思路。萨缪尔森和斯瓦米的建议是效用币值函数:

$$e(\tilde{p}, u(x)) = \min\{\tilde{p}x' \mid u(x') \geq u(x)\} \qquad (4-1)$$

这一公式是通过下列支出函数得出的:

$$e(p, u) = \min\{px' \mid u(x') \geq u\}$$

并以参考价格 $\tilde{p}$ 计算获得与 x 相同满意度所需的最小支出,因此用货币单位。如图 4-1 所示。

该测度与第 3.3.2 小节中提到的等价变化(EV)和补偿变化(CV)密切相关。然而,EV 和 CV 的问题是,对于不同的成对比较,它们所依赖的参考价格是不同的,从而产生了一个链接问题。例如,当 $EV(p^1, p^0, x^1, x^0) > 0$ 和 $EV(p^2, p^1, x^2, x^1) < 0$ 时,我们无法从这两个等价变量的值中推断出从 (p^0, x^0) 到 (p^2, x^2) 的福利变化。相反,如果始终使用相同的参考 $\tilde{p}$ 则

$$e(\tilde{p}, u(x^2)) - e(\tilde{p}, u(x^0)) = [e(\tilde{p}, u(x^2)) - e(\tilde{p}, u(x^1))]$$
$$+ [e(\tilde{p}, u(x^1)) - e(\tilde{p}, u(x^0))]$$

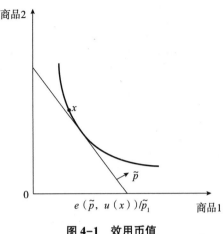

图 4-1　效用币值

因此，对于涉及许多替代变量的比较而言，按照乔治·麦肯齐（Mckenzie，1983）强调的那样，全程使用相同的参考价格似乎很重要。这种简单的想法推动了效用币值的出现。

遗憾的是，在生活水平的应用评估中，许多方法采用了专门用于具体情况的参考参数，如成本效益分析。[①] 例如，丹·厄舍（Dan Usher，1973）以及加里·贝克尔、托马斯·菲利普森和罗德里戈·苏亚雷斯（Gary S. Becker, Tomas J. Philipson and Rodrigo R. Soares, 2005）计算的收入增长，对于平均偏好而言，相当于收入增长和在一定时期内观察到的预期寿命增长的组合。查尔斯·琼斯和彼得·克莱诺（Charles I. Jones and Peter J. Klenow, 2010）进行了国际比较，其中包括计算每个国家在保持非市场特征的情况下，达到美国福利水平所需实现的人均收入变化。我们可以注意到，当乔治·麦肯齐（George W. Mckenzie, 1983）提倡在提供参考参数的情况下用现状来评估改革时，这就保证了改革的一致性，但在现状发生变化时，评估过程中并不能保证一致性。事实上，这些可变参数的问题在于，它们可能会产生不一致的评估：从某个初始状态开始，一系列的改进可能会导致不一致评估的发生，因为参考参数在整个过程中都在发生变化。因此，很有必要为一大类评估确定参数。

---

① 对于传统成本效益分析方法的批评，如补偿变化或等效变化之和，见文献 Robin Boadway 和 Neil Bruce（1984）以及 Charles Blackorby 和 David Donaldson（1990）。

另一个与效用币值同样著名的提议是"射线"效用函数，它被定义为对于参考束 $\tilde{x}$，个人不关心 x 和 $u_{\tilde{x}}(x)\tilde{x}$。这个效用是无单位的，但对应于商品束的分数，因此可以被视为一个数量指数。斯坦·马尔奎斯特（Sten Malmquist，1953）和雅卡尔·坎奈（Yakar Kannai，1970）在寻找偏好的指数表示时引入了该函数，保罗·萨缪尔森（1977）和以利沙·帕兹纳（Elisha A. Pazner，1979）在寻找基于序数不可比个人偏好的社会福利函数时使用了该函数。详情如图 4-2 所示。

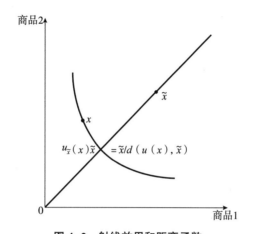

图 4-2　射线效用和距离函数

射线效用也与安格斯·迪顿（1979）研究的"距离函数"相关联，可由公式 $d(u,\tilde{x}) = 1/u_{\tilde{x}}(x)$ 定义，其中 x 是给出个体效用水平 u（对于任何给定效用函数 $u(x)$）的任何商品束。对距离函数的兴趣主要来自于

$$d(u, \tilde{x}) = \min\{p\tilde{x} \mid p \in \mathbb{R}^{\ell}_{++}, e(p, u) \geq 1\}$$

而

$$e(p, u) = \min\{p\tilde{x} \mid \tilde{x} \in \mathbb{R}^{\ell}_{+}, d(u, \tilde{x}) \geq 1\}$$

这一公式具有有趣的对偶性质，例如，可以从 d 中反推补偿逆需求函数和影子价格，与从 e 中获取补偿需求的方式类似，如公式（3-15）中

所述。①

这种方法的要求更高，因为它需要有关偏好的数据，而不仅仅是价格和数量的数据。与前面的方法相反，这些指数总是反映偏好。另一个有趣的特性是，它们可以用于比较有不同偏好的不同个体，如果这样的比较在伦理上是可行的。

现在假设一个更丰富的框架，在这个框架中，个人 i 消费商品束 (x_i, y_i)，该商品束由市场商品 x_i 和其他非市场商品 y_i（如公共物品和个人特征和功能）构成。然后，效用币值等于 x_i 在参考价格向量 $\tilde{p}$ 和参考 $\tilde{y}$ 的基础上达到效用级 $u_i(x_i, y_i)$ 所需的支出：

$$e_i(\tilde{p}, \tilde{y}, u_i(x_i, y_i)) = \min\{\tilde{p} x' \mid u_i(x', \tilde{y}) \geq u_i(x_i, y_i)\} \qquad (4\text{-}2)$$

似乎，在通常的实践中，当 x_i 是偏好的唯一对象，y_i 是不存在的时候，我们会提及"效用币值"，如公式（4-1），而 y_i 有其他商品存在时我们才提及"等价收入"。实际上，这两个概念是相同的，我们将交替使用这些术语。

事实上，在 $e_i(\cdot)$ 的论述中，变量 p 和 y 之间的区别是一个直观的表述问题，因为从个人福利的角度来看，价格只是环境的另一个方面，本质上与任何其他形式的公害物相同。如果我们看一下间接效用币值，就可以很清楚地看到这一点。m_i 是指 i 的收入（或财富），因此间接效用定义为②

$$v_i(p, y_i, m_i) = \max\{u_i(x_i, y_i) \mid px_i \leq m_i\}$$

间接效用币值是

$$e_i(\tilde{p}, \tilde{y}, v_i(p, y_i, m_i)) = \min\{m \mid v_i(\tilde{p}, \tilde{y}, m) \geq v_i(p, y_i, m_i)\}$$

或者，等同于方程的解 m^*

$$v_i(\tilde{p}, \tilde{y}, m^*) = v_i(p, y_i, m_i) \qquad (4\text{-}3)$$

在这个公式中，从个人的观点来看，p 和 y 之间的区别是显而易见的，尽管价格当然是公害物的一种特殊形式，因为它们以一种特殊的方式降低了收入的效用，正如 (m_i, p) 中 v_i 是零度齐次的事实所揭示的那样。

---

① 当价格 p 占优势时，其效用保持在 u 时，补偿或希克斯需求函数 $x(p, u)$ 决定消费者所需的商品。补偿逆需求函数是 $p(x, u)$ 函数，用于确定当消费者的效用维持在 u 时诱导需求 x 的价格向量（由支出 px 归一化）。x 的影子价格，如第3.5节所述，是当消费者的收入为 px 时诱导其需求 x 的价格向量 p。

② 这里隐含地假设价格向量 p 对于所有个体都是相同的，但是如果考虑到个性化价格 p_i，定义将是相同的。

图 4-3 说明了公式（4-3）对于 y 只有一个商品，而 p 被忽略（或固定在 1）的情况。[①]

这一公式也使我们直观地理解了为什么"等价收入"一词是适当的。i 的等价收入是指结合生活中非收入维度参考参数的收入水平，这一收入水平能使 i 获得与当前情况相同的满意度。如果 i 与他目前的状况和结合参考参数 $\tilde{p}$ 和 $\tilde{y}$ 的 120 收入无关，则他的等价收入为 120。

上述公式也清楚地表明，在局部非饱和性偏好的标准情况下，等价收入是一种效用，即偏好的表示。对于 i 来说，提高 $v_i(p, y_i, m_i)$ 的情况需要提高 $v_i(\tilde{p}, \tilde{y}, m)$ 中未知的 m，因为收入中 v_i 增加了。

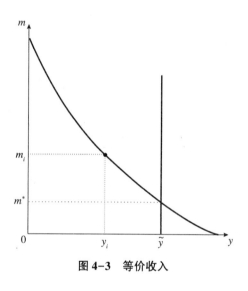

图 4-3　等价收入

4.2　反驳批评？

现在让我们来谈谈对效用校准提出的批评。有五种主要的批评值得深思。本节介绍了这五种批评，下一节对其进行了审慎研究。

---

① 该图与图 3-4 基本相同，可以看出该图中的 $m_i + e_i$ 以 $\tilde{y} = 0$ 为参考参数。

4.2.1　不够福利主义

第一种批评是等价收入包含的主观福利信息不够，因为它只取决于序数偏好。"因此，只要排序保持不变，一个人的享乐或福利强度的变化就不能在这个编号系统中找到任何反映"（Amartya Sen，1979）。特别是，如果 i 和 j 两个人有相同的序数偏好，并且具有相同的情况（p，y，m），他们将拥有相同的等价收入，即使实际发生的情况是 i 欣喜若狂，而 j 感到痛苦。

这是一种非常重要的批评，它要求我们认真审视人际福利比较的基础。序数和不可比偏好是否提供了足够的关于个人情况的信息，以确定谁更富裕，谁更贫穷，或权衡不同个人的收益和损失。社会选择理论中的主导观点认为，人际比较需要效用函数形式的包含可比信息的额外数据。

然而，正如我们所看到的，等价收入是一种效用函数，它是用货币来衡量的，因此从纯计算的角度来看，对等价收入进行任何操作和任何比较并不困难。首先，这就是为什么对许多应用分析师来说，等价收入显得如此有吸引力和方便。因此，阿马蒂亚·森批评的不是等价收入不可以进行代数运算和比较，而是这种比较在伦理上是不合理的，因为这些效用数字中包含的信息缺乏主观福利的相关数据。因此，关键的伦理问题是当两个个体 i 和 j 的顺序序数偏好和情况（p，y，m）相同，认定它们同样富裕是否合理。反对意见认为，至少在某些情况下，这样的判断是不合理的。

4.2.2　过分主观福利主义

一种几乎相反的批评认为，等价收入的衡量标准并不能充分反映个人情况中的物质差异（Serge-Christophe Kolm，2004）。当两个人有不同的偏好时，他们的无差异曲线会交叉，因此，等价收入较低的代理人在向量（p，y，m）的某些维度上可能会更好，而且在任何维度上都不会更差。例如，$m_i > m_j$ 和 $y_i = y_j$ 是可能的，但在解方程 $v_i(\tilde{p}, \tilde{y}, m_i^*) = v_i(p, y_i, m_i)$、$v_j(\tilde{p}, \tilde{y}, m_j^*) = v_j(p, y_j, m_j)$ 时，我们会得到 $m_i^* < m_j^*$，只有当 $\tilde{p}$、$\tilde{y}$ 与 p、y_i 不同，并且当 i 希望从 p、y_i 转变到 $\tilde{p}$、$\tilde{y}$ 的支付意愿大于 j 的支付意愿时，会发生这种情况。事实上，我们可以用 $\tilde{p}$、$\tilde{y}$ 的支付意愿来改写

方程式：

$$v_i(\tilde{p}, \tilde{y}, m_i - WTP_i) = v_i(p, y_i, m_i),$$

$$v_j(\tilde{p}, \tilde{y}, m_j - WTP_j) = v_j(p, y_j, m_j)$$

因此，如果 $WTP_i - WTP_j > m_i - m_j$，则 $m_i - WTP_i < m_j - WTP_j$ 与 $m_i > m_j$ 并立。

这一现象如图 4-4 所示，其重点是普通商品 x（假设 $y_i = y_j = \tilde{y}$）。在图 4-4 中，i 的收入比 j 高，但等价收入却低。

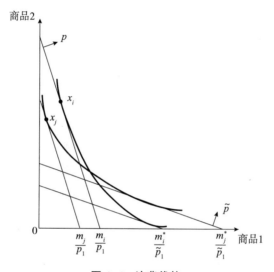

图 4-4　违背优势

这种批评再次要求理清人际比较的基础。因此我们有必要判断拥有 $(p, y, m+\delta)$ 的个体是否比拥有 (p, y, m) 的个体都要富裕，这与他们的偏好无关？通过扩展假设（持续测度福利），是否有必要判断某一特定情况 (p, y, m) 下的任何个人与同一情况下的任何其他个人一样富裕，且这与他们的偏好无关，这是否意味着任何特定情况 (p, y, m) 下的福利与偏好无关？

与先前反对意见形成的对立很有趣。先前的反对意见认为，两个人在同一情况 (p, y, m) 下且具有相同的偏好，并不一定同样富裕。第二种反对意见是，处于相同情况 (p, y, m) 的两个人即使有不同的偏好，也同样富裕。福利的等价收入明显处在一个尴尬的中间地带，这意味着在相同情况（p，y，m）下的两个人在有相同偏好时可能会同样富裕，但如果他们有不同的偏好，可能不会同样富裕。

具有讽刺意味的是，一位最著名的主张者阿马蒂亚·森认为，当 $\delta > 0$ 时（与偏好无关），具有（p，y，$m+\delta$）的任何个人都比具有（p，y，m）的任何个人更富裕。在研究如何进行功能和能力的人际比较时，阿马蒂亚·森（Amartya Sen, 1985）提出了基于"相交原则"（intersection principle）的部分排序。这一原则认为，当每个人都认为一种情况比另一种情况更受偏好时，任何处于前一种情况的个人都比处于后一种情况的个人更富裕。特别是，当功能和能力被认为越来越好时，一个在某些方面比他人更多而在其他方面不比他人更少的个体必须被视为更富裕的个体，这与相关个体的偏好无关。将其应用到具体例子中，这一原则意味着，收入更高且其他维度与他人相同，可以保证更大的福利，且不受偏好的影响。

4.2.3　潜在回归

第三种批评与将个人等价收入作为社会福利函数效用论据的分配后果有关。问题是，当作为直接效用函数使用时，等价收入在 x 中可能不是凹的，当作为间接效用函数使用时，等价收入在 m 中可能不是凹的。即使社会福利函数在等价收入中是拟凹的，这将诱发反平均主义政策的影响，因此显示出对等价收入不平等的厌恶。

为了说明这一点，间接等价收入函数中 m 的凹性失效将产生如下构造，对于较小的 $\delta > 0$：

$$e(\tilde{p}, \tilde{y}, v(p, y, m)) - e(\tilde{p}, \tilde{y}, v(p, y, m-\delta)) <$$
$$e(\tilde{p}, \tilde{y}, v(p, y, m+\delta)) - e(\tilde{p}, \tilde{y}, v(p, y, m)) \tag{4-4}$$

凹性失效的反平均主义含义如下。假设两个个体拥有相同的等价收入函数。想象一下，将他们从最初拥有（p，y，m）且因此拥有相同的等价收入的情况转变成另一种情况，这种情况下两个人的 δ 互换了。如果社会福利函数 W 是对称的，则对两个个体的变化几乎具有相同的权重（对于较小的 δ），因此，由于一个个体（公式（4-4）＜右侧）的收益大于另一个个体的损失（公式（4-4）＜左侧），因此该变化在预期情况下是一种改进。当 δ 足够小时，包含在 W 中的不平等厌恶不能抵消这一效应，除非 W 给予最坏的结果以绝对优先权。

凹性失效何时发生？当 $(\tilde{p}, \tilde{y}) = (p, y)$ 时，存在

$$e(\tilde{p}, \tilde{y}, v(p, y, m)) = m$$

这是 m 的一个凹函数，只有当 $(\tilde{p}, \tilde{y}) \neq (p, y)$ 时才会出现问题。但问题似乎是因为大多数偏好而出现的。事实上，查尔斯·布莱克贝和戴维·多纳德森（Charles Blackorby and David Donaldson，1988）表明，当个体偏好与 x 不一致时，至少某些参考参数必然会发生凹性失效。

我们甚至可以显示结果的局部形式。公式（4-4）形式的凹性失效发生在收入扩张路径（即为固定 p 和变量 m 选择的 x 束曲线）不是直线的任何束上。如图 4-5 所示，该图将重点放在普通商品 x 上，假设 $\tilde{y} = y$。设 $m = px$，$\delta = p\varepsilon$，我们可以看到 $v(p, y, m) = u(x, y)$、$v(p, y, m-\delta) = u(x', y)$ 和 $v(p, y, m+\delta) = u(x'', y)$。此外，选择 $\tilde{p}$ 是为了使 $e(\tilde{p}, \tilde{y}, u(x, y)) < \tilde{p}x$，$e(\tilde{p}, \tilde{y}, u(x', y)) > \tilde{p}(x-\varepsilon)$，$e(\tilde{p}, \tilde{y}, u(x'', y)) > \tilde{p}(x+\varepsilon)$。因此

$$e(\tilde{p}, \tilde{y}, v(p, y, m)) - e(\tilde{p}, \tilde{y}, v(p, y, m-\delta)) =$$
$$e(\tilde{p}, \tilde{y}, u(x, y)) - e(\tilde{p}, \tilde{y}, u(x', y)) < \tilde{p}\varepsilon$$

而

$$e(\tilde{p}, \tilde{y}, v(p, y, m+\delta)) - e(\tilde{p}, \tilde{y}, v(p, y, m)) =$$
$$e(\tilde{p}, \tilde{y}, u(x'', y)) - e(\tilde{p}, \tilde{y}, u(x, y)) > \tilde{p}\varepsilon$$

其中包含着公式（4-4）。

在本例中，凹性失效仅发生在某些 $\tilde{p}$ 上。但是我们可以修改这个例子。想象完美互补的偏好在一条曲折的扩张路径上，先转向一个方向（比如说北方），然后转向另一个方向（比如说东方）。然后，在某个束周围，对于所有 $\tilde{p} \neq p$（再次假设 $\tilde{y} = y$），会出现凹性失效。

当 x 的消耗集在非负象限时，个人偏好在 x 中是连续的和齐次的，那么对于每个 y，都有一个表示偏好的齐次效用函数：$u(\lambda x, y) = \lambda u(x, y)$。相应的间接效用函数在 m 中是线性的，m：$v(p, y, m) = mv(p, y, 1)$。支出函数是 v 的反函数（效用和收入互换），因此写为 $e(p, y, u) = u/v(p, y, 1)$。然后我们得出，无论参考参数是什么，等价收入在 m 中都是线性的：

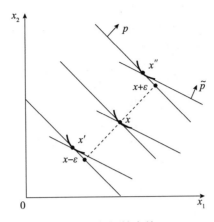

图 4-5　凹性失效

$$e(\tilde{p}, \tilde{y}, v(p, y, m)) = m \frac{v(p, y, 1)}{v(\tilde{p}, \tilde{y}, 1)}$$

因此，对于所有参考参数，等价收益函数在 m 内是凹性的，这是唯一一种情况。

4.2.4　参照依赖

第四种批评与参数 $(\tilde{p}, \tilde{y})$ 的作用有关。这种批评有两类形式。较温和的一类批评认为这些参数在等价收入计算中引入了任意性。为此，查尔斯·布莱克贝和戴维·多纳德森（Charles Blackorby and David Donaldson, 1988）、戴维·多纳德森（David Donaldson, 1992）以及查尔斯·布莱克贝、弗朗索瓦·莱斯尼和罗尔夫·施马滕贝格（Charles Blackorby, François Laisney and Rolf Schmachtenberg, 1994）使用以下示例来说明。忽略 y 以简化表示，假设两个很好的设置，其中 $u_i(x_1, x_2) = x_1$ 和 $u_j(x_1, x_2) = x_2$。然后，我们得到 $e_i(\tilde{p}, u_i) = \tilde{p}_1 u_i$ 和 $e_j(\tilde{p}, u_j) = \tilde{p}_2 u_j$，因此适用于等价收入的社会福利函数 W 将与作为效用函数的社会福利函数相同，该函数如下所示：

$$W(\cdots, \tilde{p}_1 u_i, \cdots, \tilde{p}_2 u_j, \cdots)$$

如果不能为参考价格的选择提供指导，那么社会评估中个人 i、j 的权重似乎是任意的。较猛烈的一类批评认为"伦理上一致的福利规定不依赖于参考价格"，这是查尔斯·布莱克贝、弗朗索瓦·莱斯尼和罗尔夫·施马滕贝格（Charles Blackorby, François Laisney and Rolf Schmachtenberg, 1994）的文章标题。在他们的定理 1（第 250 页）中，他们进行了正式的陈述并证明了这个令人印象深刻的句子。框架是有限人口 $i = 1，\cdots，n$，每个具有间接效用函数 $v_i(p_i, m_i)$ 的个体参数 y 不存在。价格向量可以是特定于某一个体的，也可以是所有个体共有的。在这里，我们将再次关注所有 i 的价格向量都是相同的 p 这一情况。等价收入法采用适用于等价收入的社会福利函数的形式：

$$W(e_1(\tilde{p}, v_1(p, m_1)), \cdots, e_n(\tilde{p}, v_n(p, m_n)))$$

伦理一致性被定义为 $(W, v_1, \cdots, v_n)$ 的性质，其包含伯格森—萨缪尔森社会福利函数 $W^*(u_1, \cdots, u_n)$，对于所有的 $(m_1, \cdots, m_n, p)$，$(m_1', \cdots, m_n', p')$，

$$W(e_1(\tilde{p}, v_1(p, m_1)), \cdots, e_n(\tilde{p}, v_n(p, m_n))) \geqslant$$
$$W(e_1(\tilde{p}, v_1(p', m_1')), \cdots, e_n(\tilde{p}, v_n(p', m_n')))$$

当且仅当

$$W^*(v_1(p, m_1), \cdots, v_n(p, m_n)) \geqslant W^*(v_1(p', m_1'), \cdots, v_n(p', m_n'))$$

定理 1 的证明仅基于观察，即 $\tilde{p}$ 没有出现在该等价项的第二项中。

遗憾的是，对于他们的论证来说，伦理一致性的定义是模棱两可的，因为它不包含 $\tilde{p}$ 的数量词。有几种方法可能会使定义有意义。一种是要求保持所有 $\tilde{p}$ 的等效性：

$(W, v_1, \cdots, v_n)$ 在伦理上是一致的，如果存在伯格森—萨缪尔森社会福利函数 $W^*(u_1, \cdots, u_n)$ 使得所有 $\tilde{p}$ 和 $(m_1, \cdots, m_n, p)$，$(m_1', \cdots, m_n', p')\cdots$（剩余部分如上所述）。

基于对定理的证明，这似乎是这些作者的想法。然而，很难理解为什么这种道德一致性的概念是令人信服的。例如，假设对于某个特定的 $\tilde{p}$，所有 i 都有 $v_i(p, m_i) = e_i(\tilde{p}, v_i(p, m_i))$，只需取 $W^* = W$，那么这个特定的 $(W, v_1, \cdots, v_n)$ 就实现了伦理一致性。但目前还不清楚为什么人们应该关注 $e_i(\tilde{p}, v_i(p, m_i))$ 中其他的 $\tilde{p}$ 值，因为如果 $v_i(p, m_i)$ 是衡量个体效用的适当尺度，这就赋予了相应 $\tilde{p}$ 值伦理显著性。

使定义合理化的第二种方法是将表达式"对于所有的 $\tilde{p}$"移到定义

的开头：

$(W, v_1, \cdots, v_n)$ 在伦理上是一致的，如果对所有 $\tilde{p}$ 来说，存在一个伯格森—萨缪尔森社会福利函数 $W^*(u_1, \cdots, u_n)$，使得所有 $(m_1, \cdots, m_n, p)$、$(m_1', \cdots, m_n', p')$ …（剩余部分如上所述）。

有了这个公式，伦理一致性总是能得到满足，因为表达式 $e_i(\tilde{p}, v_i(p, m_i))$ 在 $v_i(p, m_i)$ 中增加了，然后要求具有无害性。

更一般地说，我们想知道为什么伦理一致性应该被定义为 $(W, v_1, \cdots, v_n)$ 的属性，而不是完全指定的标准

$$W(e_1(\tilde{p}, v_1(p, m_1)), \cdots, e_n(\tilde{p}, v_n(p, m_n)))$$

由于该标准满足帕累托原理，并完整地提供了所有待评估情况的排序，因此从该表达式的最本质意义上讲，它在伦理上是一致的。综上所述，很难理解这样一种观点，即我们可以"证明"伦理一致性不依赖于参考价格。

然而，我们需要应对较温和的一类批评。如果我们认为这种批评是有理有据的，我们就有必要寻找一种条件，在这种条件下，等价收入的评估确实不依赖于参考参数。查尔斯·布莱克贝、弗朗索瓦·莱斯尼和罗尔夫·施马滕贝格（Charles Blackorby, François Laisney and Rolf Schmachtenberg, 1994）注意到，在前几段介绍的框架中，不依赖参考价格意味着 $(m_1, \cdots, m_n, p)$ 所描述的社会状况评估也不依赖价格向量 p。事实上，在不依赖参考价格的情况下，对于所有 $\tilde{p}$，都有

$$W(e_1(\tilde{p}, v_1(p, m_1)), \cdots, e_n(\tilde{p}, v_n(p, m_n))) \geqslant$$
$$W(e_1(\tilde{p}, v_1(p, m_1')), \cdots, e_n(\tilde{p}, v_n(p, m_n')))$$

当且仅当 $\tilde{p} = p$ 时，

$$W(m_1, \cdots, m_n) \geqslant W(m_1', \cdots, m_n')$$

这表明，$(m_1, \cdots, m_n, p)$ 和 $(m_1', \cdots, m_n', p')$ 的比较实际上与 p 无关。

这个问题就相当于找出 W 和 $v_1, \cdots, v_n$ 在什么条件下，基于 $W(v_1(p, m_1), \cdots, v_n(p, m_n))$ 的评估不依赖 p。凯文·罗伯茨（Kevin Roberts, 1980）和丹尼尔·斯莱斯尼克（Daniel T. Slesnick, 1991）以及艾伦·斯里文斯基（Alan D. Slivinsky, 1983）对这个问题进行了研究。在一定的规律

性和帕累托条件下，p 的独立性意味着个体偏好必须是一致的和同位的。[①]
因此，再次需要满足严格的条件。凯文·罗伯茨和艾伦·斯里文斯基的证明有缺陷，附录 B 中进行了论证。

4.2.5 阿罗策略

总的来说，等价收入被批评为不够福利主义和过分福利主义、不够平等主义和过于随意。它能在如此致命的打击下存续吗？在这一系列批评中，我们还应该加上阿罗社会选择不可能定理所带来的破坏性信息（Kenneth J. Arrow, 1951），这阻碍了许多经济学家为个人和社会状况的评估寻求一个合理的标准。简言之，这个定理通常被认为暗示了没有一种合理的社会评估方法可以既尊重个人的序数偏好，又不依赖额外的效用信息。当等价收入法满足这两个条件时，它成了这一定理的直接批判目标，也是潜在的受害者。

让我们简单地回忆一下不可能定理形成的背景和条件。问题是要在给定的一组备选方案中定义一个排序（完整的和可传递的二进制关系），作为这些备选方案的个人偏好（排序）的函数。当至少有三个备选方案，至少两个个体和个人偏好领域足够丰富时，三个条件被证明是不相容的：①弱帕累托：一个备选方案明显比其他方案受偏好时。②独立性：任何一对备选方案的排序必须仅取决于这两个备选方案（排除其他方案）在个人偏好中的排序。③非独裁性：任何个人都不能对个人偏好的所有可能情况下的社会秩序施加严格的偏好。

阿罗定理通常在教科书中以一个抽象的框架呈现，但在具有标准消费者偏好的经济模型中，该定理同样有效。事实上，正是在这样一个模型中，最容易得出直观结果。

然后，假设一个简单的模型，模型中两个人消费了两种商品即面包和水。假设只有面包可得时，分配（10，10）比（5，20）更受偏好。也就是说，给每个人 10 个单位的面包比让个体 1 因 5 个单位挨饿而个体 2 浪费 20 个单位更好。

[①] 在个性化价格的情况下，偏好必须是同位的，社会福利函数必须是柯布—道格拉斯形式。

阿罗的结果表明，在弱帕累托和独立性下，当只有水的时候，有必要优先选择分配（20，5）而不是分配（10，10）！这意味着个体1的利益再次被优先考虑，即使在这种情况下，不平等是颠倒的。这样的结果来自一个事实，即在弱帕累托和独立性下，集体排序只能反映一个个体的偏好，在本例中是个体1的偏好。为什么会这样？

论证如下，存在这样的偏好：个体1偏好20单位的水而不是10单位的面包，5单位的面包而不是10单位的水。也存在这样的偏好：个体2偏好20单位的面包而不是10单位的水，5单位的水而不是10单位的面包。这些偏好如图4-6所示：它们不是理性的。

当这种偏好比较普遍时，通过弱帕累托，水的分配（20，5）比面包的分配（10，10）好，因为两个人都偏好前者，同样，面包的分配（5，20）比水的分配（10，10）好。

当这种偏好比较普遍时，仍然是这样的情况：当只有面包时，分配（10，10）比（5，20）更受偏好，因为依据独立性，这只取决于个人对这两种分配的偏好（个体1偏好前者，个体2偏好后者），个人偏好没有改变。因此，通过社会秩序的传递性，我们可以得出这样的结论：水的分配（20，5）比水的分配（10，10）更好。此外，这个结论不能仅适用于这些特定的偏好，当个体1偏好后者，个体2偏好前者时，它也必须是有效的，标准单调偏好中总是会出现这种情况。

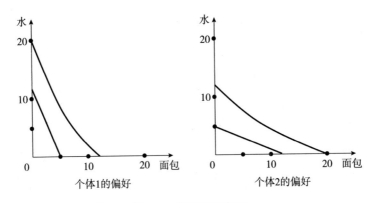

图4-6　阿罗定理例示

从这一点出发，我们可以很容易地证明，在所有关于面包和水的分配冲突中，个体 1 的偏好总是被优先考虑的，这违反了非独裁性要求。

当然，我们可以依据相反的假设开始论证，即当只有面包可得时，分配（5，20）比（10，10）更受偏好。通过类似的推理，人们会发现个体 2 是一个"独裁者"。如果这两种分配是等效的，那么我们就可以进行修改，让两个人中的一个在利益冲突中占优势，独裁将再次被推翻。完整的论证见附录 B。

不可能定理对福利经济学产生了深远的影响。"这一明显负面的发现成为了社会福利函数实证实施的主要障碍"（Daniel T. Slesnick，1998）。"对许多人来说，阿罗假设的明显无害性、结果的强大性以及对进一步调查的明显稳健性似乎破坏了衡量社会福利的整个理念"（Richard Blundell et al.，1994），特别是，阿罗定理像等价收入一样针对的是仅基于个人偏好不可比的标准。因此，阿罗之后的社会选择理论（Amartya Sen，1999b）关注的是人际效用比较。这使得许多经济学家相信，只有依靠人际效用的可比信息才能避免这种不可能，而且像等价收入一样，仅涉及有关个人偏好顺序不可比信息的个人福利衡量标准被认为是无用的。

人们普遍认为，仅基于个人偏好顺序不可比信息的福利衡量标准不能用于社会评估，这一观点可能会因显而易见的观察结果而得到加强，即社会评估确实需要对个人福利进行人际可比衡量。这种观察不需要定理。在不能够确定最贫困人口的情况下，如何定义社会优先事项？但是，人际比较可以用不同的指标进行，例如收入、财富、等价收入、能力或类似的概念，这些概念可能需要或可能不需要关于偏好顺序的信息以及关于主观效用的信息。特别是，我们已经看到等价收入是一种效用函数，由于它是用货币单位表示的，因此很容易进行人际操作和比较。然而，它是建立在个人偏好顺序不可比信息的基础上的。这表明，偏好顺序不可比的信息并不妨碍某些福利指标的人际比较。

因此，对于一个类似于等价收入的指标，阿罗定理挑战的并不是它的顺序不可比的信息基础。关键在于将社会福利函数应用于等价收入，

$$W(e_1(\tilde{p}, \tilde{y}, v_1(p, y_1, m_1)), \cdots, e_n(\tilde{p}, \tilde{y}, v_n(p, y_n, m_n)))$$

这一式子定义了一个社会秩序函数，该函数违反了阿罗的一些公理。如果社会福利函数在每个人的等价收入中都在增加，则它满足弱帕累托和非独裁性。但由于两种分配的排序取决于以 $\tilde{p}$、$\tilde{\gamma}$ 为参考参数的支出函数，因此阿罗定理的独立性并未得到满足。这意味着两种分配的排序将通过其他两种分配方式的比较来确定，其中个人从定价为 $\tilde{p}$ 的假定预算集中进行选择并获得与排序后的两种分配一样的满意度。因此，关键问题是，这种违反阿罗独立性的行为是否存在问题。正如我们将在下一节中看到的，公平分配理论表明，事实并非如此。

4.3　新视角——公平

公平分配理论为社会评估问题提供了新视角。虽然在福利经济学中，等价收入等货币指标的吸引力似乎是令人怀疑的，但公平在这一理论中被明确定义为资源平等。为什么要关注资源平等？谢尔盖·克里斯托夫·科尔姆（Serge‐Christophe Kolm，1972）、哈尔·范里安（Hal R. Varian，1974）、以利沙·帕兹纳和大卫·施梅德勒（Elisha A. Pazner and David Schmeidler，1974，1978）等先驱者大概是被诸如"无嫉妒"（如果没有人愿意消费他人的商品束而不是自己的商品束，则分配是无嫉妒的）① 等直观概念所诱惑，这似乎传达了每个人都可以拥有他想要的东西这一观点，它是对一般均衡理论的自然规范的扩展。但是，约翰·罗尔斯（1971，1982）和罗纳德·德沃金（Ronald Dworkin，1981，2000）提出了基于资源平等原则的正义论，正义论似乎为这种方法提供了额外的支持。正如第3章的结论所提到的，这种理论的一般观点是，个人在其生活中有各种各样的目标，这些目标本质上是不可比较的，而公正社会制度的职责只是给予他们平等的手段来追求他们的特定目的。这些理论受到了就机会平等提出替代正义论的作者的批评（Richard Arneson，1989；Gerald Allan Cohen，

---

① 稍后将给出精确的定义。

1989；Amartya Sen，1992；John E. Roemer，1998），但这些替代理论也认为社会制度和个人责任之间存在分工。在福利经济学的应用中，这些不同理论之间的争论将在第 6 章中进行更详细的讨论。这里应该强调的是，公平分配理论一般是从资源的角度来阐述的，但是它的许多概念很容易扩展到更一般的商品空间。正如下面第一小节所解释的，这个理论的关键问题是在个体对多个商品维度（可能是或不是普通商品）有不同偏好的环境中定义平等。

公平分配理论最初是在社会选择理论和更经典的福利经济学分支之间难以联系的基础上发展起来的。事实上，公平分配理论的重点是寻找完全有效和公平的分配，而福利经济学和社会选择理论寻求的则是任意分配的评估标准。"公平社会选择"理论（Marc Fleurbaey and Francois Maniquet，2011b）的最新发展使人们更容易理解各种方法之间的联系和区别。

本节的目的如下：假设我们有足够的理由去了解资源平等的一般观点，这一观点提出了一些有关公平的概念，归纳了货币计量效用。我们就可以重新审视前一节中列出的批评并予以反驳。

4.3.1 公平分配理论中的等价法

公平分配理论[①]充分利用了"公平等价"标准，这类标准与等价收入法有着惊人的相似性。但公平分配中的等价方法比等价收入更为通用。事实上，在引入这一方法之前，列出公平分配理论能够解决的一般问题是非常有用的。

比如具有多个有限维度的空间 Z，假设在该空间中，个别情况用向量 z_i 表示。此外，假设个体具有完全的、可传递的、连续的和单调递增的偏好，在这个空间中的表示为 R_i。也就是说，$z_i R_i z_i'$ 是指个体 i 弱偏好于 z_i 而不是 z_i'，用 $z_i I_i z_i'$ 表示个体 i 在 z_i 和 z_i' 之间无差异偏好的情况。对于任何一个 $A \subset Z$ 集合，用 $z_i I_i A$ 表示个体 i 在 z_i 和 R_i 的最佳元素 A 之间无差异偏好的情况。[②] 公平分配理论的核心问题是在这样一个框架中定义空间 z 中的平

---

① 有关该理论的概述，请参见 William Thomson（2011）。

② 也就是说，存在 $z_i^* \in A$ 使得 $z_i I_i z_i^*$ 成立和对于所有 $z \in A$ 都有 $z_i^* R_i z$。

等。难点在于个体偏好对于 Z 的多个维度具有异质性。

让我们从 Z 只有一维的简单情况开始。在这种情况下，所有个体都有相同的偏好（越多越好），定义 z 中的公平似乎很简单。当所有 i、j 的 $z_i = z_j$ 就实现了公平。

稍微复杂一点的情况是，Z 有多个维度，但仍然假设个人具有相同的偏好。然后，z 中的公平就是所有 i、j 中 $z_i I_i z_j$ 的情况。这可以作为涵盖更复杂情况的公平概念的基准。事实上，在不是所有人都有相同偏好的情况下，要求所有 i、j 的 $z_i I_i z_j$ 具有相同偏好是一种有用的检验方法。对于不同偏好的一般情况，我们仍然可以将公平定义为 $z_i = z_j$，但这是定义公平的笨办法，因为偏好的差异要求重新分配 z，以便更好地满足每个人的偏好。这就是为什么需要提出一个更一般的公平概念。

公平分配理论发展了两个基本上不同的一般公平概念。第一个是"无嫉妒"的概念，即当分配是无嫉妒的时候公平就实现了，也就是说，对所有 i、j 都有 $z_i R_i z_j$。个体偏好相同时，$z_i R_i z_j$ 和 $z_j R_j z_i$ 表明 $z_i I_i z_j$，这个概念与相同偏好基准案例的公平定义是一致的。

无嫉妒概念与市场制度密切相关。所有人都拥有相同预算的竞争均衡产生了无嫉妒的自由分配，因为对于所有 i、j 来说，z_j 都属于 i 的预算集，因此存在 $z_i R_i z_j$。相反，哈尔·范里安（Hal R. Varian，1976）以及保罗·尚普索和盖·拉罗克（Paul Champsaur and Guy Laroque，1981）证明，当不同个体偏好足够多样化时，每一种帕累托高效和无嫉妒分配都实现了相同预算下的竞争平衡。

"无嫉妒"与市场制度之间的这种紧密联系使得"无嫉妒"分配具有市场的一些令人不快的特征。众所周知，在市场经济中，为经济创造新可能性的一般环境的变化（技术创新、减少贸易壁垒）通常会改变相对价格和工资，甚至原则上来讲在人人都能从变化中获益的情况下，一些人也会蒙受损失。同理，事实证明，一个看似好的普遍变化在某些情况下也不可能会在不伤害某些人的情况下保持帕累托高效和无嫉妒。[1]

这一缺点使我们有必要研究第二个一般意义上的公平概念，该概念由

---

[1] 见 Graciela Chichillisky 和 William Thomson（1987）以及 Herve Moulin 和 William Thomson（1988）。

以利沙·帕斯纳和大卫·施梅德勒（Elisha A. Pazner and David Schmeidler, 1978）提出。在其最简单的形式中，它寻求获得一个设定，其中对于某些 z_0，所有 i 都有 $z_i I_i z_0$。然后分配 $(z_1, \cdots, z_n)$ 在帕累托意义上等同于分配 $(z_0, \cdots, z_0)$，这是最简单意义上的平等主义，这种方法因此被称为等价法。

保罗·萨缪尔森（Paul A. Samuelson, 1977）和以利沙·帕斯纳（Elisha A. Pazner, 1979）针对 z_i 是商品束 x_i 的情形，提出在与总消耗 X 成比例的商品束中寻求 z_0。然后，当某些 $\lambda > 0$ 时，对于所有 i 都有 $x_i I_i \lambda X$，平等主义——公平就实现了。这与寻求射线效用 u_X 的平等是一样的。[①]

显然，当个人有相同的偏好时，$z_i I_i z_0$ 和 $z_j I_j z_0$ 表明 $z_i I_i z_j$，这说明基准测试再次得到满足。虽然寻求给每个人相同的 z_0 通常是低效的，但寻求一个与之相当的情况要好得多，因为这样一来，人们就可以迎合个人偏好的多样性，并获得一个等同于分配 $(z_0, \cdots, z_0)$ 的分配以较好地满足个人偏好，但这并不可行。

这也是市场化制度的缺点可以用这种替代方法来避免的直观原因。如果政策总是寻求达到最高程度的平等 $(z_0, \cdots, z_0)$，经济参数的一般变化提高 $(z_0, \cdots, z_0)$ 并使每个人都获益，因为等价的 $z_i I_i z_0$ 意味着在个体 i 的偏好中，一个更大的 z_0 对应的是一个更好的 z_i。

这种方法与等价收入概念之间的联系并不难想象。基于以下函数的社会准则

$$W(e_1(\tilde{p}, \tilde{y}, v_1(m_1, p, y_1)), \cdots, e_n(\tilde{p}, \tilde{y}, v_n(m_n, p, y_n)))$$

通过查看帕累托等价情况 $((m_1^*, \tilde{p}, \tilde{y}), \cdots, (m_n^*, \tilde{p}, \tilde{y}))$ 来评估情况 $((m_1, p, y_1), \cdots, (m_n, p, y_n))$。事实上，回忆公式（4-3）中 i 对 (m_i, p, y_i) 和 $(m_i^*, \tilde{p}, \tilde{y})$ 是无差异偏好的，当且仅当

$$m_i^* = e_i(\tilde{p}, \tilde{y}, v_i(m_i, p, y_i))$$

应用于 $(m_1^*, \cdots, m_n^*)$ 的帕累托函数和厌恶不平等函数 W 是评估 $((m_1^*, \tilde{p}, \tilde{y}), \cdots, (m_n^*, \tilde{p}, \tilde{y}))$ 的等价情况的常用方法。

然而，在公平分配中，有不同的方法可以使等价收入和等价法之间产生

---

① 射线效用的定义见第 4.1 节。

联系。上一段所做的工作包括将公平分配理论中的"z_i"定义为商品束 $(m_i,\ p,\ y_i)$，并利用间接偏好中的等价性 $v_i(m_i,\ p,\ y_i)=v_i(m_i^*,\ \tilde{p},\ \tilde{y})$。

另一种有趣的方法回到直接偏好，并将 z_i 解释为消费束 $(x_i,\ y_i)$，其中 x_i 是商品消费，y_i 包含消费的非市场维度。这是值得采取的，因为它表明等价收入的概念是可以一般化的。

实际上，到目前为止，我们已经定义了有关简单等价束 z_0 的等价法。在威廉·汤姆森（William Thomson，1994）提出的更为一般的方法中，等价情况采用嵌套集合 $(B_\lambda)_{\lambda\in\mathbb{R}_+}$ 的形式，当且仅当 $B_\lambda\subseteq B'$ 时，使得 $\lambda\leq\lambda'$。通过计算集合中的"等价集"来评估个人的情况 z_i。集合 B_λ 将产生与当前分配相同的满足度（如果 i 可以自由地从 B_λ 中选择），即求解以下方程中的 B_λ：

$$z_i I_i B_\lambda$$

因此，用等价集比较个人情况，等价集可以在这些集被嵌套时进行比较：越大，越好，不考虑满足度。这种方法尊重个体偏好，因为当 $z_i R z_i'$ 存在时，相应的指数 λ 和 λ' 必须满足 $\lambda\geq\lambda'$。

这比先前关于等价束 z_0 的定义更为普遍。例如，可以通过假设下列集合来检验等价法

$$B_\lambda=\{z\in Z\,|\,z\leq\lambda z_0\}$$

在这种背景下，当 z_i 被定义为商品束 $(x_i,\ y_i)$ 时，等价收入的概念可以参考等价集

$$B_\lambda=\{(x,\ y)\in Z\,|\,\tilde{p}x\leq\lambda,\ y=\tilde{y}\}$$

这就清楚地表明，使用预算集作为等价集并不是唯一的方法。事实上，即使是预算集也不需要在存在税收、配给和个人约束消费集的情况下保持线性。

这种一般性特别有趣，因为它与根据机会集评估个别情况的观点建立了联系。这一观点被早期货币计量方法的理论家（e. g.，Angus Deaton，1980；Angus Deaton and John Muellbauer，1980）所引用，并在最近的正义论和相关的经济学应用中非常流行。第 6 章讨论了能力方法，并将更深入地探讨这些观点。

本小节的主要观点是，等价收入法是一般等价法的一个特例。现在让

我们来看一下，如何从这个角度重新评估上一节中列出的等价收入的反对意见。

4.3.2 阿罗独立性并不令人信服

正如我们所看到的，基于等价收入的标准不符合阿罗独立性公理，一般情况下等价法都是如此。这意味着，要么是等价法有缺陷，要么是独立性不够有说服力。

为了理解后者是更合理的结论，我们观察到许多经济学家被阿罗定理的简明所迷惑，接受了关于"阿罗假设明显无害"的共识（Richard Blundell, Ian Preston and Ian Walker, 1994）。绝大多数经济学家仍然对支付意愿的概念感兴趣。但是，独立性排除了使用支付意愿的可能性，这涉及一种假设情况，即个人通过支付（或接受）一定数额的货币而回到最初的满足状态。例如，大多数经济学家仍然对边际替代率感兴趣，以检验分配是否有效。但是，独立性禁止检验一种分配与另一种分配进行比较时是否有效，因为边际替代率只能通过查看预期分配相关的其他分配来计算。

支付意愿和边际替代率涉及假设情况下个人的无差异偏好曲线的信息。考虑到无差异曲线确实是很正常的，本特·汉森（Bengt Hansson, 1973）、大卫·梅斯顿（David J. Mayston, 1974）和以利沙·帕斯纳（Elisha A. Pazner, 1979）对此进行了令人信服的论证。为了计算个人的等价收入，只需要知道他在当前情况下的无差异曲线就足够了。值得注意的是，只需要应用公平分配理论中的无嫉妒概念和任何等价概念以及成本效益分析的所有概念，如补偿和等价变化、支付意愿等。

因此，我们可以知道，以等价收入衡量福利的方法使用的是个人偏好的典型信息，这种信息可以在福利经济学的主要方法中找到。阿罗不可能性是通过排除那些对福利评估最有用的信息而得到的。

然而，阿罗定理提供了一种很好的方法来描述福利经济学中两种方法之间的区别，这两种方法引入了福利的两种不同的附加信息。独立性认为两个分配方案的排序应该只取决于它们是如何按个体偏好排序的。这个要

求从逻辑上讲分解为两个部分:[①]

排序不可比性:两个分配方案的排序应仅取决于个人偏好。[②]

二元独立性:两个分配方案的排序应仅取决于这两个分配方案中的个体效用。

总之,这两个要求表明了阿罗独立性,因为两个分配方案中的个体效用传达的唯一有关偏好的信息是,哪一个方案优于另一个方案。相反,独立性意味着两个分配方案中的个体效用的偏好是一样的。

阿罗不可能性可以通过放宽这两个要求中的任何一个来避免。放宽二元独立性要求是公平分配理论和等价法遵循的路径,因为两个分配中的无差异曲线信息不能从一对效用图中获得。但这些方法保留了排序的不可比性,因为它们是基于个人对个人商品束的偏好而构建的。

另一条路径是由阿马蒂亚·森(1970)以及克劳德·德阿斯普雷蒙特和路易斯·格弗斯(Claude D'Aspremont and Louis Gevers, 1977)提出的社会选择理论的一个分支。以 $W(u_1, \cdots, u_n)$ 为形式的社会福利函数,其中相同的函数 W 被应用于个体效用的主要概况,满足二元独立性,因为对社会福利的评估仅取决于此分配的效用水平。这些社会福利需要有关个体效用的人际可比信息,因此降低了排序不可比性。

尽管以公平分配理论为代表的第一条路径得到了发展,但第二条路径还是被广泛认为是摆脱阿罗定理中的唯一路径。[③] 如第 4.2.5 小节所述,可能需要对某些福利衡量指标进行人际比较这一显而易见的事实坚定了这样一种信念:效用的人际比较是必要的。

另一个困惑来自于一个基于下列函数的标准

$$W(e_1(\tilde{p}, \tilde{y}, v_1(p, y_1, m_1)), \cdots, e_n(\tilde{p}, \tilde{y}, v_n(p, y_n, m_n)))$$

---

① 参见 John E. Roemer(1996)、Marc Fleurbaey 和 Philippe Mongin(2005)。

② 第 4.2.5 小节在一个框架中引入阿罗定理,这个框架没有定义个体效用,只考虑了偏好,但是如果在背景中定义效用,也不会发生任何变化。

③ 公平分配理论之所以能取得积极的结果,往往是因为它与社会选择理论不同,它不构建完整的排名,而只寻求确定最优分配的子集。这种解释不能被接受,因为分配子集的选择在形式上等同于定义一种排序。公平分配理论实际上也像社会选择理论一样发展了精细的排名。对其积极结果的正确解释是,该理论提出的所有解决方案都违背了独立性。关于这个问题的更多信息参见 Marc Fleurbaey, Kotaro Suzumura 和 Koichi Tadenuma(2005)。

也可以被描述为效用相关函数，即 $e_i(\tilde{p}, \quad \tilde{y}, \quad v_i(p, y_i, m_i))$，并且函数 W 满足二元独立性但违反了这些效用的排序不可比性。这表明，有两种方法可用来描述阿罗不可能情况下的等价收入法。

第一种方法是去掉二元独立性，引入无差异曲线的信息，保留排序不可比性。第二种方法是在标准的社会福利函数中构建和引入特定的人际可比效用函数。此处需补充的是，这些效用函数的计算仅基于排序不可比的个人偏好。

这两种描述都是可以接受的，并且消除了这样一种错误的观点：为了进行社会评估，需要关于人际可比效用的外部数据。第一种方法直接说明无差异曲线的信息足以构建合理的社会福利函数。第二种方法说明可以用纯序数数据构建人际可比效用。这两种方法都对阿罗独立性要求的合理性提出了质疑。

4.3.3 参考参数未必是任意的

现在让我们来谈谈参考参数 $(\tilde{p}, \tilde{y})$ 选择的重要性和任意性的反对意见。对于一般的等价方法，其关键在于参考集 $(B_\lambda)_{\lambda \in \mathbb{R}_+}$ 的选择。等价方法的一般性在这里是有帮助的，因为它表明，批评效用币值依赖于参考价格向量的文献并没有充分遵循其自身批评的逻辑。该文献接受将给定价格的预算集作为参考集 $(B_\lambda)_{\lambda \in \mathbb{R}_+}$ 的一类。但如果人们真的希望分析独立于参考文献，这也应该受到质疑。相反，如果一个人接受使用预算集，为什么不先观察某些参考价格是否比其他价格更合理？

更直接地说，这一反对意见的解决方案是，如果等价方法依赖于参考参数，它可以通过发展一种参考选择的伦理理论来避免随意性。例如，罗伯特·威利（Robert D. Willig, 1981）提出了一些关于这种选择的有趣的看法。如果以市场价格为参照，这就意味着普通收入平等被认为是一个令人满意的社会目标。但是，如果一个有特殊偏好的人因为他偏好的东西更贵而被认为处于不利地位，那么他可以采用比市场价格更低的价格来购买他偏好的商品，因此得出这样的结论：普通收入的平等仍然使他处于不利地位（因为在平均收入水平上，如果他偏好的商品不那么贵的话，他也会对低收入感到满意）。

举例来说，回想一下 $u_i(x_1, x_2) = x_1$ 和 $u_j(x_1, x_2) = x_2$ 的例子，因此，适用于等价收入的社会福利函数 W 与如下改写为效用函数的社会福利函数相同：

$$W(\cdots, \tilde{p}_1 u_i, \cdots, \tilde{p}_2 u_j, \cdots)$$

如果将市场价格作为参考，那么 $\tilde{p}_1 u_i$、$\tilde{p}_2 u_j$ 是 i 和 j 的支出。如果采用较低的 $\tilde{p}_1$，这意味着 i 的福利仅等于其支出的 $\tilde{p}_1/p_1$ 部分。

有人可能会担心，这些因素表明，我们需要一个外部标准来进行人际比较。与其用参考参数决定谁更富裕，不如用先验评估决定如何选择参考。这是正确的，事实上，也是正常的做法。参考选择的伦理理论是必要的，而且必须依赖于其他原则，而这些原则在等价收入的一般定义中并未展现。在上一段的例子中，指导参考价格选择的因素必须与确定价格有关，以便在这种价格下，普通收入能够较好地衡量福利。尽管比较合适的参考价格可能难以确定，但价格向量似乎不太可能同样合理。这个例子没有暴露"随意和反复无常的伦理"，而是表明，必须有明确的因素来决定参考的选择。

文献中关于公平社会秩序的其他例子明确表明，公平的自然公理可能必须采用某些参考参数。例如，在一个框架中，个人情况用个人贡献 $x_i \in \mathbb{R}$ 和一定水平的公共物品 $y \in \mathbb{R}_+$ 来描述，弗朗索瓦·曼尼奎特和伊夫·斯波蒙特（Franois Maniquet and Yves Spurmont，2004）描述了一个评估个人情况的标准，即要计算在个人没有任何贡献的情况下，能使个人得到与假设情况下相同满足感的公共物品水平。形式上，指数 λ 是下列方程的解

$$(x_i, y) I_i (0, \lambda)$$

该方法是等价法的一个例子，其中集合 $(B_\lambda)_{\lambda \in \mathbb{R}_+}$ 被定义为（假设单调偏好在 x_i 中递减和在 y 中递增）。

$$B_\lambda = \{(x, y) \in \mathbb{R}_+ \times \mathbb{R}_+ \mid y \leqslant \lambda\}$$

在他们的描述中，选择这样的参考集是因为一个非常直观的公理，如果对于 i 和 j 有 $x_i < 0 < x_j$（即当 j 作出一份贡献时，i 是受到补贴的），那么减少 j 的贡献和相同数量的 i 的补贴其实提升了福利水平。

另一个例子参见弗朗索瓦·曼尼奎特和伊夫·斯波蒙特（Franois Maniquet and Yves Spurmont，2006）。这里的设定为消费 $c \geqslant 0$ 和闲暇 $l \in$

[0, 1], 个人被赋予了不平等的生产力和对消费和闲暇的异质偏好。该论文提出的评估依赖于参考集

$$B_\lambda = \{(c, l) \in \mathbb{R}_+ \times [0, 1] \mid c \leq \lambda l\}$$

对应于给定工资率 λ 界定的无税预算集。

这种参考集的选择基于一个公理，即当所有个人都具有相同的生产力时，自由放任分配是所有可行分配方式中的最佳分配。

这些只是例子，而有关公平社会秩序的文献尚不能为所有设定提供完整的参考理论。但这些例子似乎充分证明了这种理论的可能性。

值得一提的是，在刚刚引用的两篇文章中，采用等价法不是假设，而是公理分析的结果。在关于公平分配的文献中，很少看到首先采用等价法，然后探讨应该选择什么参考集的分析过程。相反，效率和公平公理的结合影响了方法和特定的参考集。

在本小节讨论的三个示例中，选择参考参数的一般原则如下。什么时候可以在不考虑个人偏好的情况下对个人福利分配进行比较？当所有个体都具有同等生产力时，自由放任分配是最优的，这意味着在这种情况下，无论个体偏好是什么，平等都是在没有再分配的情况下实现的。同样，在公共物品的例子中，$x_i < 0 < x_j$ 的情形被用来表示不依赖个人偏好的不公平。

这是直观的。如果一种情况 $((p, y_1, m_1), \cdots, (p, y_n, m_n))$ 必须通过观察帕累托等价情况 $((\tilde{p}, \tilde{y}, m_1^*), \cdots, (\tilde{p}, \tilde{y}, m_n^*))$ 并计算 $W(m_1^*, \cdots, m_n^*)$ 进行评估，则 $(\tilde{p}, \tilde{y})$ 的适当值必须确保当一个人享受 $(\tilde{p}, \tilde{y})$ 时，收入能成为一种合适的福利衡量标准。收入是衡量 $(\tilde{p}, \tilde{y})$ 下福利的合适指标的观点，与帕累托原理相结合，是等价收入法的基石。

此处的示例与特殊模型有关，其中参考来自模型的结构。等价收入法（考虑到本书后面进一步介绍的观点）的具体应用在附录 A 中进行了阐述。

4.3.4　适当的福利主义

正是在这一点上，福利主义（第 4.2.1~4.2.2 小节）中受到批评的问题可以得到解决。有人说，收入从来都不是衡量福利的适当指标，因为缺

少重要的主观数据。还有人认为存在一个人拥有更多的商品和功能却被视为贫穷的可能性。

就主观数据而言，答案在于主观福利因素可能是偏好对象。原则上，任何与个人情况有关的偏好对象，都可以通过将其放在 y_i 即 i 的非市场情况中分析。如果某些心理状态对一个人很重要，例如避免焦虑或享受内心的平静，那么在理论上，将它们与其他维度一起纳入 y_i 并不困难。我们确实可以观察到人们是关心自身的心理健康和心理舒适的；将这些事情从福利分析中排除确实是不合理的。因此，认为货币测度忽视主观福利的观点是错误的。

事实上，一项类似于等价收入的衡量标准如果尊重个人的偏好，这意味着该衡量标准将给予个人主观福利与个人偏好程度相对应的一个特定权重。如果 i 既关心满足感，也关心事业，而且为了取得更好的职业成就，i 愿意承受更多的压力，一个纯粹的享乐指标可能会记录到福利的下降，尽管 i 自己认为他的情况有所改善。因此，等价收入法不仅考虑到了主观福利，还赋予主观福利一个与个人偏好对应的权重。

下一章将详细讨论主观福利。快乐与满足的实证研究确实获得了许多进展，这为探索在社会评估中考虑主观福利的适当方法提供了大量的资料。

认为货币测度过于唯物主义的反对意见也常常提及特殊需要。同样，在 y_i 中添加特殊需要也不困难，如果个人对这些特征有偏好的话。公平分配理论的分支实际上是为了处理特殊需要和障碍而形成的。[①] 该理论没有抛弃公平方法，为了纳入个人对这些福利方面的偏好，它还扩展了公平方法。

在这一点上，关键的是等价收入与普通收入有很大的不同。在解方程的时候，

$$v_i(p, y_i, m_i) = v_i(\tilde{p}, \tilde{y}, m_i^*)$$

---

① 参见 Marc Fleurbaey（2008）、Marc Fleurbaey 和 François Maniquet（2011a）中的概述。

Fleurbaey M. 2008, *Fairness, Responsibility, and Welfare*, Oxford：Oxford University Press; Fleurbaey M., F. Maniquet 2011a, "Compensation and responsibility," in K. J. Arrow, A. K. Sen, and K. Suzumura（eds.）, *Handbook of Social Choice and Welfare*, vol. 2, Amsterdam：North-Holland.

m_i^* 未知，我们应考虑到 y_i 所包含的任何有利或不利因素，只要该因素被 i 自己视为有利或不利因素。等价收入所使用的货币度量并不会给金钱和收入超出个人偏好程度的权重。

这种对个人偏好的尊重有时会给等价收入的计算带来问题。比如一个在某一特定维度上享受比参考 $\tilde{y}$ 更多福利的个人，该个人认为这比拥有更高收入更为重要。然后 m_i^* 的所有值都满足

$$v_i(p, y_i, m_i) > v_i(\tilde{p}, \tilde{y}, m_i^*)$$

因此他的等价收入可以被认为是无限的。尽管如此，这个人是否比大多数人富裕可能并不能直接观察到，因为他可能在其他重要方面受到不利影响，这些不利因素应该通过公共政策解决。

等价收入法假设的是，在相关个体看来，个体情况的变化足够小，以至于可以与收入的变化相比较。情况是否如此是一个实证问题，而不是伦理问题。如果事实证明，收入不是一个合适的衡量标准，因为它在人们眼中不够重要，这并不意味着等价法完全不符合要求。这可能仅仅意味着等价法的另一种变体更可取，该方法具有不同的参考集，其中发生主要变化的是收入以外的另一个维度，或维度组合。

4.3.5　商品束优势不可接受

现在让我们转向相反的批评，即在所有维度中，更好的商品束反映的总是更好的情况，与个人偏好无关。这种反对是有问题的，因为它最终意味着两个拥有相同商品束（m，p，y）的人同样富裕，这与他们的偏好无关。这就抛弃了任何关于尊重个人偏好的观点。相反，如果相同的商品束对应的是或多或少的福利，福利取决于相关个人的偏好，可能会发生以下情况，就像等价法一样，一个拥有更好商品束但较少符合偏好商品的个人比另一个人更贫穷。

这些考虑因素的说明如下。假设，如第 4.3.1 小节所述，个别情况用某一空间 Z 中的向量表示，并且所有合理的偏好都是严格单调的。在这种情况下，阿马蒂亚·森的交叉原则（见第 4.2.3 小节）可以引发一个支配原则，该支配原则规定在所有维度中拥有更多维度的个体会更富裕。所有单调的个人偏好确实符合这一原则。但尊重个人偏好的另一种自然方式，

特别是当一个人想要避免家长主义的时候，就是个体排列两种情况时，应采取与分配这两种情况相同的评估方式。

从形式上讲，人际比较存在于一个可传递但不一定完成个别向量 z（$z \in Z$）的排序 $\geq$ 中，表达式 $(z_i, i) \geq (z_j, j)$ 意味着 i 在情形 z_i 中至少与 j 在情形 z_j 中同样富裕（并且，$>$、$\sim$ 表示相应的严格和等价关系）。表达式 $z_i R_i z_i'$ 仍然意味着对于 i 的偏好来讲，z_i 至少和 z_i' 一样好（$z_i I_i z_i'$ 表示无差异）。

优势原则和非优势原则可以表述如下。

优势原则：对于所有 i、j，z_i、$z_j \in Z$，如果 $z_i \gg z_j$，那么 $(z_i, i) > (z_j, j)$。

非优势原则：对于所有 i，z_i、$z_i' \in Z$，当且仅当存在 $z_i R_i z_i'$ 时，$(z_i, i) \geq (z_i', i)$。

现在，事实证明，在较弱的条件下，只要个人有不同的偏好，这两个要求就是不相容的。因为存在 z_i、z_i'、z_j、$z_j' \in Z$ 和 i、j，使得 $z_i \gg z_j$ 和 $z_j' \gg z_i'$，$z_i I_i z_i'$ 和 $z_j I_j z_j'$ 成立，如图 4-7 所示。根据优势原则，$(z_i, i) > (z_j, j)$ 和 $(z_j', j) > (z_i', i)$，但根据非优势原则，$(z_i, i) \sim (z_i', i)$ 和 $(z_j, j) \sim (z_j', j)$，这违背了传递性。

这一结果意味着必须放宽这两个要求中的一个。优先考虑非优势原则是很正常的，因为尊重个人对自身情况的偏好应该比遵循个人对人际比较的偏好更重要。尽管如此，人们仍可以尽可能地保留优势原则，使之与非优势原则相兼容。例如，有限优势原则只适用于商品束的一个子集。而与非优势原则的兼容性允许它扩展应用于更多优势设定集中。

有限优势：对于某些子集 $A \subseteq Z$，所有的 i、j，z_i、$z_j \in Z$，如果 $z_i \geq z_j$，那么 $(z_i, i) \geq (z_j, j)$。

在弱正则条件下，有限优势原则与非优势原则的结合意味着排序 $\geq$ 必须是等价类型的（Marc Fleurbaey et al.，2009）。更准确地说，应用优势的子集 A 必须是一条单调的路径（一条在 Z 中递增的曲线），人际比较必须按以下方式进行：当且仅当 $a \geq b$ 时存在 $(z, i) \geq (z', j)$，其中 a、$b \in A$ 由 $z I_i a$ 和 $z' I_j b$ 定义。

实际上，假定 A 是一条单调路径，设定如下：$z_i I_i a$、$z_j I_j b$ 和 a、$b \in A$，$a \geq b$。根据非优势原则，存在 $(z_i, i) \sim (a, i)$ 和 $(z_j, j) \sim (b, j)$。

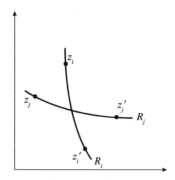

图 4-7　优势与非优势之间的张力

根据有限优势原则，$(a, i) \geq (b, j)$。因此，通过传递性得到 $(z_i, i) \geq (z_j, j)$。

相反，假设存在 $z_i I_i a$、$z_j I_j b$ 和 $(z_i, i) \geq (z_j, j)$。通过传递性得到 $(a, i) \geq (b, j)$。根据有限优势，$(a, i) \sim (a, j)$。因此，$(a, j) \geq (b, j)$，由于 A 是一条单调路径，并且偏好是严格单调的，因此考虑到非优势原则，需要 $a \geq b$。

完整论证中唯一的难点是证明对于所有 a、$b \in A$，必然存在 $a \geq b$ 或 $a \leq b$（即 A 是单调路径）。详情见马克·弗勒拜伊等的相关文献（Marc Fleurbaey et al.，2009）。[①]

请注意，即使优势原则在形式上仅限于一个测度零集，但仍然会经常发生这样的情况：一个人在所有维度上都比另一个人拥有更多的福利，他因此被认为是更富裕的。优势原则即使受到这种限制，对评估仍有很大的影响。

这一简单的形式主义实际上以一种非常直观的方式说明，为什么森提出的交叉原则不具有说服力。当每个人都认为 z_i 比 z_j 更好时，这仅仅意味着对于所有 k 都有 $z_i R_k z_j$。但是为什么这意味着 $(z_i, i) \geq (z_j, j)$ 独立于 R_i、R_j？即使人们一致认为，"我更愿意做一个赚 50 万美元的银行家，也不愿做一个赚 40 万美元的银行家"，我们也不能因此得出这样的结论：一个有献身精神的艺术家在前一种情况下会比一个天生的银行家在后一种情

[①]　在马克·弗勒拜伊（2007）中可以找到对等价集 B_λ 的进一步推理。

况下更好。个人目标很重要，生活的内容和目标之间的契合度很重要。交叉原则中所做的比较是固定偏好的自我比较，不能由此得出涉及不同偏好的人际比较结论。

也许交叉原则的吸引力来自于这样一种印象：如果一种生活在各个方面都更好，那么说明偏好和内容之间契合度更好。但这不是交叉原则的实际内容。交叉原则不涉及个人对 $(z_i, i) \geq (z', j)$ 的意见，而只涉及对 zR_iz' 的意见。后者涉及个人偏好；前者是一个道德问题，是构建良好的福利衡量标准时要解决的潜在问题。在第 6 章讨论能力方法时，我们将继续讨论这个问题。

无限制的优势原则是如此不具吸引力，以至于人们可能会怀疑，由等价法满足的并与非优势原则相结合的有限优势原则是否也值得保留。例如，在收入相等的情况下，处于相同情况 $(\tilde{p}, \tilde{y}, m)$ 的个人被视为同等富裕，且不受这种情况与个体偏好之间的契合度影响。这难道不会引起异议吗？

这是一种明智的批评，可以通过以下两种对等价收入法的改进来解决。第一种改进包括组合不同的参考值并计算加权平均值：

$$\sum_{\tilde{p}, \tilde{y}} e_i(\tilde{p}, \tilde{y}, v_i(p, y_i, m_i)) f(\tilde{p}, \tilde{y}) \tag{4-5}$$

（如果考虑到参考值的连续性，我们可以使用积分而不是求和。）这样，偏好与特定情况 $(m, \tilde{p}, \tilde{y})$ 之间的良好契合度将增加参考参数其他值的等价收入，因此将被记录在平均值中。

这种多重参考等价收入仍然是个人偏好的正确表示，并且与单一参考等价收入的大部分特征相同。特别是，它仍然可以纳入需求和影响个人满意度的个人特征。

两者的主要区别在于多重参考等价收入比单一参考等价收入纳入了更多关于无差异曲线的信息。因此，它对个人偏好具有更大的敏感性。图 4-8 是图 4-3 的一个变体，它说明了这一特性。如果个人的无差异曲线如图（虚线）所示上升，这说明偏好和情况之间的良好契合度，但不会被记录在单一参考 $\tilde{y}$ 中，但如果 $\tilde{y}'$ 也用于多重参考等价收入，因 m^* 和 $m^{*\prime}$ 的加权和增加了，这会被记录下来。

另一种可能的改进涉及选择 $\tilde{y}$ 的方法,[①] 也就是选择代表个人固定收入下理想值 y 的参考值 $\tilde{y}$ 。通过这种方式，不同的个人的理想值 y 可能有不同的参考值。例如，偏好工作的个人可能比不偏好工作的个人的闲暇时间参考值更小。这种个性化的参考值是特别有吸引力的。这意味着，在某一偏好的特定路径上，有限优势得到了重视，并且这只适用于具有相同路径的个人（尤其是具有相同偏好的个人）。图 4-9 说明了个性化参考值的选择，其取决于每个偏好，并且取决于每个偏好的每条无差异曲线。

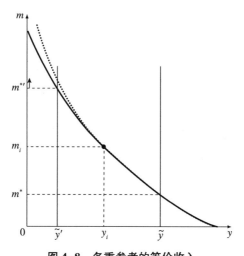

图 4-8　多重参考的等价收入

从形式上讲，第二种改进意味着计算最小的等价收入，其定义为

$$\min_{\tilde{y}} e_i(\tilde{p}, \tilde{y}, v_i(p, y_i, m_i))$$

值得一提的是，即使参考值可能随每个偏好而变化，甚至随每条无差异曲线而变化，它仍然可以很好地表示偏好，因为 u_i 中的 $\min_{\tilde{y}} e_i(\tilde{p}, \tilde{y}, u_i)$ 在增加。

请注意，下列可以被视为加权和公式（4-5）的限值，当凹变换 φ 应用于等价收入，其凹度趋于无穷大时：

$$\sum_{\tilde{y}} \varphi(e_i(\tilde{p}, \tilde{y}, v_i(p, y_i, m_i)))f(\tilde{y})$$

---

① 由于附录 A 中讨论的原因，$\tilde{p}$ 的选择需要用另一种方法。

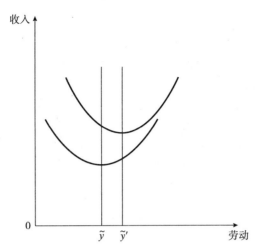

图 4-9　两条无差异曲线的个性化参考

当参考 $\tilde{y}$ 被扩展时，优先考虑 $e_i(\tilde{p},\ \tilde{y},\ v_i(p,\ y_i,\ m_i))$ 的最小值是一种正常的方式，它将重点放在对个人情况最不利的评估上，以及最受重视的个人愿望上。附录 A 为这种方法提供了其他依据。

4.3.6　平等主义要求过高

让我们来盘点一下。等价法违反了阿罗独立性，但这是可以接受的，并且其他流行的方法也有这个特性。如果提出一种理论来选择好的参考，参考依赖性并不是一个缺点。虽然这种理论还处于萌芽阶段，去选择的参考不能说是完全随意的。主观福利并未被忽视，它得到的重视与个体对它的重视一样，这似乎是最重视主观福利的做法。违反优势原则并不是一个大问题，只是考虑生活和目标契合后的自然结果，甚至有人可能会争辩说，单一参考等价法过分遵守优势原则。

还有一种批评有待研究，即凹性失效问题。效用币值定义的社会福利函数可能不是消费商品数量或普通收入中的拟凹函数，这一可能性实际上在公平分配文献中得到了证实。[①]

如果仅根据这些分配中的个人无差异曲线对两个分配进行的排序，那

[①]　有关此结果的各种形式的详细介绍，请参见马克·弗勒拜伊和弗朗索瓦·马尼奎特（Marc Fleurbaey and François Maniquet，2011b）。

么任何社会秩序函数都有较弱的独立性。这是本特·汉森（Bengt Hansson，1973）提出的，因此被称为汉森独立性，等价法（包括基于效用币值的社会标准）以及其他方法都满足这一独立性，如第 4.3.2 小节所述。另外，假设它满足以下转移原则：如果两个人有相同的偏好，其中一个人每一种商品都比另一个人消费得更多，那么成比例地转移与商品束之间的差额，以减少（但不消除）不平等，分配会得到改善。任何拟凹的社会福利函数都满足这种转移原则，对具有相同偏好的个人来讲，这种函数是对称的。最后，假设社会秩序满足强帕累托原则，即如果分配至少对每个人都是好的，那么分配至少和另一种分配一样好；此外，如果分配至少对一个个体是好的，那么该分配严格来说是好的。结果表明，当一个人认为两个人的偏好相同但消费不平等时，社会秩序必须给予情况更差的人绝对优先权。

证明这一结果的论点如图 4-10 所示，该论点借鉴了弗朗索瓦·曼尼奎特和伊夫·斯波蒙特（Franois Maniquet and Yves Spurmont，2011b）的观点。假设两个人 i、j 的初始分配为 z_i、z_j。假设他们的无差异曲线如图 4-10 所示，并且他们的偏好是相同的。由强帕累托可知，分配 z_i^1、z_j^1 是同样好的。从 j 转移到 i 可以产生分配 z_i^2、z_j^2，这改进了分配。再次由强帕累托可知，分配 z_i^3、z_j^3 和 z_i^2、z_j^2 一样好。可以再次进行转移并产生分配 z_i^4、z_j^4。通过传递性，这种分配比初始分配 z_i、z_j 更好，而通过强帕累托可知，它与分配 z_i'、z_j' 一样好。综上所述，从 z_i、z_j 转移到 z_i'、z_j' 是好的，尽管有人观察到这意味着 j 的消费损失很大，i 的收益很小。现在，只有在特殊的偏好设定中才可以实现这一点。但是，根据汉森独立性，这两种分配的无差异曲线只包含对 z_i、z_j 和 z_i'、z_j' 比较的唯一重要信息。因此，当 i 和 j 在 z_i、z_j 和 z_i'、z_j' 处的无差异曲线不交叉时，可以如图 4-10 所示构造中间无差异曲线，[1] 并由此得出改善最贫穷的人的情况总是好的结论。

在实践中，满足这一性质的社会秩序为最大最小排序或字典序。查尔斯·布莱克贝和戴维·多纳德森（Charles Blackorby and David Donaldson，

---

① z_j 处无差异曲线的每一点都在整个 z_j' 处无差异曲线的上方时，含有 z_j^2 和 z_j^3 的中间无差异曲线不能同时接近 z_j^1 和 z_j^4，这就需要在论证中增加一个步骤。见马克·弗勒拜伊和弗朗索瓦·马尼奎特（Marc Fleurbaey and François Maniquet，2011b）。

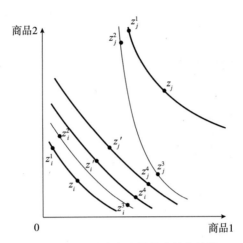

图 4-10　绝对优先考虑最贫穷的人的情况

1988）提出的违反拟凹性的例子仅适用于对效用币值中的不平等具有有限厌恶性的社会福利函数。把绝对优先权给予最贫穷的人确实是避免违反拟凹性的唯一方法，刚刚描述的结果证实并扩展了这个结论。研究结果表明，给予最贫穷的人绝对优先权不仅适用于等价收入法，而且适用于基于无差异曲线评估福利的任何方法。

这是一个消极的结果吗？关于公平社会选择的文献倾向于将其视为一个积极的结果，因为它迫使一个特定程度的不平等厌恶出现，因此缩小了可接受的社会秩序的范围，用一个新颖的论据支持了罗尔斯提出的给予最贫穷的人优先权这一理论。此外，最大最小排序并不是很严格，因为根据各种公平原则，我们可以从许多方面评估个人情况。例如，如果以个人的才能作为合理的基准来衡量个人情况，即使是自由放任分配政策也可以通过最大最小排序标准来证明。[①]

对于那些真正憎恶绝对优先考虑最贫穷个体的人来说，这个结果有助于指出必须放宽的各种条件。如果帕累托原则被认为是神圣不可侵犯的，那么只有两种可能性。

结果可以通过放宽汉森独立性来避免，但对于如何以这种方式定义合

---

① 直观地说，想象一个人的情况是用他的消费值和他的才能价值之间的差距来衡量的。竞争均衡保证了每个人的差距都是空的，这就实现了在这种差距方面的平等。然而，得出这一结果的标准并非等价类型的，详情见马克·弗勒拜伊和弗朗索瓦·马尼奎特（2011b）。

理的社会标准我们知之甚少。标准的潜在复杂性需要无差异图的大部分信息来评估特定情况，这是相当不吸引人的。

转移原则也会受到质疑。虽然查尔斯·布莱克贝和戴维·多纳德森将拟凹性是伦理学的一个基本条件作为一条公理，[①] 但有人可能认为，由等价收入类标准引发的违反转移原则的行为并不一定令人震惊。如果个人健康状况良好（即参考标准为"健康"）用相当于该个体健康的收入计算等价收入。想象两个健康状况一般的人，假设他们在分配 x 中的普通收入是（100，200）和等价收入（80，150）。假设他们之间的回归转移会产生一种新的情况，即普通收入（90，210）和等价收入（75，190）。如果一个人认为，对于两个健康的个体，分配（75，190）比（80，150）更好，那么依据帕累托的无差异曲线，考虑到不健康的个体，回归转移改善了分配是合乎逻辑的。如果观察到回归转移会导致两个人对健康的支付意愿降低，特别是转移受益人的支付意愿降低，那么这种方法直观上是合理的，而转移受益人将获得双倍的收益（更多的收入和对其健康不佳的关注降低）。这个例子还表明，在实践中，如果汇总中有足够的不平等厌恶，这种违反转移原则的行为就不太可能以显著的比例发生。

在本小节的结论中，对于仅使用局部无差异曲线信息的福利测度来讲，凹性失效似乎是一个普遍存在的问题。这是否证明了绝对优先考虑最贫穷个体，或接受某些一定程度上违反不平等厌恶的行为的合理性，是那些想继续运用等价收入法的人所面临的伦理问题。

4.4　社会福利分解

在结束本章之前，我们简要地回顾了将社会福利分解为反映不同伦理

---

① 他们引用萨缪尔森（1956）的话说，社会福利函数的拟凹性是"良好社会经济的基础"。萨缪尔森这样认为是有道理的，但在这句引用的话中，他只是把伯格森曲线作为福利经济学的一个有用工具："未来的出版物将展示这些社会无差异曲线如何被用来解释国际贸易政策和新旧福利经济学的方法论问题"。这为"良好社会的经济学"奠定了基础（第22页）。

目标的部分问题，比如效率和公平。等价收入提供了一个有趣的做法，将总消费的市场价值作为分解的一个要素，对效用进行校准，对不平等（而不是效率-公平）进行分解。

我们首先需要引入"平均分配等价项"这一概念。比如有一个社会福利函数 $W(u_1, \cdots, u_n)$，假设其中每个参数都在增加。继谢尔盖·克里斯托夫·科尔姆（Serge-Christophe Kolm，1968）和安东尼·阿特金森（Anthony B. Atkinson，1970）之后，平均分配等价项 $E(u_1, \cdots, u_n)$ 被定义为平均分配给所有个人的效用量，该效用量产生与分配 $(u_1, \cdots, u_n)$ 相同的社会福利。形式上，$E(u_1, \cdots, u_n)$ 等于下列方程的解 e^*

$$W(e^*, \cdots, e^*) = W(u_1, \cdots, u_n)$$

当解 e^* 随 $W(u_1, \cdots, u_n)$ 的值增加时，函数 $E(u_1, \cdots, u_n)$ 通常等价于 $W(u_1, \cdots, u_n)$。对于不平等厌恶的社会偏好，$E(u_1, \cdots, u_n)$ 小于平均效用。这使得下列分解式成立

$$E(u_1, \cdots, u_n) = \frac{1}{n}\sum_{i=1}^{n} u_i \times \frac{E(u_1, \cdots, u_n)}{\frac{1}{n}\sum_{i=1}^{n} u_i} \tag{4-6}$$

其中第二项介于 0 和 1，捕获了分配偏好。

第一项"平均效用"显然不是总收入的函数，但借助公式（4-2）中定义的等价收入，这可以按如下方式补救。

我们保留了个人效用 $u_i(x_i, y_i)$ 依赖于市场商品 x_i 和非市场商品 y_i 的框架。重要的是，等价收入 $e_i(\tilde{p}, \tilde{y}, u_i)$ 考虑到个人在市场消费以外的其他方面可能有所不同。在这些条件下，我们有理由认为这种福利指数中的不平等是不可取的，这种情况下需要充分利用平均分配等价项。

因此，我们现在假设社会福利的计算为

$$W(e_1(\tilde{p}, \tilde{y}, u_1), \cdots, e_n(\tilde{p}, \tilde{y}, u_n))$$

用一个可以应用分解式（4-6）的不平等厌恶 W 函数。

这些效用的平均值 $\frac{1}{n}\sum_{i=1}^{n} e_i(\tilde{p}, \tilde{y}, u_i)$，在分解式（4-6）中作为第一项出现，可以被分解只要满足

$$e_i(\tilde{p}, \tilde{y}, u_i(x_i, y_i)) = e_i(\tilde{p}, y_i, u_i(x_i, y_i)) +$$

$$e_i(\tilde{p}, \tilde{y}, u_i(x_i, y_i)) - e_i(\tilde{p}, y_i, u_i(x_i, y_i)) \tag{4-7}$$

当 $\tilde{p}$ 接近当前市场价格向量 p 时，第一项与 $\tilde{p}x_i$ 没有太大的区别。第二项测量了 y_i 与参考 $\tilde{y}$ 之间的差距对福利的影响。这种分解可用于公式（4-6）第一项的分析，也可用于第二项的分析，因为将 x 和 y 的差异对不平等的影响分开可能会很有意思。

如第 3 章所述，我们没有获得像 $\tilde{p}x_i$ 这样的简单币值，而是获得了货币度量值。这再次揭示了在价格不固定的情况下，将价格与福利、预算线与无差异曲线联系起来的困难。

然而，人们可以使用价格指数并将公式（4-7）的第一项分解为

$$e_i(\tilde{p}, y_i, u_i(x_i, y_i)) = px_i \frac{e_i(\tilde{p}, y_i, u_i(x_i, y_i))}{e_i(p, y_i, u_i(x_i, y_i))} = \frac{px_i}{P_i}$$

其中 $P_i = e(p, y_i, u_i(x_i, y_i))/e(\tilde{p}, y_i, u_i(x_i, y_i))$ 是价格指数，这种指数在文献中被称为 Könus 真实指数。[1]

然后，汇总项 $\sum_{i=1}^{n} e_i(\tilde{p}, y_i, u_i(x_i, y_i))$ 可以写为总支出的缩减值：

$$\sum_{i=1}^{n} e_i(\tilde{p}, y_i, u_i(x_i, y_i)) = \frac{\sum_{i=1}^{n} px_i}{P}$$

其中价格指数 P 由

$$P = \frac{\sum_{i=1}^{n} px_i}{\sum_{i=1}^{n} \frac{px_i}{P_i}} = \left[\frac{1}{\sum_{i=1}^{n} px_i} \sum_{i=1}^{n} px_i \frac{1}{P_i} \right]^{-1} \quad 决定。$$

也就是说，P 是 P_i 的调和平均数，由 px_i 加权。[2]

综上所述，社会福利的分解式如下：[3]

---

[1] 在完全互补的情况下，$P_i = px_i/\tilde{p}x_i$。在任何情况下，它都满足 px_i/P_i 等于参考价格 $\tilde{p}$ 下支出函数值的性质。

[2] 我们也可以运用 $P = \sum_{i=1}^{n} \frac{e_i(\tilde{p}, y_i, u_i(x_i, y_i))}{\sum_{j=1}^{n} e_j(\tilde{p}, y_j, u_j(x_j, y_j))} P_i$，也就是说，社会价格指数也是 P_i 的算术平均数，用 $e_i(\tilde{p}, y_i, u_i(x_i, y_i))$ 加权。

[3] 安格斯·迪顿（Angus Stewart Deaton, 1980）提出了一个类似的分解式，所有项都是相乘的。

$$\left(\frac{\frac{1}{n}\sum\limits_{i=1}^{n} px_i}{P} + \frac{1}{n}\sum\limits_{i=1}^{n} [e_i(\tilde{p}, \tilde{y}, u_i(x_i, y_i)) - e_i(\tilde{p}, y_i, u_i(x_i, y_i))] \right)$$

$$(1 - I) \tag{4-8}$$

其中 I 是不平等指数

$$I = 1 - \frac{E(e_1(\tilde{p}, \tilde{y}, u_1(x_1, y_1)), \cdots, e_n(\tilde{p}, \tilde{y}, u_n(x_n, y_n)))}{\frac{1}{n}\sum\limits_{i=1}^{n} e_i(\tilde{p}, \tilde{y}, u_i(x_i, y_i))}$$

如前所述,它本身可以进一步分解为 x 的不平等和 y 的不平等。虽然这种分解式并不像公式(3-29)那样将效率和公平的各部分分开,但它包含了道德上的相关术语:

(1)平均收入适当缩减,代表 x 对总福利的贡献。

(2) y 对总福利的贡献。

(3)不平等(可以分解为 x 和 y 的贡献)。

图4-11说明了这种分解,在一个简单的非收入变量的情况下,如图4-3和图4-8所示。假设有两个人,其中一个人具有参考 $\tilde{y}$。平均收入与平均等价收入之间的差距衡量的是由于个体 i 的收入偏低而造成的损失,平均等价收入与社会福利之间的差距衡量的是由于个体 i 的等价收入不平等造成的损失。[①]

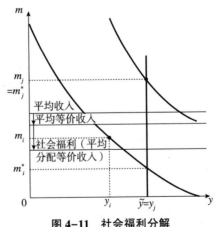

图 4-11 社会福利分解

① 在图中,社会福利水平不能从显示的数据中推断出来,因为它还取决于社会福利函数中体现的不平等厌恶程度。

4.5 结论

综上所述，尽管货币计量方法被批评不如经典的伯格森—萨缪尔森社会福利函数，但人们可以认为，它应该被认为是衡量福利的最佳备选方法之一，将之包括在伯格森—萨缪尔森社会福利函数中。

伯格森（1954）和萨缪尔森（1947）都建议寻求伦理原则，将不同个体的无差异曲线配对，以便进行合理的人际比较。毕竟，我们不应该忘记，货币度量方法是由萨缪尔森（1974）提出的，在他的 1977 年的文章中，他以（类似的）射线效用为例说明了该方法。[①]

在计算等价收入时提到支付愿意并不意味着一切都是有价的，不意味着"1 美元就是 1 美元"，也不意味着我们会回到旧的成本效益分析的陷阱中。简单地说，这相当于在一个简单的假设世界中比较个人，在这个假设世界中，他们在非收入维度上都是平等的，并且只在收入维度上有所不同。这个假设世界的构建是为了让所有的个体都对他们目前的处境和他们在假设世界中的"同等"处境无差别。因此，从收入的角度比较它们是有意义的，因为当它们都享受非收入维度的参考水平时，它们对这些维度的偏好似乎不再与此类比较相关。这种方法与优先考虑最贫穷个体情况相适应，其主要动机是尊重个人对生活维度的偏好。

对效用币值提出的主要批评并不是决定性的，公平分配理论中等价方法的出现，使人们对等价收入的概念产生了新的兴趣，并将其视为等价方法的一个特例。如果一个人寻求一种尊重个人偏好的福利衡量方法，同时考虑到在某些支配地位的情况下，可以根据商品束进行比较，那么后者甚至是唯一可能的方法。然而，我们已经看到，支配原则即使局限于特殊情况，也是值得怀疑的。这使我们认为，与标准的单一参考概念相比，等价收入的多重参考变量和个性化参考变量可能提供更全面的福利衡量标准。

---

① 参见马克·弗勒拜伊和菲利普·蒙金（Marc Fleurbaey and Philippe Mongin，2005），了解伯格森—萨缪尔森方法的详细分析以及围绕该方法的争议。

附录 A 进一步研究了这一方法。

凹性失效的问题也许是最有趣的。这里已经回顾到，这个问题涉及一大类福利的衡量标准，而不仅仅是等价方法。既想保留等价收入法并使用类似标准 $W(e_1(\tilde{p}, \tilde{y}, v_1(m_1, p, y_1)), \cdots, e_n(\tilde{p}, \tilde{y}, v_n(m_n, p, y_n)))$ 会导致两难的局面，即在给予最贫穷个体绝对优先权的同时，也就是说，让 W 成为最大值函数（或采用 leximin 排序），并接受在某些情况下，该标准可能显示出相同个体之间收入不平等的偏好。

虽然这些问题需要更多的调查，至少有必要消除这样一种印象，即等价收入是一种赋予货币特殊价值并假定一切都应出售的衡量标准。诚然，只有当个人情况的变化与收入的不平等相当时，等价收入才是衡量福利的一个很好标准。例如，有人认为，排除了词典编纂的偏好，这种可比性是否成立，可以通过实证检验。

第 5 章将更多地讨论等价方法，因为它与主观福利方法和能力观方法的讨论相关。

第 **5** 章

幸福才是最重要的吗？

近 20 年来，有关主观福利的文献不断涌现，关于这一新发展的优秀文献见安德鲁·克拉克和保罗·弗里吉特斯以及迈克尔·希尔兹（Andrew E. Clark，Paul Frijters and Michael A. Shields，2008）、埃德·迪纳（Ed Diener，2000）、埃德·迪纳和约翰·海利威尔以及丹尼尔·卡内曼（Ed Diener，John F. Helliwell and Daniel Kahneman，2010）、保罗·多兰和马修·怀特（Paul Dolan and Mathew P. White，2007）、拉菲尔·迪·泰拉和罗伯特·麦卡洛赫（Rafael Di Tella and Robert MacCulloch，2006）、布鲁诺·弗雷和阿洛伊斯·斯塔特勒（Bruno Frey and Alois Stutzer，2002）、卡罗尔·格雷厄姆（Carol Graham，2009）、丹尼尔·卡内曼和埃德·迪纳以及罗伯特·施瓦茨（Daniel Kahneman，Ed Diener and Norbert Schwarz，1999）、丹尼尔·卡内曼和艾伦·克鲁格（Daniel Kahneman and Alan B. Krueger，2006）、安得烈·奥斯瓦尔德（Andrew J. Oswald，1997），这些文献给经济福利带来了两个重要的转变。

第一，它改变了优先事项。社会福利可以等同于 GDP 增长的观点，受到来自幸福感调查的伊斯特林悖论（Easterlin paradox）的强烈冲击，而非对其基本假设的理论反对。理查德·伊斯特林（Richard A. Easterlin，1974，1995）观察到，尽管过去几十年 GDP 增长了两倍或三倍，但从长远来看，各个国家的幸福感得分似乎变化不大。图 5-1 和图 5-2 借用了安德鲁·克拉克、保罗·弗里吉特斯和迈克尔·希尔兹（2008）的资料，说明了美国和5个欧洲国家的这一惊人现象。此外，一些幸福数据表明，就业、家庭、闲暇时间和痛苦是福利的重要方面。因此，增长不再是经济顾问们考虑的唯一政策重点。

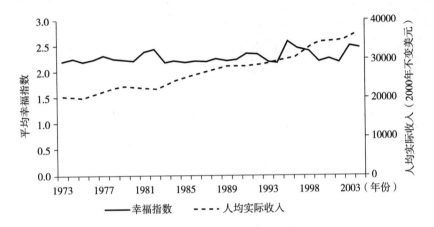

图 5-1　1973~2004 年美国的幸福指数和人均实际收入

资料来源：Clark A. E., P. Fritjers., M. A. Shields（2008）。

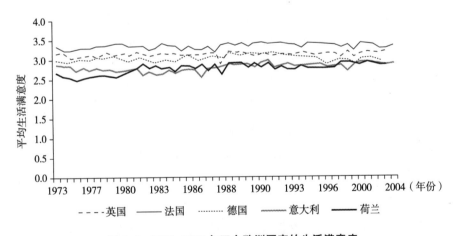

图 5-2　1973~2004 年五个欧洲国家的生活满意度

资料来源：Clark A. E., P. Fritjers., M. A. Shields（2008）。

　　第二，从经济角度看待福利的另一个转变是方法论上的。莱昂内尔·罗宾斯（Lionel Robbins，1932）开创的一个强大的实证主义观点在很长一段时间内使经济学家相信，选择行为是有关个人偏好和福利的唯一相关信息来源。效用的概念在功利主义概念中处于中心地位，当时被认为几乎和金钱一样是有形的概念，但它却沦为数学上的便利地位，使其更容易操纵偏好排序。人际比较被视为不适合科学学科的规范性做法。幸福研究改变的是，倾听人们口头表达的做法现在变得被人重视。它也非常有助于恢复人们对测度福利的兴趣。

除了方法论上的转变，效用概念的复兴令人印象深刻。现在有一些文献（Richard Layard, Guy Mayraz and Stephen Nickell, 2008）直接从幸福数据中估算效用函数的曲率。许多作者（Rafael Di Tella, Robert MacCulloch and Andrew J. Oswald, 2003）认为，不同幸福感得分和满意度得分的相似行为表明，它们的潜在价值相同；而另一些作者（Daniel Kahneman, 1999）则认为，聪明的观察技术使测量主观福利的"客观"形式成为可能。边沁的观点出人意料地再度受到欢迎（Daniel Kahneman, Peter P. Wakker and Rakesh Sarin, 1997；Richard Layard, 2005）。

这些发展使人们有可能设想一种新的、简单的解决办法来寻求某种程度的社会福利。计算幸福感指数的成本并不算太高，现在世界上大多数国家都有。为什么不用这些数据来计算国民幸福指数（Gross National Happiness），并把这些数据作为国家和决策者的新指南呢？尽管有些作者（e. g., Ed Diener, 2000；Paul Dolan and Mathew P. White, 2007；Daniel Kahneman et al., 2004；Andrew J. Oswald, 1997）谨慎地捍卫了这一观点。许多人不以为然，一些人坚决反对。这场正在进行的争论，在一定程度上让人想起了 30 年前政治哲学界关于主观福利主义的争论。

在本章中，我们将把这两个争论联系起来，以便更好地阐明以幸福概念为中心的社会福利测度的规范基础。本章认为，幸福感得分不能直接反映人们的价值观和人生目标，尽管如果处理得当，它可以提供有用的信息。无论是否赞同这样一种观点，即社会福利的良好衡量标准应反映人们的偏好，这意味着幸福感数据不应该在没有消除不必要的偏差和噪声的情况下使用。

本章第 5.1 节回顾了有关幸福文献的主要观点，主张将福利的焦点从物质方面转移到主观方面，并将其与福利主义的经典争论联系起来。第

5.2 节提出了一个主观福利理论，它出现在问卷调查中，与经济学家熟悉的效用和偏好顺序的标准概念相关，但也考虑了心理学的观点和见解。第5.3 节探讨了如何改进数据收集，以及如何将这些数据在不同福利概念中的实证应用。第 5.4 节为本章结论。

5.1 伊斯特林悖论：7 万年来，我们错了吗？

自从我们这个物种在 7 万年前离开非洲的摇篮以来，已经有了相当大的进化。我们已经逐渐征服了整个地球，同化或消灭了其他人类物种，现在已经获得了对周围环境的惊人甚至自我危害的力量。人类数量激增，其中约 2/3 的人口达到了前所未有的高度（寿命、消费量和成熟程度）。如果幸福感调查在一个相当长的时期进行，人们也许会发现几千年来幸福指数的显著稳定性。我们可以认为，伊斯特林悖论不仅是"二战"后的现象，而且是我们人类主观评价和情感稳定的更深刻现象。

本章将更详细地讨论这种稳定性的基础和合理性。在此提出的问题是，如果这个关于幸福感得分在整个人类历史中的稳定性的推测是正确的，那么它是否意味着我们所取得的一切只是能量的损耗、浪费劳动力和研究资源以及错误的、狭隘物质化的努力？

这一提法意在强调，有关幸福文献主张的不仅是扩大福利的概念，而且是从根本上改变了制定人类目标的重点。从物质成就到主观福利的转变意味着否定历史上大多数时候被崇拜的金牛犊（golden calves）。主观福利是否准确地记录了个人和社会层面上想要提升的内容，是决策者在使用它们作为新指南之前应该回答的基础性问题。

这里必须指出的是，伊斯特林悖论本身就是有争议的。伊斯特林的另一个说法是，非贫困国家的幸福感得分或多或少是相同的，但盖洛普世界民意调查的数据显示，各国对生活的平均满意度与人均 GDP 之间存在着相当密切的对数关系（Angus Deaton，2008；Betsey Stevenson and Justin Wolfers，2008）。这里所谓的"伊斯特林悖论"只指幸福感得分的长期稳定性。

但即便如此，丹尼尔·萨克斯、贝齐·史蒂文森和贾斯汀·沃尔弗斯
（Daniel W. Sacks, Betsey Stevenson and Justin Wolfers，2010）也对这种稳定
性提出了质疑。本节的目的仅仅是说明，即使从很长一段时间内得到证
实，伊斯特林悖论也不会对经济增长和进步产生广泛的影响，这些影响通
常由评论员得出。

下一节将对这些文献进行更详细的研究。本节的目的仅仅是说明，即
使在很长一段时间内证实了这一点，伊斯特林悖论也不会对评论员经常得
出的增长和进步产生广泛的影响。

5.1.1　边沁的"最大幸福"原则被重新审视

关于幸福的文献不仅仅是对人类心理事实的冷静观察。对于许多作者
来说，"希望享乐心理学与政策相关"，主观福利统计数据意味着"为人们
最关心的最终结果提供更直接的评估"（丹尼尔·卡内曼等，1999）。"经
济因素只在使人们更幸福的时候才重要"（Andrew J. Oswald，1997）。把幸
福放在社会目标的首位提出了许多重要的问题。第一，个体层面的幸福是
什么？第二，社会层面的幸福是什么？第三，为什么它应该是目标而不是
其他的东西，比如智慧或者支配自己的生活？显然，最后一个问题的答案
将取决于前两个问题对幸福的定义。

在个体层面上，心理学文献区分了主观福利的许多不同方面（埃德·
迪纳等，1999）。一个关键的分歧是将认知评价（人们对自己的生活的看
法）与情感、情感状态（他们在生活中的感受）对立起来。这些影响本
身有许多形状和颜色，在积极和消极影响之间有着惊人的独立性，这似
乎与大脑的不同机制有关。试图沿着两个或两个以上维度，如詹姆斯·
罗素（James A. Russell，1980）提出的正/负价、高/低活化或离散类别
（Paul Ekman，1992）构建影响分类引发了许多争论，但似乎没有一个简
单的分类能够区分所有的情感（例如，愤怒和恐惧都是强烈的负面情
感）。尼科·弗里达（Nico H. Frijda，1999）对这些问题进行了很好的
总结。

在实践中，将情感与评价分开也非易事。在调查问卷中必须使用的普
通语言本身是模棱两可的，例如，如何区分"一生幸福"和"幸福一生"

就不那么明确了。例如，美国的一般社会调查中的问题"综上所述，你觉得现在的情况怎么样？你会说你非常高兴/很高兴/不太高兴吗？"实际上类似的问题很难确定这是指情感还是评价。事实证明，情感对评价影响很大（Norbert Schwarz and Fritz Strack，1999），相反，关于个人情感的自述不能避免判断性思维（Daniel Kahneman，1999）。关于幸福的文献经常假设一个单一的对象，比如"效用"，通过整理汇总得到受访者的答案。幸福感得分和满意度得分的计量经济学回归通常是相似的，这一事实经常被视为支持这一假设的论据（Richard Layard，Guy Mayraz and Stephen Nickell，2008）。然而，越来越多的证据表明情感分数和评价性分数的模式不同，情感得分似乎对客观生活条件不太敏感，更容易适应（Daniel Kahneman and Alan B. Krueger，2006；Alan B. Krueger and David A. Schkade，2008；Daniel Kahneman and Ed Diener，2010）。

心理学文献的一个重要发现是人们不太善于预测未来的感受（Daniel Kahneman，1994；Daniel Kahneman and Richard H. Thaler，2006）。他们通常低估了自己适应环境变化的容易程度，夸大了变化对未来情感的影响。他们通常高估当前的情感，这可能会导致他们错误地安排活动顺序。另一个现象是，在决定生活某一方面的时候，人们通常会高估这一方面的重要性，而没有预料到当这一方面从关注的中心下降时，对他们的幸福的影响会小得多。这种现象在"决策效用"（decision utility）和"体验效用"（experienced utility）之间形成了一个楔子。从这个角度来看，例如，伊斯特林悖论可以被想象为，人们低估了他们提高生活水平的努力，这不会对他们的主观福利产生长期影响。

人们似乎对过去的事件也有一种特殊的记忆，比起整体内容，他们更关注事件的高潮和结尾（Daniel Kahneman，Peter P. Wakker and Rakesh Sarin，1997）。过去的剧集可能是如此的强烈，以至于在更严重的不愉快事件中添加一个稍微不愉快的结局，可以改善人们对它的记忆。这种现象使得衡量"体验效用"变得很微妙，因为人们的记忆在某个时刻对这一事件的记录是不同的。

我们大家也有共犯的错误。与他人的比较似乎是主观福利的一个重要因素，调查问卷表明，存在着巨大的外部性，因此存在很大的低效空间。

尤其是人们为了提高自己在社会中的相对地位而努力。大多数人做同样的事，他们的相对地位并没有太大变化，但经济增长是随之而来的，并没有实质性地改善主观福利。那么，经济增长至少在一定程度上可能是争夺地位的残渣余孽。安德鲁·克拉克、保罗·弗里吉特斯和迈克尔·希尔兹（Andrew E. Clark，Paul Frijters and Michael A. Shields，2008）将伊斯特林悖论解释为这一现象和人们适应提高生活水平这一事实的结合。

关于幸福的文献显示，人们对于是关注情感还是关注满意度的评价犹豫不决。关注满意度的评价在认知上要求很高，在个体层面上显得不确定。罗伯特·施瓦茨和弗里茨·斯塔克（Norbert Schwarz and Fritz Strack，1999）强调，被调查者受到问题的顺序和措辞以及短暂信息的影响，或者仅仅受他们当前情绪的影响，并得出结论，情感可能是关于主观福利的更可靠的信息来源。这也是卡尼曼（Daniel Kahneman，1999）在同一卷中的总体基调，希望通过一个好的衡量标准来接近幸福的"客观"概念。另外，如果一个人想要一个与客观生活条件有某种良好联系的主观指标，那么情感适应似乎更强，这一事实使得情感指标的吸引力降低。情感可能更容易客观地衡量，但也可能给人们的生活提供一个不太相关的视角。

现在让我们谈谈社会层面上幸福的定义。在社会层面上，必须考虑幸福得分在个人之间的分配。大多数研究集中在平均得分上，因此忽略了幸福得分的分配，但很少有人认为这是对幸福得分分配的一种明确的中立态度。例如，理查德·莱亚德（Richard Layard，2005）主张优先考虑最贫穷的人。平均分的优点是可以消除随机分布在人群中的噪声和干扰。估计幸福得分的分配在统计学上要求更高，需要对比较个人得分水平的可能性有更大的信心。诚然，平均得分还需要对比较不同个体的分数差异的可能性有很大的信心。风险在于，差异较大的个体将左右指标的总体走势。无论如何，这里重要但不明显的一点是，社会层面的"幸福"应该理解为平均得分。

接下来是一个关键的规范性问题：为什么要把幸福作为社会的目标？关于幸福的文献并不总是明确地给出一个答案，但当答案明确时，主要论点是群体的目标，"人们最关心的最终结果，"如本节第一段所述。更具体地说，许多作者认为幸福是最终的目标，而其他一切想要的只是达到这个目的的手段（Ed Diener，1994；Bruno Frey and Alois Stutzer，2002；Richard Layard，2005；Andrew J. Oswald，1997）。边沁的"最大幸福"原则（Greatest Happiness）重新被人关注。正如理查德·莱亚德所言："我赞同边沁的思想，我认为我们应该坚信它并将它应用到我们的生活中"（Richard Layard，2005）。

从这种方法中得出的总体前景如下，丹尼尔·卡内曼、伊拉纳·里托夫和大卫·施卡德（Daniel Kahneman，Ilana Ritov and David A. Schkade，1999）的序言中进行了总结：

> 科学地理解享乐体验将有助于开发有效的享乐指标，反映人们日常生活中的愉悦感。目前，经济指标在政策界最具影响力。然而，经济方法在几个方面受到限制。第一，它关注那些可以在市场上交易的生活方面。因此，人们对爱情、精神挑战和压力等美好事物的考虑很少。当人们达到罗纳德·英格尔哈特（Ronald Inglehart）所说的"后物质"水平，基本的物质需求得到满足时，他们越来越关注在不那么物质领域中需求的实现。第二，经济观点假定个人将为自己选择最大数量的效用，然而现在有大量的证据与这一命题相矛盾。第三，经济学评估的变量只是主观实现的其他东西的间接指标。

换言之，根据这些文献，对物质表现的关注应该让位于对主观福利的关注。当个人和社会似乎在为其他东西而奋斗时，比如领土扩张、技术发明、更多的财产或更多的消费，他们最终追求的是主观福利，而不是其他。他们的策略实际上未能最大化体验效用。对享乐实现的新关注最终会给人们在物质表现上错误追求的东西。

5.1.2　关于主观福利主义的争论

除了边沁的"最大幸福"原则之外，还有许多其他的原因可以让人喜欢幸福文献中的政治结论。主要的政治结论确实是，人们应该更加关注扶贫、心理健康、止痛、社交、休闲。但有吸引力的政策含义并不一定是一个好的规范理论。评估社会目标的合理性是很重要的。

此外，真正的政策挑战可能潜藏其中。例如，尽管幸福文献没有提到这一点，但教育和技术创新对幸福的影响是值得怀疑的，从幸福的角度来看，人们应该怀疑他们目前得到的高度重视是否值得。同样的道理也适用于研究非致命疾病的医疗保健和医学研究，因为主观福利倾向于适应不良健康状况，除了心理健康和疼痛。同样，尽管从享乐主义的角度来看，扶贫很重要，因为贫困以各种直接和间接的方式与较低的主观福利联系在一起，我们可能想知道，主观福利的不平等是否与我们应该努力消除的不平等相吻合。正如卡萝尔·格雷厄姆（Carol Graham，2009）在书的标题中所强调的，"幸福的农夫和悲惨的百万富翁"。因此，有必要研究支持和反对主观福利测度方法的论点。

20 世纪 80 年代，有一场关于主观"福利主义"的哲学争论，福利主义并没有从中毫发无损地脱颖而出，详述这场争论的主要内容是很有趣的。

人们对主观福利主义提出了三种反对意见。罗纳德·德沃金（Gerald Dworkin，1981）基于公平的理由认为，那些因为偏好更高而更难以满足的人不能声称自己的处境更糟，也不应该要求比其他人更多的资源。一个更远大的人生目标不能成为实现满足感的障碍，也不能成为社会其他成员给予额外帮助的理由。

约翰·罗尔斯（1982）提出了一个类似的观点，并且反对主观指标，理由是主观指标不能提供一种合理的人际比较方法。每个人都有不同的人生目标，是不可比的。人们可以比较个人可获得的资源，但不能比较他们在实现不同目标方面的成功。衡量成功的标准要超越各种目标，就需要有一个总体的成功概念，而这种概念并不存在，也没有意义。

阿马蒂亚·森（1985）反对主观福利的太过可塑性和适应性，不能很好地代表人们所关心的生活条件。一个人不应该认为一个贫穷和受压迫的人的主观福利是完全适应的。

重要的是，这些反对意见并不是基于拒绝将个人偏好作为评估个人情况的指南。阿马蒂亚·森的观点可能会区分人们的实际偏好，这可能会被压迫和社会条件所扭曲，在更好的情况下，人们会有更真实的价值观。然而，这种区分是相当标准的。正如我们所看到的，关于幸福的文献还引入了一种（不同的）楔子，介于误导的"决策效用"和真实的"体验效用"之间，并希望在必要时违背人们的意愿让他们快乐。理查德·莱亚德（2005）"提倡增进好感，而不是满足欲望"。然而，总而言之，自由主义的普遍共识是，在某种形式上，人们的观点应该是评估个别情况的最终准则，即使眼前的偏好可能不可信。

因此，上述反对主观福利主义的观点并不是基于这样一种观点，即人们可能对自己的利益有着深刻的误解，人们应该反对自己的观点来促进自己的利益。相反，反对观点与主观福利并不能为人际比较提供一个很好的优势指标有关。一个人可能有很高的主观福利，但处于不利地位，反之亦然。这些反对意见都扭转了"幸福的农夫和悲惨的百万富翁"的观点。

5.1.3 幸福是终极目标吗？

在下一节中，我们将更详细地研究主观分数没有记录一个明智的有利地位概念如何发生？人们可能会勉为其难地认为一个幸福的农夫确实比一个悲惨的百万富翁富裕，原因是幸福真的是人们生活的终极目标。

如果幸福真的是人们生活的终极目标，那么上一小节列出的反对观点就不那么令人信服了。就幸福感在个体间的可比性而言，罗尔斯的反对观点没有达到目标，因为幸福感是衡量成功的首要标准，它涵盖了所有可能的个体偏好的多样性。阿马蒂亚·森的反对观点指向了真正的适应现象，但对这种现象的正确态度是担心人们不适应的弊病（如疼痛和噪声），而不是坚持认为他们已经适应的弊病仍然是优先事项。最后，如果一个偏好奢华的人能够从心理咨询中受益，通过调整他的目标来提高他的幸福感，这将使罗纳德·德沃金认为这个人并不处于弱势地位的观点失效。

幸福是人生终极目标的观点在关于幸福的文献中非常流行，值得仔细研究。事实上，幸福是多维的，因此很难评估。主观福利的某些方面可能是正确的，而另一些方面则是错误的。个体之间也可能存在差异。事实上，大多数人在日常决策中，对什么会给人带来幸福的认识都是错误的，这使情况变得更为复杂。

这一论点既有自负的一面，也有谦虚的一面。这种自负的形式试图证明幸福是终极目标。人们在理查德·莱亚德（2005）身上发现了这样一种尝试："将幸福作为终极目标是因为它是不言而喻的好，其他目标就不尽然了。如果有人问为什么幸福很重要，我们无法说出什么外在的理由，很重要就是很重要。"

这个论点有两个弱点。第一，不能因为外在原因而追求幸福，这是不正确的。人们想要快乐，为了完成他们的任务和职责而不受沮丧和消极的情绪的影响。幸福还有其他积极的影响：它使一个人面对家人和亲戚时更愉快，它有利于健康长寿等。第二，更重要的是，即使幸福是生活中唯一只对自己有利的方面，而所有其他方面对幸福都有一定的影响，这也不能说明其他方面对自己也不一定有利。在经济学中，这是一种常见的模式。例如，考虑健康是效用函数的一个参数的可能性是很常见的（它本身是可取的），但这也是工资函数（健康增加收入）的一个数，因此是间接可取的。健康是间接需要的事实并不能证明它不是直接需要的。同样，生活中许多美好的事物能增进幸福，这并不意味着人们想要它们只是为了获得更大的幸福。因此，强有力的论证形式失败了。

更温和的说法是，幸福实际上是人们的终极目标。这是事实陈述，可能是真的，也可能是假的。想必，它不可能同时适用于主观福利的所有方面，我们将依次考察它在享乐得分和满意度得分中的应用。

因此，让我们首先思考一下这个论点，即在没有心理错误的情况下，人们最关心的是他们自己是否体验了某种感觉（即在某一段时间中，体验某种积极的感觉，避免某种消极的感觉）。然而，这个论点实际上是错误的。也许有些人最终只对体验某种情感感兴趣，但他们很可能是少数人。大多数人对自己的精神状态以外的事情感兴趣，关心各种成就。把幸福作为人生的终极目标，远不是正常的、大众化的。它对应于普通人生活目标范围内的一个异类，和一个在普通道德中似乎不值得称赞的异类。① 心理

---

① 享乐主义通常被认为是道德上的问题，把美好的生活和愉快的生活融为一体显得相当平庸。很少有人想一直保持良好的情感。就情感而言，人们通常想要的是对所遇到的情况有适当的情感。美好的生活是一种有着强烈社会联系的生活，它意味着许多快乐和欢笑，但也意味着他们充满了悲伤和丧亲之痛。美好的生活是一种大胆进取的生活，这意味着兴奋，但也意味着恐惧、焦虑和压力等所有的负面情绪，没有这些就无法显示勇气（Martha C. Nussbaum，2008）。Nussbaum M. C. 2008, "Who is the happy warrior? Philosophy poses questions to psychology," *Journal of Legal Studies*, 37: S81–S113.

学家研究了目标和情感之间的联系，并指出了人类目标的复杂性及其与情感和认知的多重关联（Lawrence A. Pervin，1983）。

在这一点上，享乐主义的倡导者可能会划定规范，认为人们应该只关心幸福（只要与他们有关，他们当然也会关心别人的幸福），如果他们不关心幸福，那就错了。但是很难看出他们之前所说的错误是什么，因为正如前面所解释的，没有合理的证据证明幸福是唯一的终极价值。

因此，让我们撇开人们最关心的情感观点（尽管这对某些人来说可能是正确的）转向另一种观点，即人们最关心的是他们的生活评价，也就是说，他们在满意度问卷中被要求做出的认知判断。从某种意义上说，这个观点重复出现。人生评价应该综合人们生活中最关心的东西，因此它肯定是人们最关心的东西。然而，两者之间存在着差异。人们反复地关心他们最终满意的目标，这不等于说他们关心自己的满意度。从某种意义上说，他们的满足感是他们最不在乎的！不是满足造就了美好的生活，而是美好的生活带来了满足。满足感是生活中充满有价值的东西的结果，但它本身并不是价值的源泉。

另一种解释这一观点的方法是，人们必须区分"得到想要的"（obtaining what one wants）和"得到满足"（being satisfied），并认识到人们对前者感兴趣，而不是后者。满足有三种方式，得到想要的只是其中之一。一个人也可以通过调整自己的愿望水平或通过调整自己的偏好来获得满足。每个人都可以自己检查一下，通过得到自己想要的东西或者通过调整自己的愿望和偏好来获得满足感是否更有吸引力。[①]

确实，感到满意对情绪、自信等都有积极的影响。这就是为什么人们也会试图通过适度的愿望和合理的偏好来管理自己的满意度。但即便如此，满足感也有工具价值，而不是内在价值。价值的真正源泉在于情感和客观成就。

经济学家习惯于描述"$u_i(x)$ 最大化"的个体，这让专业人士自然相

---

① 布莱恩·巴利（Brian Barry，2007）将一个追求自我满足而不是得到他想要的东西的人与一个支持最有可能获胜的球队的球迷进行了比较，那会是什么样的球迷？Barry B. 2007, "Rationality and want-satisfaction," in M. Fleurbaey, M. Salles, J. Weymark (eds.), *Justice*, *Political Liberalism and Utilitarianism*: *Themes from Harsanyi and Rawls*, Cambridge: Cambridge University Press.

信，效用是个体的终极目标。但如果把 $u_i(\cdot)$ 看作偏好排序的一种表示形式，x 是对个体关心的所有事情的综合描述，最大化模型与完全不关心 $u_i(x)$ 而只关心 x 本身的个体相适应。在一般的经济模型中，x 是一组有限的经济资源，这些资源在实现更高目标时仅仅具有工具性价值，现在情况是不同的，因为真正的偏好对象不是 x。那么 $u_i(x)$ 可能确实捕捉到了 x 没有涵盖的、对个体非常重要的生活的其他维度。然而，一旦 x 覆盖了所有重要的东西，效用就会失去所有的价值，除了表示排序。

同样，当一个人说投资者最终关心的是资产负债表时，这是一种误导性的说法，他真正感兴趣的是利润。一个会计师如果做了一份不代表实际利润的漂亮资产负债表，就不会让投资者满意。

这种推理表明，无论人们如何定义幸福，幸福是终极价值的论点都是失败的。情感不一定是唯一的价值源泉，生活满足感也根本不是内在价值的源泉，[1] 而是对所有其他价值的无价值总结。

5.1.4 主观性评分的主要异议

以上关于幸福作为终极目标的讨论，引导我们对主观福利主义提出了一个关键的反对观点。这一反对观点并没有在关于福利主义的古典辩论中明确表达出来，但它似乎比古典反对观点更具破坏性，因为它破坏了主观福利主义反映人们自己观点的核心抱负。

反对观点如下：主观福利主义不仅没有抓住真正的有利因素，也没有为人际比较提供一个合理的衡量标准，但这样做，背叛了人们自己的关注。当主观福利关注情感时，就在人们对成就感兴趣而不是对情感感兴趣时，背叛了人们的关注。当主观福利主义关注满意度时，它也背叛了人们的关注，因为它关注的是评价的结果，而不是评价的对象。例如，转变到一种情况下，人们有较少他们想要的东西，但有较低的欲望水平，并最终得到更多的满足，福利主义者会赞成这一改变，但人们自身会反对。

理查德·莱亚德（2005）承认，"这种获得快乐的思想使许多人完全排斥将快乐作为一个目标"。他的回答是，这种提高幸福感的方法在实践

---

[1] 如前所述，它可能因对情感和其他成就的影响而具有工具价值。

中不起作用，因为人们想要给自己设定一个具有足够挑战性的目标，以避免无聊。这个回答是不充分的（即如果目标太低的话，我们就会觉得无聊。如果目标太高，我们就会感到挫败。秘诀在于，目标应该能够达到，但又不太容易达到）。第一，反对观点是有条件的。如果一个人能通过降低自己的满意度来更快乐，那么这将被记录为主观福利指数的改善。即使这种现象从未发生过，这也暴露了这类指标的缺陷。第二，类似的现象确实在很大的范围内发生了，当生活条件发生巨大变化时，由于目标改变，满意度仍保持稳定。

伊斯特林悖论恰恰是这一问题的最佳例证。与 50 年前（或 7 万年前）相比，现在人们似乎更倾向于享受更高的生活水平和长寿。他们的满意对象有所改善，从这个意义上说，他们肯定更满意。但问卷中表达的满意度可能保持稳定，因为答案的标准随人们的实际生活状况而变化。满意度曲线的平坦性（flatness of satisfaction curves）并没有矛盾之处，因为这些曲线并不能揭示人们目标实现的程度。

这里必须要提出的一个重要警告是：这些观察结果与这样一种可能性是一致的，人类发展的方向选择不当，傲慢和物质主义使我们人类的成功成为地球其他地区的灾难。也许人类的目标和价值观是非常值得怀疑的，应该从根本上加以修正。

这些都是重要的道德问题，这里不讨论。本节的重点并不是说，尽管满意度曲线稳定，但发展情况良好。这里提出的一点是，这种稳定如果得到证实，并不能证明人类发展是毫无意义的，也不能证明人类的价值和目标是不符合的。最有可能的是，发展反映了人类的实际目标。出于道德原因，这些目标可能是错误的，但幸福感数据并没有呈现出来。

伊斯特林悖论中的"悖论"是，它有助于将幸福挑战推广到经济方法，而这是幸福方法存在问题的最好证明。主观福利指标不能准确地记录人们的价值观和目标，因为它们要么关注人们生活的一个狭义方面（他们的感受），要么关注幸福感得分和满足感得分，这些都无法准确地记录人们的主观福利和价值观，因为他们的幸福感和价值观具有差异性（幸福的农夫和悲惨的百万富翁）。

这并不意味着幸福感数据是无用的，为它们设想一个好的用途之前需要更多地探索它们是如何生成和处理的，这是下一节讨论的内容。

5.2　主观福利理论

在这一部分，我们可以尝试构建一个典型的主观福利问卷。这将使上一节中提出的一些观点更加具体，并使我们有可能思考如何利用幸福感数据，这是下一节要讨论的内容。

我们将以罗伯特·舒华兹和弗里茨·斯塔克（Norbert Schwarz and Fritz Strack，1999）非正式模型为基础，图 5-3 中描述的是一个简化版非正式模型，因为他们的模型还包括对特定生活领域的评价，如收入或家庭生活。

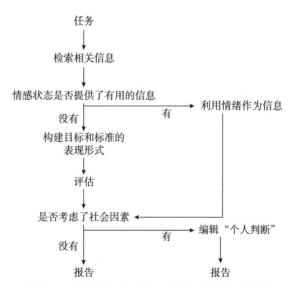

图 5-3　罗伯特·舒华兹和弗里茨·斯塔克的满意度模型（1999）

当对一个人的生活进行评估时，要考虑他/她当前的情绪是否能够提供有用的信息。如果不能，他/她必须检索其他相关信息，明确目标（"我的生活"）的构成，并选择一个评估标准（例如"我的邻居"）。评价的一个关键因素是，有些因素既可以作为评估对象，也可以作为参照背景。

经过评价之后，她还得看看这个回答在访问中是否合适。如果不合适，她可以修改最初的判断（例如，使它变得更乐观）。

5.2.1 情感和评价

现在让我们开发我们自己的模型。首先，让我们把个体 i 的生活想象成一个多维度的向量 l_i，它涵盖了个人在一生中所享受或承受的各种状态、活动、可能性。在回答问卷的时候，这个人还健在，对她未来的生活没有把握；因此，生活的维度包括了未来可能出现的各种场景。让我们接受这样一个惯例：关于这些场景出现概率的看法不是生活的一部分。这是很方便的，因为一个人在评价生活时是否应该采纳自己的看法并不明显。例如，如果一个人对自己的预期寿命过于乐观，那么最好使用更好的专业知识来评价他/她的情况，这样的惯例允许在选择概率方面有一定的灵活性。用 l_{its} 表示在状态（即场景）s 的时间 t 为 i 生活事件的子向量。个体对状态概率 s 的看法表示为 π_{is}。在某个特定日期 X 所经历的情感形成了向量的子向量拟合。

主观福利在模型中的作用如何？首先，在某个特定日期 t 所经历的情感形成了一个向量 l_{its} 的子向量拟合。重要的是，情感是多维的，不同的人可能会根据自己的心理或价值观，也根据不同的环境，对不同的情感赋予不同的权重。正如前一节所解释的，对大多数人来说，想要的情感不是一个持续不断的强烈的兴奋，甚至不是一个安静的满足，而是一个符合生活环境的排序，使个人能够根据自己的价值观以最佳方式应对。有趣的是，对情感的排序不能是"客观的"，因为人们认为与环境相适应的情感取决于人们对环境的反应。例如，有些人认为长时间处于丧亲之痛是软弱的，而其他人则认为这是悼念逝者的最佳方式。即使是像区分消极情绪和积极情绪这样简单的事情，在一定程度上也是有价值和文化依赖的。有些人喜欢感到骄傲，而另一些人则认为这是一种不仁慈和自私自利的情绪。仇恨通常被认为是一种消极情绪，但也受到一些人的赞扬。对某些物品（动物、黄金）的热爱和依恋对某些人是有益的，对另一些人是可鄙的。

总之，我们有 $l_i = (l_{its})_{t,s}$ 和 $l_{its} = (f_{its}, \cdots)$。对于现在和过去的时期，只有一种状态，只记为 $l_{it} = (f_{it}, \cdots)$。

我们仍然需要对生活进行评价（相对于情感）。这里有两种可能性。最简单的假设是，对生活的评价不是生活的一部分，即使它是个人的行为。当 i 回答一份幸福感或满意度调查问卷时，她观察 l_i，函数 ξ_i 将生活映射到调查问卷的一组可能答案中。因此，i 的答案是 $\xi_i(l_i)$。更复杂的选择是把生活评价作为生活的一部分。当个体在时间 t 进行评价 e_{it} 时，这是向量 l_{it} 的一个组成部分。然而，我们可以假设，评价不是其自身的函数，而仅是 l_i 的所有其他组成部分的函数，这意味着存在映射 ξ_i^*，因此 $e_{it} = \xi_i^*(l_i \setminus e_{it})$，其中符号 $l_i \setminus e_{it}$ 意味着组成部分 e_{it} 从向量 l_i 中移除。然而，可能会发生的是，e_{it} 对 l_i 的其他组成部分有影响。例如，一个积极的评价可能会产生良好的情绪，或者可能会更加自信，从而增强未来的前景。然而，奇怪的是，这样的情绪会使 $e_{it} = \xi_i^*(l_i \setminus e_{it})$ 由于发散而出现问题。

我们将使用第一种更简单的方法 $\xi_i(l_i)$，因为该方法忽略相关现象。现在的问题是理解 $\xi_i(l_i)$ 是如何被个体构造的。

$\xi_i(l_i)$ 的值必须在一个给定的量表中，可以是口头量表（例如，非常高兴/相当高兴/不太高兴，或非常满意/相当满意/不太满意/根本不满意），也可以是数字量表（例如，从 0 到 10）。个体的认知问题是把 l_i 的多维放在几个有序的类别中。

5.2.2　调查存在的三个问题

这个问题可以分解为三个问题：①范围问题：l_i 的哪个部分是相关的（这就是罗伯特·舒华兹和弗里茨·斯塔克所说的目标）？②排序问题：在一组相关的可能生活的集合中，l_i 如何排序？③校准问题：排序中的位置如何转化为调查问卷的类别（这就是罗伯特·舒华兹和弗里茨·斯塔克所说的标准）？罗伯特·舒华兹和弗里茨·斯塔克并没有区分最后两个问题，但经济学家熟悉的这种区分似乎至关重要。给一个人的生活评分从 0 到 10 分，首先要确定一个人的生活在一个序数排名中的位置，然后将序数排名中的位置与数字量表上的分数联系起来。这两项任务在认知上是不同的。

5.2.2.1　范围问题（The scope problem）

范围问题是由问题本身，特别是它的模糊性决定的。表 5-1 摘自理查德·莱亚德、盖伊·梅拉兹和斯蒂芬·尼克尔（Richard Layard, Guy May-raz and Stephen Nickell, 2008），列出了主要调查问卷中的各种问题。[①]

大多数问题都表明必须考虑所有的因素，但是这并不能消除范围难题。

所有这些问题的第一个明显难点与时间范围有关。在许多问题中出现的"这些日子"或"现在"一词是指评价时间（对这些日子你的评价是什么）还是要考虑的生活阶段（你目前的生活）？如果这个评价时间没有明确列出，也很难决定一个人是否应该考虑自己的一生，或者只考虑自己过去的生活，或者只考虑当前的时间。如果是后者，期限可以从几天到几年不等。

第二个难点与亲人有关。这个问题是纯粹的个人问题，还是应该将自己的家庭纳入评价？即使个人生活在一定程度上取决于亲人的表现，调查显示，只有纯粹的个人方面才与问题相关，因此，他们的处境所占的权重可能会有很大的不同。

第三个相关的歧义与一般的社会背景有关。成为一个好的政体成员，成为一个顺利发展世界的一部分，是美好生活的一部分。对许多人来说，他们周围的世界，或者至少在他们的社区里发生的事情，就像一件公益物或一件公害物，直接影响他们的满意度。在这样一个满足感问题的背景下，这是否是他们生活的一部分并不容易判断。

在这样一个满足感问题的背景下，这是否是他们生活的一部分不容易判断。安格斯·迪顿（2012）观察到，当问题前面有一个关于政治的问题时，满意度会大幅下降。这可能是由于政治问题的存在，促使人们在回答满意度问题时拓宽了思考的范围。一个普遍的想法是，假设一个人的情况比他的国家的情况好，而且政府的记录很糟糕，在这种情况下，满意度的下降并不奇怪。

表 5-1　幸福感和满意度问题

调查	变量	问题
一般社会调查	幸福感	总的来说，您觉得现在的情况怎么样？您会说您很开心，开心，还是不太开心？

---

① 这个列表省略了盖洛普世界民意测验中使用的生活阶梯问题，这一问题将稍后讨论。

续表

调查	变量	问题
世界价值观调查	生活满意度	总的来说，这些天您对自己的生活有多满意? 请用这张卡片回答问题。[范围为 1~10，1 分表示"非常不满意"; 10 分表示"非常满意"]
欧洲社会调查	幸福感	综合所有因素，您会说您有多幸福? 请用这张卡片回答问题。[范围为 0~10，0 分表示"非常不开心"; 10 分表示"非常开心"]
欧洲社会调查	生活满意度	总的来说，您对现在的生活有多满意? 请用这张卡片帮助您回答问题。0 表示非常不满意，10 表示非常满意。[范围为 0~10，0 表示"非常不满意"; 10 表示"非常满意"]
欧洲生活质量调查	幸福感	以 1 到 10 来衡量所有事物，您会认为自己有多高兴? 这里 1 分表示非常不高兴，10 分表示非常高兴
欧洲生活质量调查	生活满意度	综合考虑，您对现在的生活有多满意? 请用 1 到 10 分回答，1 分表示非常不满意，10 分表示非常满意
德国社会经济小组	生活满意度	总的来说，我们想问您对生活的总体满意度。请根据以下标准回答: 0 表示"完全不满意"，10 表示"完全满意"。综合考虑，您对自己的生活有多满意?
英国家庭调查	生活满意度	总体而言，您对自己的生活有多不满意或满意? [范围为 1~7 分，1 分表示"一点也不满意"; 7 分表示"完全满意"]

资料来源: Layard R.，G. Mayraz，S. Nickell（2008）。

一般来说，人们可能会怀疑范围的模糊性最有可能造成答案对问题顺序和问卷的各个框架方面的强烈依赖性。当一个问题模棱两可时，人们会在调查的其他方面寻找线索。范围的模糊性可能会在受访者中造成不受控制的多样性，并产生大量噪声。

正式地说，用 l_i^* 表示 l_i 的子向量，即个人认为与问卷相关的子向量。为了简单起见，我们可以为评价函数保留相同的符号，用 $\xi_i(l_i^*)$ 描述如何确定答案。

5.2.2.2 排序问题

幸福感或满意度问题没有明确要求对受访者进行排序。有人可能会怀疑，很少有人对自己的生活有固定的偏好。但当被问到这样一个问题时，人们被迫将多维生活的复杂性简化为有序模式，这就需要事先构建一个排序，不管这种排序有多粗略。

这种做法的认知复杂性可能会促使受访者专注于他们处境的一些显著方面，并忘记他们生活中的许多相关方面。这与"聚焦错觉"（focusing illusion）有关，人们往往通过这种错觉来夸大当前正在考虑的方面的重要性（Daniel Kahneman et al.，2006）。在这里，问卷的总体结构起着重要作用。当问题是在开始时提出的，或者是在一系列不直接相关的问题之后提出的，那么排序的构建就特别复杂。当问题在对生活的各个领域进行全面提问之后出现时，任务就变得不那么复杂了，尽管受访者可能会更容易受到先前问题的框架影响，但受访者应该不容易受到聚焦错觉的影响。

考虑到范围问题导致受访者指定了注意力受限的 l_i 的子向量 l_i^*，受访者只需要对可能的向量 l_i 进行排序。但相比 l_i，受访者可能对 l_i 的其他组成部分以及宇宙的其他方面有一些偏好。假设排除的组成部分具有固定值，则从全向量的排序中推导子向量的排序很容易。人们自然会期望调查问卷的受访者将这些排除的组成部分的当前值作为固定值。

但是，在现有的背景中，排除的组成部分的固定值可能不容易假定，这会造成特定的困难。以一个富裕国家的受访者为例，他想象自己的生活评价在 0~10 分的范围内。0 分表示最坏的生活评价，10 分表示最好的生活评价。但他可能认为，最坏的生活是生活在一个充满不安全感的贫穷国家。这种不同情况的某些方面会改变 $l_i \setminus l_i^*$ 的组成部分，即排除的组成部分。现在，这些不同的 $l_i \setminus l_i^*$ 值可能会改变 l_i^* 的排序。例如，他在自己安静富裕的国家里，喜欢把自己的一生奉献给艺术，但如果他在贫穷的国家里，他更愿意把自己的一生奉献给政治，并认为成为艺术家是可耻的。因此，在目前的情况下，他更偏好 l_i^*（艺术家）而不是 $\overline{l_i^*}$（政治家），但如果他在贫穷国家，他/她会有相反的偏好。然而，在这两种情况下，他可能会同意 l_i 中最坏的生活情况，但这不能保证。综上所述，虽然在原则上定义 l^* 的顺序很容易，但当 l_i^* 取所有可能的值时，假设排除的组成部分是固定的，这可能是不现实的。那么在 l_i^* 上可能没有一个明确的顺序。

对未来的期望是目前讨论的一个有趣的因素。如果 l_i^* 包括未来，那么

受访者对 l_i 的期望，尤其是他的看法 π_{is}，将直接发挥作用。如果 l_i^* 不包括未来期望，受访者对其一生的偏好 l_i 将使定义对 l_i^* 的偏好变得困难。现实地说，对 l_i^* 持不同的人生价值观应与不同的人生期望是一致的。这种不同的期望可能会改变对 l_i^* 的偏好。例如，如果一个人希望有一个舒适的退休生活，他可能想采取一种安全的生活方式。如果一个人的情况如此糟糕，以至于他不能长寿，那么一种不太健康的生活方式可能会变得更有吸引力。如果偏好取决于人们如何根据 l_i^* 的实现来修正期望，那么很难知道对于 l_i^* 的偏好是什么。

在某种意义上，这一问题表明，满意度指标比偏好空间中的局部福利指标对信息的要求更高。例如，等价收入的计算只需要有关个人当前无差异曲线的信息，个人没有必要了解无差异曲线的问题，想象排序中的情况，特别是"最好的可能"和"最坏的可能"生活的极端情况。①

最后假设个体设法构造向量 l_i^* 的不完全排序，并用 R_i^* 表示这个自反和可传递但不一定完全的关系（伴随着严格偏好关系 P_i^* 和无差异关系 l_i^*）。不完全性必须在某种程度上受到限制，因为如果生活的一个子集与它的补充子集完全不可比，就有问题了。人们可以合理地假设，对于每一种生活，很容易找到一种相似的生活，这种生活只在几个维度上有所不同，而且明显是好的或明显是坏的。对于给定的向量 l_i^*，让 $L(l_i^*; R_i^*)$ 表示可与 l_i^* 比较且不优于 l_i^* 的向量子集，也就是说，l^* 的集合使得 $l_i^* R_i^* l^*$，并用 $H(l_i^*; R_i^*)$ 表示与 l_i^* 可比且不比 l_i^* 差的向量子集，也就是说，l^* 的集合使得 $l^* R_i^* l_i^*$。

5.2.2.3 校准问题

在问卷调查中，校准问题是最有趣的。由于生活向量的不完全排序 R_i^*，个体如何将其实际生活 l_i^* 的排序转化为问卷的特定类别 $\xi_i^*(l_i^*)$？这里有一个很强的框架效应，因为问卷中提供的量表是有界限的。虽然生活的许多方面都是开放的（没有最多的收入，也可能没有最大的痛苦），或者有非常模糊和遥远的人体极限（身体和智力表现以及寿命都没有已知的

---

① 等价收入可能需要远离"无差异曲线"，这也可能是认知上的要求（一个人长期生病时想象身体是健康的）。但这与在一个包含最好可能和最坏可能的量表上定位当前情况不同。

极限）。给受访者一个有界量表，迫使他们从生活内容的推理转向统计分布的推理。因此，他们必须确定他们的处境在某一特定的分布中，问题是选择哪种分布。

当然，对统计分布的这一提法不应过于字面化。很少有受访者会在可能的生活分布中找到一个分位数，从而准确地找出问题所在。但很明显，如果给定一个固定数量的有序类别，受访者就必须选择一个相对排序来对自己的生活进行评分。

奇怪的是，如果一个受访者说人类的状况是可怕的，所以他选择了最坏的一类，或者说生命是最伟大的礼物，所以无论发生什么，他都应该选择最坏的一类。生活阶梯问题明确提到"最好的可能"和"最坏的可能"的生活最有效地迫使受访者考虑相对的条件。在盖洛普世界民意调查中，公式如下：

> 想象一个 10 级的阶梯，阶梯顶部（10）为最美满幸福的生活，阶梯底部（0）是最糟糕的生活。
> 你认为你在阶梯的第几级？（现在）
> 你认为 5 年后你会在阶梯的哪一级？（未来）

阿尔伯特·哈德利·坎特里尔（Albert Hadley Cantril, 1965）提出了这种方法，其目的是设计一种"自我锚定量表"（self-anchoring scale），人们将以相对而非绝对的方式思考，并根据自己的观点和可能性调整标准。注意到锚定的模糊性是很有趣的。"对你来说最好的可能的生活"这一表达可能意味着"根据你对生活的偏好排序，对一个人来说最好的可能的生活"，关于"可能"是指逻辑上的可想象性，还是指现实世界中的可实现性，还有一点模棱两可；但它也可能意味着"你所能达到的最好的生活"，在这里，关于如何理解可能的、不可能的区别又是一个模棱两可的问题。这些模糊性在数据中引入了相当大的噪声。一个人把最好的可能生活定义为人类两千年来的梦想生活，而另一个人把最好的可能生活定义为对他自己的可能性的适度乐观的解释，这两个答案如何比较呢？同样的模棱两可发生在"最坏的可能生活"上。

在坎特里尔的研究中，没有这样的歧义，因为阶梯问题之前有以下

问题:

第一,我们都想从生活中摆脱某些东西。当你想到生活中真正的重要的事,你对未来的愿望和希望是什么?换言之,如果你用最好的开展来想象你的未来,那么如果你要获得快乐,你未来的生活会是什么样子?好好想想再回答,这些事情不容易用语言表达。

第二,现在,换个角度来看,你对未来的恐惧和担忧是什么?换言之,如果你用最糟糕的开展去想象你的未来,那么你的生活会是什么样子呢?再强调一下,好好想想再回答。

坎特里尔的研究有一个显著的特点,那就是它让我们了解了不同的人生活中最好和最坏的情况。以下是两个关于最好生活的对比例子,一个来自印度,另一个来自美国:

从我不在别人拥有的土地上工作后,我想有一个儿子和拥有一块土地。我想自己盖一栋房子,养一头牛,喝牛奶和酥油。我也想给我妻子买些更好的衣服。如果我能做到这些,我会很高兴的。

我想要获得合理的收入来供养家人,有一辆新车,有一艘船,把我的四个孩子送到私立学校上学(坎特里尔,1965)。

这是对描述伊斯特林悖论的数据结果的一个普遍反驳,即 GDP 的结果是无界的,而满意度分数是有界的。但满意度问题的真正难点在于,生活的真实量表更像 GDP,并没有自然的界限。因此,当受访者必须以一个有界的量表描述一个无界的对象——他们的生活时,他们会被诱导以相对值进行推理。①

有时这看起来并不那么做作。生活的维度是有界的。一个人的社会地位,一个人在收入分配中的地位,以及所有类似的相对地位,都已经被铸造在相对论的框架中。健康也被认为是与健康状况良好相比较的。显然,对于那些只关心自己在社区中的相对排序的人来说,他们的任务变得更容

———————————

① 请注意,问题并非来自梯子上的梯级数量有限。如果阶梯没有上限,也无法解决这个问题,因为人们仍然需要用自己的理解判断两个梯级之间的差距。

易了，因为他们不必像他们在这些量表中所想的那样转换到相对值。

综上所述，生活是由无界维度和有界维度组合而成的，因此有必要以相对数回答满意度调查问卷。这并不一定意味着必须与其他社会成员进行比较。但与某些基准进行比较似乎是不可避免的，而对阶梯式生活中可能出现的最好和最坏生活的参考问题使其更加明确。

从形式上讲，用相对数来评价生活，就等于定义了 l_i^* 集的分布。μ_i 表示个体选择的概率度量。然后计算 $\mu_i(L(l_i^*；R_i^*))$ 或 $1-\mu_i(H(l_i^*；R_i^*))$ 是评价 l_i^* 相对位置的自然方法。

文献中，通常采用分母为平均值的比率形式引入相对值。这是这里描述的一个特例。对于均匀分布在区间上的实随机变量 y，比值 $y/\bar{y}$（其中 $\bar{y}$ 是均值）是累积分布函数的仿射变换。然而，对于具有无界支撑的分布（如正态分布或对数正态分布），$y/\bar{y}$ 不是有界变量，也不是将 y 压缩为有界尺度的方便方法。

从 $\mu_i(L(l_i^*；R_i^*))$ 或 $1-\mu_i(H(l_i^*；R_i^*))$ 到 $\xi_i^*(l_i^*)$，只剩下将 $[0,1]$ 区间划分为子区间。这就产生了一个二次校准问题，但是我们可以假设采用了均匀划分，并且主要的校准操作克服了所有的困难。

现在研究受访者的主要任务就是定义一个标准，也就是对分布 μ_i 进行校准。校准有三种可能性。第一种可能性是受访者在一段时间之前预期的可能的生活分布。然后由期望或愿望驱动校准。第二种可能性是在某个参考群体中观察其他人的生活分布。然后通过与其他校准的比较来驱动校准。第三种可能性是只有当 l_i^* 仅指当前的生活向量 $l_{i_{t_0}}$ 时才有意义，其中 t_0 是采访时间，采访的是受访者的过去经历。该校准依赖过去的经历。受访者过去的经历通常是退化分布，无法直接计算 $\mu_i(L(l_i^*；R_i^*))$，因为 l_i^* 不支持。然后必须围绕过去的经验来定义一个分布，以便定义什么是"小的"或"大的"改进或退化。

请注意，对于这三种可能性中的每一种，都有许多可能的选择。个人愿望可能或多或少是远大的，与其他人的比较可能涉及不同的参照组，而对过去的参考可能涉及不同的时期。分析人员使用幸福感数据的结果是，校准问题是个体间异质性的来源。此外，受访者可以通过混合各种灵感来源来构建 μ_i。不同的测度函数可以很容易地组合成一个新的测度函数，只需计算一个加权平均值。有些人可能更重视与他人的比较,而另一些受访者可能主要是指他们自己的愿望,但所有这些都能给这些不同的因素增加权重。

玛丽·斯特菲尔和丹尼尔·奥本海默(Mary Steffel and Daniel M. Oppenheimer,2009)研究了受访者在简单幸福问题中使用的比较标准("你有多幸福?")。第一,他们的研究证实,即使对于这样一个直接的问题,可以解释为涉及情感,而不是生活评价,人们会做比较以校准答案。第二,在他们的研究中,使用了各种各样的标准,大多数的内部比较(参考分布是"对我来说什么是典型的")超过了人际比较。第三,受访者将自己与他人进行比较,往往比那些进行自我比较的人给出更高的幸福感得分。他们研究的一个结论是,调查应该努力消除标准的异质性,这种异质性使得答案很难在受访者之间进行比较。

最后,必须强调的是,这里提出的模型可以用公式 $\xi_i(l_i^*) = \mu_i(L(l_i^*; R_i^*))$ 来概括。

对于上面列出的校准阶段,受访者可以先在生活领域量表中体验三次,获得每个生活领域的满意度得分。在这种情况下,可以将总体满意度构建为各个生活领域得分的加权平均数。这样做的好处可能是使排序更容易,因为生活领域包含的异质子维度更少。只不过是把生活领域可比较的艰苦工作推迟到汇总满意度得数的最后阶段。这种变动对于问卷调查来说尤其合理,在问卷调查中,受访者确实被要求在被问及总体满意度问题之前给出生活领域的分数。

罗伯特·施瓦兹和弗里茨·斯塔克(Norbert Schwarz and Fritz Strack,1999)的总体满意度模型非常重视情绪作为获取信息捷径的作用。考虑到受访者的当前情绪已被证明会影响满意度得分,了解这种情况是如何发生的确实很有趣。假设情绪使受访者绕过整个推理并立即给出分数是一种非常极端的可能性。其他值得探索的假设是,良好的情绪通过使受访者专注其处境的积极方面(选择性关注)而扭曲了排序阶段。或者通过使受访者采取不太有利的参考分布 μ_i 或通过诱导 $\mu_i(L(l_i^*; R_i^*))$ 的计算向上偏移而扭曲校准阶段。这三种行为方式都可以部分地由受访者的无意识欲望驱动,以产生确认当前情绪的情感。好的评价能产生更好的心情。

5.2.3　异质性和移位标准

上一小节提出的模型表明，当受访者使用不同的策略或不同种类的信息来处理范围、排序和校准问题时，他们给出的答案很难比较。

尽管这是一个最终由数据决定的经验陈述，但人们可以有把握地推测异质性的主要来源在于校准问题。幸福的农夫和悲惨的百万富翁在生活评价上不能有如此大的分歧，因为他们在定义 l_i^* 和构建 R_i^* 时关注的是生活的不同方面。他们必须采取非常不同的参考分布 μ_i，以便将他们可能相似的排序转换为有界的分数。他们的个人期望，他们的社区，他们自己的过去，所有这三个典型的灵感来源的选择分布 μ_i 确实可以以完全不同的方式，产生不同的评价标准。如果一个人的期望值较低、生活的社区并不怎么富裕、属于弱势群体，那么他就更容易得到满足。坎特里尔（1965）很早就证明了这一点，他引入了对"可能的最好生活"的自由描述法。乔治·列文斯坦和彼得·尤伯（George Loewenstein and Peter A. Ubel, 2008）以及卡罗尔·格雷厄姆（Carol Graham, 2009）强调这种多样性，特别是由适应现象引起的多样性（Philip Brickman and Donald T. Campbell, 1971）。

事实上，在特定的情况下，伊斯特林悖论集中体现了满意度得分的稳定性，这可以很容易地解释为，所有三个校准源都倾向于遵循人们实际情况的演变。沿着发展道路，期望值上升，社会其他部分上升，如果以固定的滞后到现在来定义，过去的经验也会上升。因此，如果由于这些不断变化的参照标准，分布 μ_i 随 l_i^* 的变化而变化，尽管 $\mu_i(L(l_i^*; R_i^*))$ 在 R_i^* 定义的排序中的位置不断改善，但仍可观察到 l_i^* 的稳定性。

拉菲尔·迪·泰拉和罗伯特·麦卡洛赫（Rafael Di Tella and Robert MacCulloch, 2006）认为"为了使适应效应和相对收入效应成为伊斯特林悖论的相关解释，我们需要一个非常具体的模式：个人必须适应收入，但不适应其相对位置"。并且认为这种模式得到了数据的证实。本书提出的模型对这一现象提供了一个简单的解释。相对排序不需要校准操作，而一个无界的变量（比如收入）则需要。在参照组中相对富裕的人可以稳定地给出更高的满意度分数，但收入的长期增长改变了分布 μ_i，因此在满意度分数中收入的作用被省略。

对相对排序的适应确实与模型在逻辑上是一致的。如果个人关心自己的相对排序,并利用自己最近在相对排序的经验来校准分数,就可能发生这种情况。但这需要一个非常具体的排序模式(关注相对排序)和校准模式(使用最近的相对排序)。特别地,重新校准一个已经以相对形式出现的变量似乎很不自然。

该模型还表明,尽管低收入会对情绪产生消极影响(Daniel Kahneman and Alan B. Krueger,2006;Daniel Kahneman and Ed Diener,2010),但与记录情绪流动的情感分数相比,满意度分数可能对客观生活条件更为敏感。假设,在被剥夺的压力条件之外,情绪是由个人以这样一种方式管理的,即他们总是回到他们设定的水平,而这个设定的水平更多地取决于个性而不是生活的内容。那么情感对生活条件不是很敏感,除非是在严重不利的情况下。相比之下,降低满意度得分对生活敏感度的标准改变并没有削弱相对结果(除了上一段描述的非常特殊的情形)。只要个人关心他们的相对排序或用它来校准他们的答案,他们的分数将因此稳定在与其在客观结果分布中的排序相对应的各种不平等水平上。

埃德·迪纳(Ed Diener,2008),丹尼尔·卡内曼和埃德·迪纳(Daniel Kahneman and Ed Diener,2010),贝齐·史蒂文森和贾斯汀·沃尔弗斯(Betsey Stevenson and Justin Wolfers,2008)以及丹尼尔·萨克斯、贝齐·史蒂文森和贾斯汀·沃尔弗斯(Daniel W. Sacks,Betsey Stevenson and Justin Wolfers,2010)对人们在空间和时间上使用不同标准的观点提出了挑战。图5-4显示了不同国家对人均 GDP 满意度。这个结果显示了一个很好的对数线性关系,尽管它也显示了在每个收入水平上满意度的巨大变化。此外,丹尼尔·萨克斯、贝齐·史蒂文森和贾斯汀·沃尔弗斯(Daniel W. Sacks,Betsey Stevenson and Justin Wolfers,2010)表明,国家之间对数线性横截面关系的斜率通常与国家内部关系的斜率相似。随着时间推移,他们注意到,从长期来看,各国满意度的演变是相当多样化的,一些国家的收入与满意度之间长期呈现负相关。不过,从样本中的国家来看,它们表明,平均而言,这些数据与收入呈正相关,斜率与横截面图中的斜率相似,不过,由于长期来看数据仍然稀少,因此置信度较低。

收入与福利之间的对数线性关系至少可以用两种方式来解释。丹尼尔·卡内曼、埃德·迪纳（Daniel Kahneman and Ed Diener，2010）和埃德·迪纳（Ed Diener，2012）引用了韦伯定律（Weber Law）。[①] 这条定律表明，刺激因素的最小显著变化与刺激量的初始大小成正比。相关的费克内定律（Fechner Law）意味着刺激因素和反应之间的关系是对数线性的（如果反应与感知呈线性关系，则由韦伯定律得出）。虽然收入是用货币来衡量的，而且有客观的最小单位，但人们感觉到的刺激因素变化是收入的百分比增长而不是绝对增长，这是有道理的。这就是得到对数线性关系的方法。

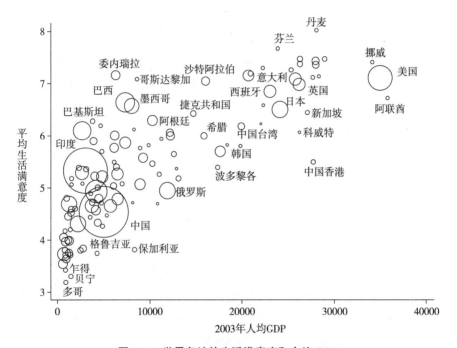

图 5-4　世界各地的生活满意度和人均 GDP

资料来源：Deaton A.（2008）。

---

① 韦伯定律，德国生理学家 E. H. 韦伯通过对重量差别感觉的研究发现的一条定律，即感觉的差别阈限随原来刺激量的变化而变化，而且表现为一定的规律性，刺激的增量（ΔI）和原来刺激值（I）的比是一个常数（K），用公式表达即=ΔI/I，这个常数叫韦伯常数、韦伯分数或韦伯比率。

这一解释表明,收入和满意度随着时间的推移呈稳定关系,但与个人
和国家之间的相当程度的异质性相一致。

请注意,对数曲线从−∞到+∞,因此韦伯—费克内定律不可能是有界
尺度的全部解释。延长安格斯·迪顿(2008)绘制的曲线,人均 GDP 大
约在 30000 美元时超过生活满意度的 10%上限。

此外,图 5-4 中所示的对数曲线,还有另一种自然的解释。这种曲线
也是累积分布函数的形状。特别是收入分配的 CDF 可能很容易表现出这种
形状。来自夏威尔·萨拉—伊—马丁(Xavier Sala-i-Martin,2006)的
图 5-5 显示了世界收入 CDF 的估计,收入以对数尺度衡量。

这条曲线不是直线的,但是如果把 500 美元以下和 40000 美元以上的
收入水平去掉,2000 年的曲线就相对是直线了。满意度答案的形状也可以
解释为人们从他们在世界收入分配中的排序中获得灵感来回答满意度问
卷。当然,人们在分布中的实际地位不一定与他们的感知相一致,而后者
才是他们满意的基础。

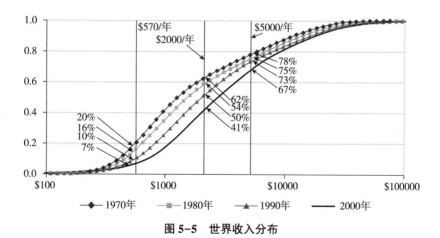

图 5-5　世界收入分布

资料来源:Sala-i-Martin X.(2006)。

因此,我们对满意度曲线的形状有两种相互矛盾的解释。它们对长期
的变化做出了不同的预测。根据韦伯—费克内的解释,所有国家都沿着固
定曲线前进。在 CDF 解释中,曲线随着所有国家的增长而水平移动,随着
分布的变化而改变形状。

这两种解释不是排他性的，可以按以下方式结合起来。我们可以想象，满足感低于 5 分的区域是一个有生存问题的区域，韦伯定律可在其中起作用，而 5 分以上的满意度受当前分布的影响较大。因此，我们可以想象，在历史上，摆脱赤贫国家的平均满意度有所提高，而富裕国家的满意度保持稳定。如果世界朝着收入分配不那么不平等的方向发展，这条曲线将向上移动到 0~5 分区域上方，但仍将保持高于该区域的 CDF 形状。

想象一下，在下个世纪，欧洲国家的形势停滞不前，而北美洲的人均 GDP 增长了 10 倍，人口预期寿命翻了一番（这将模拟富裕国家和贫穷国家之间目前的差距）。韦伯—费克内的解释是，欧洲的满意度将保持现在的水平。更现实的推测是，考虑到北美洲更高的生活水平和寿命，欧洲人会改变他们对"最好可能的生活"的看法，结果满意度会大大降低。

回到校准是均匀稳定的还是非均匀变化的问题，可以总结为三点。第一，图 5-4 不仅揭示了一个总体趋势，而且还揭示了一个巨大的变化。这两个国家不在同一条线上。特别是，人们可以看到，收入水平大不相同的国家都具有了中等程度的满足感。例如，很难相信巴西人平均比日本人富裕。因此，这些数据不仅显示了一般的模式，而且还显示了许多噪声，这些噪声揭示了不同情况下受访者使用的不同校准。这些数据非但没有推翻调查中存在不同标准的论点，反而证实了这一点。

第二，丹尼尔·萨克斯、贝齐·史蒂文森和贾斯汀·沃尔弗斯（Daniel W. Sacks, Betsey Stevenson and Justin Wolfers, 2010）对收入和满意度之间长期关系的分析揭示了世界各地的各种各样情况。尽管数据与平均正相关，但丹尼尔·萨克斯、贝齐·史蒂文森和贾斯汀·沃尔弗斯（Daniel W. Sacks, Betsey Stevenson and Justin Wolfers, 2010）强调，这种关系对样本的组成并不可靠，并表明这种情况并非所有国家沿着同一斜率的统一变动。有各种各样的斜率，相当多的国家的收入和福利之间甚至为负关系。因此，图 5-4 中的圆并不是沿着平均对数线性线缓慢移动，而是遵循复杂的模式。拉菲尔·迪·泰拉和罗伯特·麦卡洛赫（Rafael Di Tella and Robert MacCulloch, 2006）根据 1960 年各国人均 GDP 的排序将样本分为两个子集，并显示较贫穷的一半的满意度水平确实受益于 1960 年至 2005 年的

增长，而较富裕的一半没有显示出国内生产总值增长对满意度的任何显著
影响。这些作者对这些结果的解释方式类似于之前提出的韦伯定律的低满
意度和 CDF 解释的高满意度的结合。另一种可能的解释是，CDF 理论适用
于任何地方，相当一部分较贫穷国家的受访者认为他们在分布中的排序有
所提高。

第三，正如前一节所解释的，关于满足感是在空间和时间上稳定的还
是随着增长而增加的这些争论实际上关注的是这些调查的质量，而不是福
利的真正演变。如果数据显示满意度和收入之间没有联系，这将引起对满
意度调查的怀疑。如果数据揭示了满意度和收入之间的某种联系，这就更
好了，但仍然不能证明满意度调查在跟踪人们所关心的方面是可靠的，特
别是当这种联系充满噪声时。

5.2.4 人们关心什么？

这里提出的模型也有助于理解主观福利数据与"人们最关心的最终结
果"之间的关系（Daniel Kahneman，Ed Diener and Norbert Schwarz，
1999）。

正如我们所说，个人可能关心许多事情，其中，l_i 的组成只是其中的
一部分，而 l_i^* 的组成部分则占比更小。让我们把排除在外的维度抽象出
来，并关注个体是如何关心 l_i^* 的。问题是 $\xi_i(l_i^*)$ 是否是"人们最关心的
最终结果"的一个很好的代表，可以用来比较不同时间、不同个人和人群
的情况。事实上，不同的人在处理范围问题时可能会关注 l_i 的不同部分，
而当他们试图对生活进行综合排序时，可能会关注 l_i^* 的不同部分，这削弱
了答案的可比性，正如我们所看到的。但关键问题是，校准策略的异质
性。忘记那些被排除在外的成分，好的生活就是一个好的 l_i^*，正如 R_i^* 所
评估的那样。就拿两个人来说，亚伯和贝尔，他们有相同的 R^*，他们都
同意亚伯有一个更好的生活，这似乎是合理的结论，亚伯拥有更好的生
活。我们称之为"相同偏好"原则（Marc Fleurbaey et al.，2009）。

相同偏好原则：如果有 $R_i^* = R_j^*$ 和 $l_i^* P_i^* l_j^*$，那么 i 比 j 生活得更好。

但是，这些个体可能会使用不同的校准策略，因此亚伯实际上具有较
低的 $\xi_i(l_i^*)$。相信满意度得分会泄露相关个人对比较的看法。违反相同偏

好原则是解决这个问题的正规方法。

这只是对早期关于伊斯特林悖论的讨论中提出的问题的更精确的表述。人们关心的是他们生活中发生了什么，而不是他们如何在有限的范围内校准答案以适应他们的评估。准确地说，人们确实关心校准，并可能设计校准以增强他们的情绪，如第 5.1.3 小节所述，或在面试官面前显得体面，这是罗伯特·舒华兹和弗里茨·斯塔克（Norbert Schwarz and Fritz Strack，1999）模型末尾出现的社会因素。但他们并不太在意这一点，当他们不得不在两者之间做出选择时，一个更大的 $\xi_i(l_i^*)$ 通常比一个更好的 l_i^* 更重要。

是否有满足相同偏好原则的方法？例如，等价收入指标所体现的等价方法确实满足了这一要求。当两个人有相同的偏好时，生活较好的人在参考集中必然有较好的同等生活，例如，较高的等价收入。直观地看，这是因为他们偏好相同时，一个拥有更好生活的人有一条更高的无差异曲线。该性质同样适用于多重参考等价收入，该等价收入是在多个参考情况的基础上，通过取每个参考情况下获得的等价收入的平均值（或广义平均值或最低值）来计算的。[①]

另一个更接近本节所研究内容的例子是一个依赖于固定校准的测量，也就是说，在给定的 μ_0 上，也可以满足相同偏好性质。当两个个体有相同的 R^* 和 $l_i^* P^* l_j^*$ 时，$\mu_0(L(l_i^*；R^*)) > \mu_0(L(l_j^*；R^*))$，前提是 μ_0 足够好，能够区分两个集合 $L(l_i^*；R^*) \supsetneq L(l_j^*；R^*)$。有趣的是，$\mu_0(L(l_i^*；R_i^*))$ 在其形式结构上与多重参考等价收入没有太大区别。实际上，$\mu_0(L(l_i^*；R_i^*))$ 的值是下轮廓集 $L(l_i^*；R_i^*)$ 的度量。现在假设通过设置 $l_i^* = (x_i, y_i)$ 并用 u_i 作为 R_i^* 的效用表示，可以将本章的模型与上一章的模型链接起来。例如，平均等价收入

$$\int_{(\tilde{p}, \tilde{y})} e_i(\tilde{p}, \tilde{y}, u_i(l_i^*)) f(\tilde{p}, \tilde{y}) d(\tilde{p}, \tilde{y})$$

是对较低情况 (m, p, y) 轮廓集的度量，以便使 $v_i(m, p, y) \leqslant u_i(l_i^*)$（这是图 4-8 中的下轮廓集）。

---

① 然而，回想一下，等价方法是为完全的偏好排序定义的。将其推广到不完全排序并不复杂，但需要考虑等价收入的不精确值。

这里有一个技术上的差别。概率测度 μ_0 应该是有界的，而等价收入更像是一个集合的体积度量，因此是无界的。前者是一个相对的量值，后者用货币单位表示。这种差别并不重要，因为人们可以很容易地将等价收入标准化，使之成为相对收入，或者用 $\mu_0(L(l_i^*; R_i^*))$ 乘以某个常规的量值，得到一个绝对值。然而，事实上，生活本质上是开放的，与有界测度相比，更倾向于采用开放式测度，如等价收入。特别是用生活维度的自然单位表示的度量比没有单位并且已经包含对分布的参考的度量更容易考虑不平等厌恶。这是一个值得进一步分析的有趣问题。

5.2.5 不同偏好的比较

关于 $\mu_0(L(l_i^*; R_i^*))$ 的例子，要注意的是，普通的主观得分 $\mu_i(L(l_i^*; R_i^*))$ 不只有一个重要问题，而是有两个重要问题。在本章中，我们强调了其中一个问题，即跟踪人们关心的内容，这受到校准 μ_i 的异质性的阻碍。这种异质性会违反相同的偏好原则，使得尊重生活中有相同偏好和价值观的人的观点成为问题。当采取统一的校准指标 μ_0 时，这个问题确实得到了缓解。

另一个重要的问题，在关于福利主义的经典辩论中（第 5.1.2 小节）被强调，即使所有个人在表达主观福利时都依赖于相同的校准指标 μ_0，不同偏好的个体之间的比较也不一定能很好地进行。这样的测量方法可以正确地比较具有相同偏好的个体，但是它可能无法恰当地比较具有不同偏好 R_i^* 的个体。正如约翰·罗尔斯（John Rawls，1982）、罗纳德·德沃金（Ronald Dworkin，2000）甚至亚伯拉罕·伯格森（Abram Bergson，1954）早先所倡导的，这种比较需要公平原则，如限制支配原则或公平社会秩序理论中的类似概念。

第二个重要问题揭示了主观数据为社会评价提供良好的福利指标是多么困难。当我们研究平均统计数据时，通过大数定律也许可以大致消除异质性校准的问题，但对于具有异质性生活偏好的人群来说，对幸福感分布的估计要求更高。希望对主观福利问卷的自发回答能够直接为道德上合理的人际比较提供数据，这更需要勇气。

例如，马克·弗莱拜伊、埃里克·斯科卡尔特和科恩·德坎克（Marc

Fleurbaey，Erik Schokkaert and Koen Decancq，2009）在俄罗斯样本中比较了满意度最低（最低五分位数）和等价收入最低的人群，发现这些人群差异很大——当采用不同的参考参数来计算等价收入时，要比这多得多。具体来说，满意度最低的人包括在所有客观方面都相当富裕的人，即使他们并非都是百万富翁。

5.3 利用幸福感数据

有了上一节的概念工具，我们可以研究已经提出的主观福利数据的各种用途，并探索各种可能性。

5.3.1 建议指标

首先是简单的平均得分（满意度或幸福感），这是文献中最常见的统计：

$$\frac{1}{n}\sum_i \mu_i(L(l_i^*;R_i^*))$$

这样一个指标假设个人得分 $\mu_i(L(l_i^*;R_i^*))$ 是基本可测量的，并且在人际间具有可比性，并且社会福利随着平均数的增加而增加。这两个假设是不同的。前者是合理的，如果 $\mu_i(L(l_i^*;R_i^*))=\mu_0(L(l_i^*;R_i^*))+\varepsilon_i$，其中 $\mu_0(L(l_i^*;R_i^*))$ 是一个基本有意义的度量，$\frac{1}{n}\sum_i \varepsilon_i$ 在测量操作中不波动，则前者是合理的。

这些假设都不可信。当校正中的异质性不仅仅涉及固定的个体变化时，个体之间的得分差异不具有直接可比性；当 $\frac{1}{n}\sum_i \varepsilon_i$ 随文化不同而变化时，不同人群（如国家）之间的比较是有问题的，而分数相加忽略了不平等。

引入不平等厌恶需要计算一个广义平均数

$$\frac{1}{n}\sum_i \varphi(\mu_i(L(l_i^*\,;\,R_i^*)))$$

用凹变换 φ。对个人得分 $\mu_i(L(l_i^*\,;\,R_i^*))$ 的信息要求更高,因为它们必须是完全可测量和可比较的。

显然,这些数据的使用要求较低。盖洛普健康幸福指数(Gallup‐Healthways Well‐Being Index)关注不同层次的受访者比例,特别考虑到在 0~10 分的阶梯上,4 分或以下的受访者处于"痛苦"一级,而 5~6 分的受访者处于"挣扎"一级。彼得·哈蒙德、费德里卡·利比尼和欧亨尼奥·普洛托(Peter J. Hammond, Federica Liberini and Eugenio Proto, 2011)也提倡这种方法。这就要求个人得分水平,而不是差异,在人际间具有可比性,而且,对于社会福利的应用,它还需要附加道德假设,即得分较低的个人应被视为比得分较高的个人状况更差。此外,寻求将低于某一分数的人口比例最小化,将涉及一种在底部加总的最大最小准则(maximin criterion)。

这种方法不符合假设 $\mu_i(L(l_i^*\,;\,R_i^*))=\mu_0(L(l_i^*\,;\,R_i^*))+\varepsilon_i$,它本质上要求,对于所有的 i,$\mu_i(L(l_i^*\,;\,R_i^*))=\mu_0(L(l_i^*\,;\,R_i^*))$,但是没有假设 $\mu_0(L(l_i^*\,;\,R_i^*))$ 是一个基本的有意义的度量。正如弗莱拜伊、斯科卡尔特和德坎克(2009)对最贫困人口的研究所表明的那样,这种方法不太可能恰当地确定社会政策中最值得优先考虑的人口亚群体。

丹尼尔·卡内曼和艾伦·克鲁格(Daniel Kahneman and Alan B. Krueger, 2006)提出了一个更简洁的指标,即 U 指数。它与情绪有关,记录了人们在消极情绪占主导地位的情绪中度过的一天的平均比例。对于个体间的比较而言,区分积极情绪和消极情绪也许是主观福利中争议最少的方面。然而,在人们识别主导情绪的方式上可能会出现一些人际差异(有些人在评价时可能比其他人对消极情绪更敏感,在某种程度上使比较变得困难)。尽管如此,人们可能更有希望提出人际间情绪可比指标,而不是满意度判断。

总而言之,幸福感得分和满意度得分似乎不能直接作为"人们最关心的最终结果"的表征,因为它们涉及的校准在空间和时间上是异质的,并且可能不反映伦理上的优先级。情绪在测量方面可能更有希望,但它们不能用来测量"人们最关心的最终结果",因为它们只代表了那些不是纯粹享乐主义者的人生活中重要的部分事物。

主观福利数据不能直接提供期望的结果并不意味着它们不能提供任何有用的信息。如果我们想根据个人偏好来测度福利,例如等价收入或 $\mu_0(L(l_i^*; R_i^*))$,如果可以过滤校准变化并检索有关个人偏好的信息,那么这样的数据是有用的。

下面我们简要探讨如何设计一个策略,从主观福利的数据中提取有用的信息。

5.3.2 适当考虑情感

关于情感,很容易从之前的情况得出结论,即它们应该被划入生活领域,与收入或健康等其他领域并列。事实上,情绪和心理健康之间的界限是模糊的,这强化了它们属于这类领域的观点。

从这个角度产生的一个有趣的研究问题是,人们在整体评价中对生活的这个维度给予了多大的重视程度。由于情绪和其他维度之间的关联,这并不容易,其他方面的成功会产生积极的情绪。

另外,迈尔斯·金博尔和罗伯特·威利斯(Miles Kimball and Robert Willis,2006)提出了一种巧妙的方法,将情绪作为偏好的指标。

心理学(Daniel Kahneman and Richard H. Thaler,2006)认为,情绪更多地由事件而不是状态来传递,也就是说,由变化而不是由稳定的情况来传递。假设情绪得分反映了最近一段时间内记录的满意度变化。如果一个人可以回归最近发生的生活维度向量变化的情感得分,那么他可以将这种回归中各个维度的相对权重解释为它们在人们偏好中的相对权重。

这种方法的困难在于找到具有正确时间模式的数据,并确信情绪反映了满意度的变化。其风险在于,情绪反映了在不同时间分别发生的生活领域的变化,而情绪的强度与受访者偏好中生活领域的权重之间没有明确的联系。一个人可能在找到工作之后很快乐,在结婚之后很快乐,在有了孩子之后很快乐,但是从这样的序列中确定权重可能是非常困难的。

5.3.3 识别问题

随着满意度和幸福感得分的增加,对生活维度偏好的估计由于识别问题而变得特别困难。影响反应的一个重要特征是受访者的个性。很少有数据集有关于个性的信息,人们通常认为面板数据更可取,因为它们使分离个体固定效应成为可能。然而,只有当个性只通过向上或向下移动一个常数(或通过将高类别中的回答概率移动一个常数)来影响答案时,这种方法才有效。如果个性随着时间的推移加剧或减弱了分数的变化,这并不能通过固定效应消除,在估计中,典型的回归将给予具有"敏感"人格的个体比其他个体更高的权重。

面板数据的缺点是不仅消除了不相关的固定特征,如个性,而且还消除了作为偏好对象的固定特征。在调查中被固定下来的残疾和降低幸福感的残疾将被同化为一个特别忧郁的个性。只有调查中遭受这种残疾的人才能对其重要性进行评估。个人特征在一个人的一生中是固定不变的,但却可能对满足感产生影响,作为偏好对象或作为对偏好对象的影响而没有记录在数据中,必然会被忽视。人们可以把社会或种族背景看作这种特征的例子。

校准问题也使得很难确定相对变量是否作为偏好对象,或者仅仅是由于校准而产生影响。以亚伯(Abel)为例,他的偏好不受与其他人的比较的影响,并且由效用函数表示

$$a_0 + a_1 \ln x_1 + a_2 x_2$$

然而,在有界量表的调查问卷上,亚伯给出了满意度得分,该得分反映了该表达式在某个区间 $[\bar{u} - A, \bar{u} + A]$ 上均匀分布的分位数,其中 $\bar{u}$ 是参考组中 $a_0 + a_1 \ln x_1 + a_2 x_2$ 的平均值,A 是常数。亚伯的满意度分数等于

$$\frac{a_0 + a_1 \ln x_1 + a_2 x_2 - \bar{u} + A}{2A}$$

比较贝尔(Bael),他主要关心他在每种商品分配中的相对排序,他的偏好可以用效用函数表示

$$b_0 + b_1 \ln \frac{x_1}{\bar{x}_1} + b_2 (x_2 - \bar{x}_2)$$

其中,$\bar{x}_1$ 是几何平均数,$\bar{x}_2$ 是参考组中这些变量的算术平均数。因为贝尔的偏好已经用相对数表示了,贝尔使用一个简单的仿射变换来校准他对问卷的满意度等级。有了满意度数据,亚伯根本不在乎生活偏好的比

较，他无法与贝尔区分开来，后者唯一关心的是他相对于参照组的相对位置。这个例子表明，很难从标准的幸福感和满意度问卷中获得可靠的信息，说明人们有多在乎与他人的比较。随着时间的推移，同样的问题会影响对适应的任何估计。那些主要关心自己处境演变的人很难与那些关心自己当前处境但却着眼于过去来校准自己答案的人区别开来。

换句话说，这些数据告诉我们更多的是受访者的校准策略，而不是他们在生活中的真实偏好和价值观。重要的是，这并不意味着偏好和校准之间的区别是形而上学的，不能以任何方式加以观察。通过让受访者面对绝对状况改善和相对地位改善之间的权衡，很容易追踪他们的偏好。这需要不同的调查问卷直接询问对替代方案的偏好，而不是对当前情况进行评分。

阿莫斯·特沃斯基和戴尔·格里芬（Amos Tversky and Dale Griffin，1991）和丹尼尔·本杰明等（Daniel J. Benjamin et al.，2012）在关于所述偏好的问卷调查中探讨了这种权衡。此外，他们还要求受访者通过各种选择来评估自己的满意度或幸福感水平。在大多数情况下，受访者倾向于改善他们的绝对状况，即使他们中的一些人预测，随着他们相对状况的提高，他们的幸福感会更高。后一个事实可归因于各种可能的因素。受访者可能不太关心自己的相对状况，但预测他们的满意度（是相对的）会有所不同。或者他们可能把未来幸福的问题理解为情感问题，并且知道他们的感情受到他们相对状况的强烈影响。或者，他们可能会选择绝对改善，因为他们关心它对亲人的良好外部性，但他们个人关心的是他们的相对状况。

回到幸福感数据，也许可以放心地看到，无论人们更像亚伯还是更像贝尔，如果参照组的平均值变化不大，系数的估计不一定有偏差。很难知道受访者是关心变量的绝对值还是相对值。但是，对于这些变量的绝对值的个人权衡，这个估计表明了受访者分配给他们的相对权重，以及如果他们必须做出选择，他们将会做出的选择。

换言之，用幸福感数据进行的普通估计并不能解决我们很多关于伊斯特林悖论之类的问题，因为移位校准与偏好中存在的相对变量是不可区分的，但它们确实充分说明了个人的无差异曲线，从而知道人们是否更重视健康或就业，而不是收入。因此，它们可能有助于估算用于计算等价收入或类似福利指标所需的无差异曲线。然而，为了知道人们是否关心比较以及有多关心比较，必须提供额外的数据来补充这些数据。

另一个必须牢记的考虑因素是，幸福感或满意度回归中的许多变量并不是真正的外生变量。例如，收入可能会受到个性的影响，而个性也会影响幸福感。收入对幸福感的影响可能会被高估。婚姻状况可能受到幸福的影响，就像幸福受婚姻状况的影响一样。一般认为，面板数据和自然实验可以部分解决这一难题。理想情况下，在开始推导要估计的方程之前，人们需要一个关于个人所作选择以及这些选择的各种影响的结构模型。到目前为止，结构方法还没有进行太多尝试。显然，在一个具有多个生活维度的模型中建立一个真实的结构模型是相当困难的。

5.3.4　幸福感数据能改进吗？

关于幸福感问卷的设计，有两种观点。一种观点认为，问题必须尽量少准备，尽量含糊，这样，受访者就可以自由地用他们所关心的任何东西来充实幸福的概念，并接受准备问题的小框架。相反的观点是，问题应该尽可能精确，不让目标概念模棱两可，并且在一系列问题之后，帮助受访者重述其生活的各个相关方面。

如果每个受访者都清楚自己的幸福感，并且能够马上给出答案，那么前一种观点是有说服力的。后一种观点更符合这样一种观点，即对一个人的生活进行评估是一种需要认知的练习，而不是人们心里想好的、随时可以说出来的东西。正如罗伯特·舒华兹和弗里茨·斯塔克（Norbert Schwarz and Fritz Strack，1999）所说，满意度问题的答案实际上是现场构建的，各种元素由受访者自行决定。

对于大多数受访者来说，回答满意度问题并不是一个完全新颖的做法。人们通常对自己的生活是否顺利有一个粗略的认识。他们对生活的内容也有粗略的偏好，因为他们习惯于反复做决定，这迫使他们思考自己想要什么。即使在几乎没有选择余地的生活领域，人类的头脑也习惯于幻想和想象一个不同的情况会是好是坏。最后，人们经常与他人进行比较，或者参考他们的愿望，这样通过参考分布来校准答案的练习就不是一种全新的练习了。然而，不可否认的是，在进行全面评估之前，帮助受访者有足够的时间和机会思考各种生活领域似乎是最合理的方式。

观察答案的质量是否随调查问卷的类型而变化，这将是特别有趣的。与更客观的数据（Alan B. Krueger and David A. Schkade，2008）相比，幸福感数据的重测稳健性相对较弱，因此，我们很自然地会试图确定给予受访者更多的时间和准备是否能提高重测质量。

另一个潜在的改进方向与校准有关。如玛丽·斯特菲尔和丹尼尔·奥本海默（Mary Steffel and Daniel M. Oppenheimer，2009）所说，可以询问受访者他们是如何构建自己的答案的，以及他们使用了哪些比较元素（如果有的话）。一个更激进的举措是通过要求受访者参考特定标准来指导校准。我们也可以通过使用场景来控制校准。也就是说，我们可以描述一个生活列表，并指出它们应该有什么等级，或者属于什么类别。[①] 如果一个人希望获得幸福感数据的绝对值，尽管尺度是有界的，这可能是最有希望的途径。这样就足够在整个调查中保持场景不变了。这在很长一段时间内可能是站不住脚的，因为技术和词汇的变化可能会使描述过时。想象一下17世纪构思的、现在应用的场景。好的生活可能包括高尚的地位、众多的仆人和武器。但在一个世纪内，静态场景是可能的。它们将使检验伊斯特林悖论的真正含义成为可能。

同样，如果这个问题能精确地说明生活的哪一部分是相关的，范围问题也能得到缓解。最有趣的可能是关于整个人生，而不是当前时期的问题，但这可能取决于调查的目的。问两个问题，一个关于整个人生，一个关于当前时期，可能是最好的策略。它也将是有用的，以某种方式指定"个人"生活的界限，而不是其他社会和整个宇宙。

最后，幸福感数据可以通过直接询问偏好来补充。提出这些问题将有可能检查通过满意度得分获得的生活领域的相对权重是否与直接从所述偏

---

① 另一种可能性，如阿里卡·普泰恩、詹姆斯·史密斯和阿瑟·范索斯特（Arie Kapteyn，James P. Smith and Arthur van Soes，2009）所示，要求受访者自由地对场景中描述的生活进行评分，然后使用答案重新校准满意度得分。这些作者表明，美国和荷兰的受访者有不同的评分模式（但这种差异不是简单的转变）。

Kapteyn A.，J. P. Smith，A. Van Soest 2009，"Comparing life satisfaction，" Working Papers 623-1，Rand Corporation Publications Department.

好获得的权重相似。

5.4　结论

幸福感数据提供了宝贵的信息来源。虽然在提高数据的质量和意义方面仍有很大的潜力，但这一领域的巨大成就是在方法学上承认言语表达与福利评估相关。这些数据使我们有可能超越选择所揭示的非常有限的偏好领域，这是经典的市场需求经济分析的缩影。回顾第 3 章，我们可以看到在努力扩大福利考虑的范围，使之超越生活的狭义经济方面所取得的进展。

然而，幸福感数据通常被当作幸福的直接衡量标准。安得烈·奥斯瓦尔德（Andrew J. Oswald，1997）认为："如果我们想衡量幸福感，这类统计数据可能是唯一可用的。""自我评价的幸福感被证明是幸福的最佳指标。它表现出的内在稳定性和人际可比性，因此可以在没有重大问题的情况下用于许多目的"（Bruno Frey and Alois Stutzer，2002）。

正如我们在本章中看到的，校准问题使得这些数据无法直接使用。正如伊斯特林悖论所证实的那样，这样做可能会与人们对实际关注的生活内容相违背。过去几十年来人们对生活水平和寿命的增长漠不关心，这是非常令人难以置信的。满意度曲线的稳定性将更多地揭示答案的移位校准，而不是人们对这个问题的真实感受。

文献中的一些作者已经看到偏好和主观福利得分之间存在明显的矛盾，这不能简单地归因于"决策效用"中的错误。显然，每个人都会选择健康而不是瘫痪，富裕而不是贫穷。但是，如果两个群体的福利水平相同，那么如何证明富人实际上比穷人更幸福，这一点并不明显。同时，很明显，衡量福利的适当标准必须区分富人和穷人、截瘫和四肢瘫痪（Amos Tversky and Dale Griffin，1991）。"假设未来的研究提供了对享乐适应的更深入的理解，这种信息是否可能会导致人们的生活方式不同？他们会不会停止系安全带，并保证自己会习惯瘫痪？他们会借机盗用公款吗？因为从长远来看，监狱不会那么糟糕。我们怀疑不会是这样的"（Shane Frederick and George Loewenstein，1999）。

正如我们所看到的，一旦人们了解到主观福利指数给出的信息是关于校准的 $\xi_i(l_i^*)$，或是关于情感的信息（l_i 的一部分），而人们实际上关心 l_i，问题就显得简单了。

关于幸福的文献对于主观福利指标的吸引力可能来自两个学科的巧合碰撞。心理学寻求理解心理状态和行为，而情绪和生活评价当然是值得研究和解释的心理状态。经济学是围绕效用的概念构建的，经济学家很容易忘记，当经济模型使个体最大化 $u(x)$ 时，这意味着个体关心 x，而不是 $u(x)$。如果个人关心 $u(x)$，他们会把时间花在他们的看法上，而不是改变周围的世界。

本章提出了一个简单的模型来描述受访者在面对幸福问题时必须进行的心理操作，它表明校准问题是普遍存在的，这使得比较使用不同校准策略的个体变得困难，也使得无法从这些数据中确定个体到底有多在乎他们的相对状况和他们的绝对状况。

校准问题来自生活中许多维度的开放性与问卷调查的有界尺度之间的差距。违反"相同偏好"原则表明，这个问题可能会使这项指标违背有关人们对自己情况的看法。

我们已经看到，采用固定校准可以解决问题。但是，正如本章所解释的，这并不能解决在不同偏好的个体之间进行道德比较的难题。人际间的比较不仅包括重视追踪人们所关心的，同时也要裁决利益冲突，以确定谁应该在社会评价中享有更大的优先权。下一章研究的能力方法是基于这些考虑而提出的突出例子。

第 6 章

增强能力方法

在讨论了定价法、等价收入法和幸福指数法之后，我们现在转向一种有着同样引人入胜的思想史的方法。"能力方法"（Capability Approach，CA）是由阿马蒂亚·森和玛莎·努斯鲍姆（Amartya Sen，1985；Martha C. Nussbaum，1988；Amartya Sen，1999a；Martha C. Nussbaum，2000）于 20 世纪 80 年代提出的，从基本需求方法以及亚里士多德和亚当·斯密（Aristotle and Adam Smith）关于幸福的某些观点中获得灵感。简言之，这种方法提倡将重点放在人们能够实现的功能（活动、状态）的综合清单上，而不是放在收入或幸福感等具体成就上。

在不到 30 年的时间里，能力方法已经引起了相当大的兴趣和热情，以至于它现在有了自己的学会，自己的期刊，以及各种具体的学术、发展和政治活动。它与联合国开发计划署自 1990 年以来公布的人类发展指数（Human Development Index）联系最为明显。它的基本原则现在可以在教科书（Séverine Deneulin and Lila Shahani，2009）和厚厚的论文集（Flavio Comim，Mozaffar Qizlbash and Sabina Alkire，2008；Sabina Alkire，2002；Wiebke Kuklys，2005）中找到。埃里克·斯科卡尔特（Erik Schokkaert，2009）以及考施克·巴苏和路易斯·洛佩兹—加尔瓦（Kaushik Basu and Luis F. Lòpez-Calva，2011）在手册章节中进行了重要的批判性讨论。

在过去几十年中，能力方法吸引人的主要原因可能是，它提供了一个视角，将重点从狭义的经济指标转向考虑更广泛的人类繁荣因素，特别是在发展政策辩论中。由于这种扩展正是这本书的内容，因此研究这种方法与其他方法相比如何，以及它如何帮助我们在更好地测度个人幸福感和社会福利方面取得进展，是非常重要的。

目前有很多关于能力方法的深思熟虑的讨论（特别是已经提供的参考文献），本章的目的更为具体。我们将在本书中寻找福利测度的好方法，因此，我们将重点讨论这一领域提出的方法。事实证明，测量问题通常被认为是能力方法的薄弱环节之一，大多数关于该方法的文章都停留在更一般的哲学问题上。哲学问题是不可忽视的，因为在开始应用项目之前把它们弄对是很重要的。然而，应用带来的压力通常是非常有用的，因为它将迫使我们优先关注最相关的问题。在这里，我们将跟随测量目标的引领。

本章的基础问题是能力方法是否是前几章中讨论的方法的替代方法，或者它的应用是否可以依赖这些方法。一些能力方法的研究者面临的问题是主观福利问卷是否可以作为能力方法应用的工具（Paul Anand, Graham Hunter and Ron Smith, 2005）。我们将在这里论证，等价收入法提供了一种更有希望的方法，即将数据用于能力方法上。但这需要修改阿马蒂亚·森和玛莎·努斯鲍姆所阐述的能力方法的一些基本支柱，因为关于能力方法的经典著作拒绝了为能力的不同维度赋予个体特定权重的思路。毕竟，这可能是一个合理的分歧点。因此得出的结论是，尽管能力方法可以与幸福法和等价收入法结合应用，这也有可能是第三种方法，这种方法比前两种都更客观，因为它较少依赖人们的主观看法。

先说几句话。能力方法被引入"什么的平等"辩论，[①] 作为机会均等理论的先行者，许多关于该方法及其竞争者的争论都是基于平等主义的考虑。我们必须遵循本章辩论的模式，因此，我们将经常讨论能力指标，将其作为衡量个体间优势的标准，而不仅仅是衡量个体优势的标准。

本章内容如下。第6.1节回顾了功能和能力的背景概念，解释如何比

---

① 参见阿马蒂亚·森（1980, 1985, 1992）。

Sen A. K. 1980, "Equality of what?" in S. McMurrin (ed.), *Tanner Lectures on Human Values*, Cambridge: Cambridge University Press. Rep. in *Choice*, *Welfare and Measurement*, Oxford: Basil Blackwell.

Sen A. K. 1985, *Commodities and Capabilities*, Amsterdam: North-Holland.

Sen A. K. 1992, *Inequality Re-examined*, Oxford: Clarendon Press.

较它们与经典概念。第 6.2 节认为，只要能力方法坚持将能力视为机会集，而不是成就，它可以在最近发展起来的关于机会平等的文献中找到有趣的材料，但也会遇到一些挑战。除了机会成就的区别之外，能力方法必须像其他福利理论一样解决基本指标问题。第 6.3 节质疑了阿马蒂亚·森在这方面争论的主要观点。如果一个人接受了该节中提出的异议，那么与实证能力方法文献中发现的典型方法相比，等价收入法似乎在应用能力方法中更具前景。第 6.4 节总结前一段中提出的问题：能力方法是否是一种单独的方法，它的应用是否可以依赖其他方法？

6.1　能力方法

6.1.1　从基本需求到能力

能力方法以一种初步的形式出现在社会公平理论的争论中，这些理论提出"什么是平等？"阿马蒂亚·森（1980）在特纳系列讲座（Tanner Lectures）中，拒绝了效用指标（功利主义和福利平均主义）和资源指标（约翰·罗尔斯），认为这两种方法都不能完全满足基本需求。他创造了"基本能力：一个人能够做某些基本的事情"的定义，以解决残疾人边际效用低、效用水平高、资源充足，但身体机能严重受限的问题。这样的人会被功利主义、福利平均主义和资源平均主义放在较低的优先地位，尽管他的生活可能性似乎明显不足。

在发展分析领域，基本需求方法和能力方法之间的接近性非常重要，这已经得到萨比娜·阿尔凯尔（Sabina Alkire，2002）的充分证实。对基本能力的关注仍然是玛莎·努斯鲍姆（Martha C. Nussbaum）能力方法的一个重要特征。在她的方法中，应该拟定一份人类繁荣的基本方面的清单，一旦依据相应的专门知识和经过集体审议获得了一份好的清单，就可以用来要求社会机构保证社会的每一个成员都有可能在这些方面达到基本水平。

这一提法有两个重要的局限性。第一个局限性是只有取得某些成就的可能性才能得到保证，而不是成就本身。这里的主要动机是，它可能是合理生活计划的一部分，在某些方面甚至达不到最低水平。最明显的例子是，虽然所有人都有生孩子的可能，但许多人选择不生育，而这并不意味着他们处于不利地位。

第二个局限性是只保证最低水平。这似乎很难证明，但想象一下，满足社会所有成员高水平需求。决定在何处设置各个方面的水平就变得很重要，在作出实际决定之前，必须结束关于隐含权衡的辩论。相反，坚持基本水平减少了加权问题的范围，因为人们可以要求每个方面都得到满意的处理，而不必被迫对清单中各个项目的相对重要性作出判断。

在这个问题上，我们已经处于能力方法困难的核心。与玛莎·努斯鲍姆不同，阿马蒂亚·森很快放弃了对基本需求的关注。把注意力局限在基本水平上有一个重要的缺点。这使得我们不可能建立一个关于个人福利和社会福利的完整理论（即涵盖所有层面的福利，而不仅仅是贫困和生计），也不可能解决福利经济学通常涵盖的广泛的政策问题。

随后，阿马蒂亚·森介绍了各种行为和存在的功能，在任何富裕和发展水平上，这都可能关系到如何定义一个繁荣的生活。然后重点讨论了功能空间与效用空间或资源空间之间的区别，这些空间构成了其他经典方法的背景。

因此，阿马蒂亚·森的方法在福利经济学和社会选择理论的传统中更加严格。它的目的是阐述个体优势的概念，这一概念可以用来比较处于各种富裕水平的各种个体和社会群体，并可以为不平等的研究以及对社会和公共政策的规范性评价提供依据。回想一下，阿马蒂亚·森对社会选择理论的看法是，它需要引入个人幸福感的人际可比指数，以避免阿罗的不可能性，而且这些指数不需要是效用或资源，但可以是更好地评估个人情况的其他指标（阿马蒂亚·森，2002）。

6.1.2 "财富"与"效用"之间的功能

那么，主要的思想仍然是避免使用效用指标和资源指标。特别是，后者不仅体现在约翰·罗尔斯的理论中，而且体现在对生活水平的所有经济分析中。效用指标和资源指标都被阿马蒂亚·森批评为过于狭隘和简化。因此，我们的建议是拓宽生活维度的空间，这些维度被称为"功能"——能力是个体能够实现的功能组合的集合。"功能"一词是一个令人困惑的术语，经常被解释为活动。事实上，功能意味着包括所有的"行为和存在"，即不仅是行动和行为，还包括人的状态，例如免受疟疾或政治镇压的威胁。

对于许多怀疑经济理论和货币指标的学者来说，从收入到功能的转变（例如，从 GDP 到 HDI）可能代表了能力方法最大的吸引力。莫扎法尔·齐齐尔巴什（Mozaffar Qizilbash，2008）将这种方法介绍为"即使不是唯一的，也是标准福利经济学的主要替代方法"。正如埃里克·斯科卡尔特（Erik Schokkaert，2009）所指出的，能力方法的许多自诩应用似乎只是结合非市场数据对生活条件进行的或多或少的综合研究。有趣的是，在对《商品与能力》（*Commodities and Capabilities*）（阿马蒂亚·森，1985）的评论中，考施克·巴苏（Kaushik Basu，1987）认为这本书主要是在为使用非市场数据作辩护。

考虑到功能包含了一个人"设法去做或成为"的所有东西，权重问题又回来了。阿马蒂亚·森假设每个个体都可以被赋予一个评估功能向量质量的"评估函数"。我们可能想知道，在这一点上，有多少取决于函数本身，而不是顺序排序，而且值得检查的是，该理论是否可以与一个估价预排序平行发展，该估价预排序可对个体可能实现的各种功能向量（即各种各样的生活）进行排序。

到目前为止，我们有相同的理由。在前几章中讨论的非市场生活维度可以包括所有相关的函数，并且估价预排序与之前调用的偏好排序非常相似。一个细微的区别是，阿马蒂亚·森坚持估价预排序的不完全性，而到目前为止，我们通常假设偏好关系是完全的排序。阿马蒂亚·森还强调，这种估值关系并非源自普通的偏好，而是基于对美好生活的深层次评估。这完全符合一个标准的观点，即偏好是个人对生活的最佳判断。

根据阿马蒂亚·森（1985）的研究，主观福利（幸福感、满足感）并不能提供一个恰当的幸福感衡量标准，因为精神状态（特别是享乐状态）只是功能的一个子集，而对生活的满足感，通常由个人来表达，过于依赖于适应实际情况的欲望水平。这一观点似乎与我们在前一章中对主观福利方法的批判性讨论非常一致。

6.1.3 从功能到能力

但是功能只是开始。阿马蒂亚·森认为，个体优势的准确定义包括提供给人们的机会，而不仅仅是他们的最终福利（在本书的前几章中，没有对福利和优势作出这样的区分，福利是个人利益相关概念的关键词）。功能为描述福利构建了足够空间，但有人认为，能力是对优势的更好描述。从形式上讲，个体的优势是根据个体的能力集来检验的，也就是说，个体可以访问的功能向量集。

阿马蒂亚·森（2009）在最近一篇关于这个主题的综合文章中提出了从功能空间转向能力空间的三个理由。

第一个理由在文献中一再明确，并对应于将自由作为优势的一个重要因素。这里的主要论点是，两个功能相同但能力非常不同的个体不能被认为是同等富裕的。一个著名的例子说，禁食和挨饿是不同的。

第二个理由是让人们在不同的归属和文化之间做出选择的重要性。自由是优势的一个重要方面，这可以理解为这一观点的另一个应用。更广泛地说，人们追求自己人生目标的自由似乎需要一种获得机会而不是成就的方法，如玛莎·努斯鲍姆（2000）所说："如果我们把功能本身作为公共政策的目标，推动公民以一种单一的确定的方式发挥功能，自由的多元主义者会得出正确的判断，即我们排除了公民根据自己对好的概念可能作出的许多选择，也许会侵犯他们的权利。"

第三个理由是注重机会而不是成就，符合在最终分配福利时为履行个人责任腾出空间。阿马蒂亚·森举了一个例子，他认为，与确保每个人都能使用医疗设施相比，提供医疗服务是一个更合适的政策目标。

另一个潜在的好处很少在能力方法文献中直接提到，但在这里是相当相关的。把重点放在能力而不是功能上会使权重问题不那么紧迫。事实上，当个人获得大量机会时，他们可以随心所欲地选择，因此，为各种功能维度选择特定权重的后果较少。即使在能力评估中使用统一的权重体系，功能的最终分布甚至可能反映出个体评估的多样性。事实上，在能力方法文献中，向能力空间的转移通常被认为是增加了测量难度，而不是减轻了测量难度，因为除了评估功能维度外，还必须评估机会集。

在总结对背景的简要介绍时，值得强调的是，能力方法在某种程度上是通用的，部分原因在于阿马蒂亚·森坚持认为，能力方法主要是倡导在功能和能力领域开展工作，而不是推荐特定的指标和方法。最后，能力方法可以总结为仅仅说明生活和自由的非收入维度是福利和优势评估的重要方面。这种模糊性使这种方法吸引了许多学者，但也可能阻碍了潜在的发展。

特别是，尽管阿马蒂亚·森（1985）引入了一些基本的形式主义来描述功能和能力如何与商品消费相关，但建模在能力方法文献中几乎没有起到任何作用，尤其是在其应用中。这可能意味着能力方法正在捕捉福利经济学及其数学工具无法掌握的福利的某些方面。或者，这可能意味着需要做一些工作来协调能力方法的见解和严格的概念。

6.2　作为机会的能力

6.2.1　估值集

从将能力方法与经济理论联系起来的角度来看，阅读玛莎·努斯鲍姆（1987）对能力方法的反应是很有趣的。玛莎·努斯鲍姆保留的主要方面是对机会集的关注（尽管她讨论了与能力方法不太直接相关的其他主题，如习惯和等价尺度）。正如第 4.3.1 小节所提到的，安格斯·迪顿和玛莎·努斯鲍姆（1980）已经用机会集来证明在人际比较中使用效用币值的合理性（安格斯·迪顿，1980）。

现在有大量关于集合排序的文献（Salvador Barberà，Walter Bossert and Prasanta Pattanaik，2004；James Foster，2011），而且它似乎与能力集的评估直接相关。在阿罗讲座（Arrow Lectures）（阿马蒂亚·森，2002，第六部分）中，阿马蒂亚·森批判性地讨论了这些文献，比较了涉及对集合元素的偏好排序的方法和基于集合基数的方法。这些文献大多很抽象。它处理的是一个非描述性的宇宙 Z，问题是对子集 $A \subset Z$ 的集合进行排序。

举例来说，阿马蒂亚·森提出需注意在对 Z 的元素排序的多个估价排序 R_i 之间寻求一致性的可能性（如果估价顺序是个体的，则 i 的集合可能与总体一致）。这可以通过两种方法来实现。

（1）可以先定义交集顺序：$zR \cap z'$ 当且仅当 $zR_i \cap z'$ 代表所有 i，如果有 $z \in A$，那么可以说 A 至少和 B 一样好，使得 $zR \cap z'$ 代表所有 $z' \in B$。[①]

（2）当比较集合的元素时，我们可以不那么苛刻，直接使用 R_i 的变体。例如，我们可以说 A 至少和 B 一样好，如果每个 i 都有 $z \in A$，使得所有的 zR_iz' 都有 $z' \in B$。[②]

可以看出，第一种方法是非常保守的，因为在 $z \in A$ 到 $z' \in B$ 的比较中，只要有一个不同的 R_i，一个集合就不能与另一个集合相比较。相比之下，第二种方法似乎过于宽松，因为集合 A 包含了几个极端的选项，这些选项共同适用于 R_i，即使它们中的每一个对于某些 R_i 来说都很糟糕，然而集合 B 包含许多中间选项，每个选项对于所有 R_i 都是合理的选择。

玛莎·努斯鲍姆（1987）考虑了一个稍微更具体的框架，其中 $\mathbb{R}_+^\ell$ 的子集是预算集的归纳。她建议通过测量特定射线的边界与原点之间的距离或与边界相切的超平面的原点之间的距离来评估集合。她还建议在切线超平面的参考射线或参考斜率集合上平均这些测量值。这样的建议在最近的工作中得到了徐永胜（Yongsheng Xu, 2004）（他将集合的表面公理化）以及沃尔夫·盖特纳和徐永胜（Wulf Gaertner and Yongsheng Xu, 2008）（他们从原点或从最小束取最小距离，而不是平均值）的回应。[③]

请注意，这些最后的方法与阿马蒂亚·森的分析相比似乎不那么遥远。

[①] A 的变体是，如果对于所有的 $z' \in B$，A 至少和 B 一样好，存有 $z \in A$ 使得 $zR \cap z'$。

[②] 再者，A 的变体是，如果对于每个 i，A 至少和 B 一样好，对于所有 $z' \in B$，有 $z \in A$ 使得 zR_iz'。

[③] 参见徐永胜（Yongsheng Xu, 2004）、沃尔夫·盖特纳和徐永胜（Wulf Gaertner and Yongsheng Xu, 2008）。

Xu Y. 2004, "On ranking linear budget sets in terms of freedom of choice," Social Choice and Welfare 22: 281-289.

Gaertner W., Y. Xu 2008, "A new class of measures of the standard of living based on functionings," Economic Theory 35: 201-215.

沿着特定射线与原点的距离与根据列昂惕夫偏好（Leontief Preferences）按最佳元素对集合进行求值的距离一致。从切线原点的距离与根据线性偏好按其最佳元素评估集的距离一致。然而，考虑到不同偏好的交集，对不同偏好获得的可能指数取平均值或最小值并不相同。显然有各种各样的可能性。

在这个阶段，遇到两个困难。第一，这些集合评估所采取的方向似乎放弃了尊重对每个个体情况进行独立评估的想法，即使评估顺序允许在能力集评估中发挥作用。这是一个将在下一节详细讨论的问题。

第二，似乎缺乏伦理原则来支持机会集排名的制定。本文献中出现的唯一考虑因素是数量，有时是集合中选项的多样性，以及某些估值或优先顺序的选项价值，如上文（1）、（2）所列标准所示。这似乎忽略了使机会成为分配公平关键问题的一个重要因素，例如消费、闲暇时间或努力的机会。关于提供一个不工作也能获得体面收入的机会是否公平，或者工作者和不工作者之间的消费存在相当大的差异是否公平，存在着争论。这些因素似乎没有出现在主要检查一些人是否愿意从一组中选择而不是从另一组中选择，或者一组中的选择是否多于另一组的标准中。

在这种情况下，似乎很自然地联想起受哲学辩论"什么的平等"启发的关于机会平等的经济文献。在这场辩论中，几位作者主张某种形式的机会平等，其方法与能力方法并无太大区别。事实上，在哲学领域，能力方法属于一个更广泛的理论范畴，它用机会而不是成就来定义公平。除了玛莎·努斯鲍姆和阿马蒂亚·森之外，著名的作者还包括理查德·阿内森（Richard Arneson，1989）、杰拉尔德·阿伦·科恩（Gerald Allan Cohen，1989）、罗纳德·德沃金（Ronald Dworkin，2000）、菲利普·范帕里耶斯（Philippe Van Parijs，2011）。[1] 这些作者采取不同的论点来捍卫作为人际比较基础的机会指标，但从应用的角度来看，这些差异并不重要。

---

[1] 对经济学家来说，对哲学文献的实用介绍见约翰·罗默（John Roemer，1996）。

Arneson R. J. 1989, "Equality and equal opportunity for welfare," *Philosophical Studies* 56: 77-93.

Cohen G. A. 1989, "On the currency of egalitarian justice," *Ethics* 99: 906-944.

Dworkin R. 2000, *Sovereign Virtue: The Theory and Practice of Equality*, Cambridge: Harvard University Press.

Philippe Van Parijs. Linguistic Justice for Europe and for the World. Oxford: Oxford University Press (2011), 299p., ISBN 978-0-19-920887-6.

在福利经济学中，人们提出了各种建模策略，以将这些思想纳入新类型社会目标的定义中。马克·弗勒拜伊（Marc Fleurbaey, 2008）、马克·弗勒拜伊和弗朗索瓦·马尼奎特（Marc Fleurbaey and Francois Maniquet, 2011a）对这些不同的策略进行了讨论和比较。事实证明，这些文献包含两个值得在这里研究的观点。

6.2.2 机会的相关方面

第一个观点是有可能给能力集提供一个结构，使其适合与道德相关的人际比较。事实上，两种不同的方法已被提出。

第一，约翰·罗默（1993, 1998）提出依赖一个人际间可比较的功能成就衡量标准和一个努力的衡量标准。然后，将机会集定义为一组配对 (u, e)，其中 u 是功能成就的综合度量，e 努力被校准为单位间隔内的实数。

让我们假设个人 i 的成就取决于他的环境 y_i 和他的努力 e_i。当环境是固定的，努力应该可能在一个综合 E 中取不同的值，这个集合 E 对所有人都是平等的。成就函数可以表示为 $u(y, e)$，如果所有相关特征都用 y 或 e 来描述，则对所有个体来说都是相同的函数。然后，个体的机会被描述为

$$\{(u(y, e), e) \mid e \in E\}$$

约翰·罗默还提出了一种构造此类集合的实用方法，如下所示。首先将人群划分为具有相似情况和可假设具有相似机会的子群体。他称之为"类型"，然后为每种类型构建成就的 CDF，并测量每个个体的努力水平，作为其在各自类型成就分布中的百分位位置。例如，如果教育属于成就，那么一位高管的子女在她这种类型的中位数处受过 19 年的教育，而一位职员的子女在她这种类型的中位数处受教育时长只有 16 年，但考虑到他们各自的环境，他们被认为付出了同样的努力。该方法的一个变体是直接查看工作量的替代指标，并将工作量定义为某一类型的替代指标分布的百分位数。例如，如果健康是成就，努力的替代指标可能是吸烟的烟龄，由于不同的类型有不同的吸烟模式，努力被校准以反映这些模式。一个工厂工人烟龄 20 年可能和一个教师烟龄 16 年的"努力"是一样的，这是根据他们吸烟类型分布的等级来评估的。

重要的是要看到，将机会集定义为 $\{(u(y, e), e) \mid e \in E\}$ 的一般思

想与应用它的实际方法无关。这里我们重点讨论 $\{(u(y, e), e) \mid e \in E\}$ 的一般形式。以这种方式构造集合的附加值是，它以一种方便的方式总结了与道德相关的信息。当能力方法面临着评估无数个人具有的生活选择时，这种方法通过指出两个相关的维度来简化任务：每个选择都由它所带来的成就 u 和它所需要的努力 e 来概括。

依靠一种综合的成就衡量方法，与阿马蒂亚·森所建议的评估函数或排序的使用是完全一致的。① 此外，努力的概念使评估各种选择的可及性成为可能。事实上，两个人可能获得相同的成就水平（水平高的人可能很容易获得，而水平低的人需要付出很多努力才能获得），这显然是非常相关的信息。

有了这些结构化的信息，我们就能够制定一个关键的平等主义原则，即理想情况下，"同等的努力应该给予同等的成就"（equal effort should give equal achievement），这在文献中被称为"补偿原则"（compensation principle），因为它提供了一个关于不利环境下应提供多少补偿的指南。

当完全满足补偿原则时，所有个体都有相同的机会集 $\{(u, e)\}$。因此，以这种方式定义集合的相等性是很有意义的。这与要求功能集在物理上完全相等形成了鲜明对比，后者的吸引力要小得多，因为一个人可以拥有同样好的、提供完全不同选项的功能集。这可以被看作是这篇文献的一个重要贡献。虽然能力集的物理相等性不是特别吸引人，但寻求 $\{(u(y, e), e) \mid e \in E\}$ 的相等性是一个明智的想法。

第二，与约翰·罗默对机会集的定义有些相似，但有一些有趣的差异，这些差异将在下一小节中显得很重要。由马克·弗勒拜伊（1994）和沃尔特·博塞特（Walter Bossert，1995）独立提出，它不需要一个人际可比较的成就衡量标准（尽管它显然不排除这一点）。它包括用三个部分来描述个人的处境：个人所产生的资源转移的标量度量（x）、无法改变的环境的描述（y）、对个人被视为负责的特征的描述（e）（例如，因为他可以选择他们的价值观）。这种个人处境的三重结构的思想是将决定个人命运的三个因素的作用分开：社会政策（通过转移）、历史和自然（环境）以

---

① 约翰·罗默主张将他的方法应用于诸如教育或收入等成就的特定方面，但将其应用于功能的综合衡量似乎是自然的。

及个人（个人责任）。将机会平等作为公平的大多数理论主张利用社会政策来补偿由于环境造成的不平等，同时对责任特征的影响保持中立，而能力方法并没有偏离这种一般观点。变量 y 和 e 可以理解为本质上与约翰·罗默的一般方法相同（但在这种替代方法的典型应用中，e 并不像约翰·罗默所说的那样被测量）。

这与能力集有什么关系？当一项社会政策是最低限度的公正时，它只取决于个人的特点 (y, e)。现在再次假设任何个人都可以访问一组 E 的可能值 e。这将触发一个机会集

$\{(x(y, e), y, e) \mid e \in E\}$

其中 y 是固定的，e 取 E 中的所有值。

假设任何给定的 e 都意味着对 (x, y) 的特定排序 R_e。例如，这可以从成就函数 $u(x, y, e)$ 中导出，但这样的函数比这种排序的规范所需要的数据还要多。例如，e 可能只是一个偏好特征，对于给定的 e，个体在成对 (x, y) 提供的生活视角上有一个明确的偏好顺序。有了这些要素，我们可以再次将补偿原则定义为要求具有相同 e 的个体对 R_e 具有相同好的 (x, y)。这再次对应于补偿不利环境 (y) 所需的社会帮助 x 的正确校准。

这意味着，这种方法不是要求集合 $\{(x(y, e), y, e) \mid e \in E\}$ 相等，而是要求集合 $\{(I(y, e), e) \mid e \in E\}$ 相等，其中 $I(y, e)$ 是成对 (x, y) 空间中 R_e 的无差异集合。

换句话说，没有必要为具有相同 e 的个体提供完全相同的配对 (x, y)，但它们应该有和 R_e 评估一样好的配对。

总之，这里的第一个观点是，我们可以以这样一种方式构建能力集，使它们的平等性成为一个合理的目标，因为各种选项的可访问性以及它们的价值都已被明确地描述。

6.2.3 机会集的形式

第二个观点是，公平因素有助于评估机会集的内容，例如，当一个人必须决定什么样的闲暇时间和消费组合是合适的。这有时被称为"奖励问题"（reward problem），当人们看到补偿原则可以通过许多不同的方式得到完全满足时，它就会出现。例如，在 $\{(u(y, e), e) \mid e \in E\}$ 集中，当 u

在所有个体中相等时，无论付出多少努力，补偿都是完全的，但是也可以通过奖励 e 高的个体和惩罚 e 低的个体来实现。换言之，补偿原则只能是理论的一部分。机会均等的理念并不能完全决定机会集的形式。

在这里，经济学文献的两个分支又提出了不同的方法。在哲学文献之后，弗勒拜伊—博塞特（Fleurbaey-Bossert）方法采用了一个原则，即共享相同环境（即相同特征）的个人应接受相同的转移。这一理念不仅为约翰·罗尔斯和罗纳德·德沃金等资源论者所倡导，也为理查德·阿内森和杰拉尔德·阿伦·科恩等提出的相应机会平等理论所倡导。平等情况下的平等转移原则促使在相应的框架内明确存在的资源，其基础是，个人之间责任特征的差异不提供任何转移的理由。再分配只被赋予补偿因环境而产生的不平等的作用。这种方法在马克·弗勒拜伊（2008）中被称为"自由主义"，因为它涉及一种中立的、不干涉责任差异的态度。

然后我们得到了关于机会集形式的一个相当精确的公式，因为如果转移对 e 不敏感，则机会集的形式为 $\{(x(y), y, e) \mid e \in E\}$，其中 e 对成就的影响是 e 的直接影响，而不受转移的任何干扰。例如，如果 e 是一个偏好特征，这意味着个人将不得不进行固定转移，而不是惩罚或奖励他们的偏好。

能力方法专家感兴趣的是，采用奖励原则提供了一种评估任意机会集的方法。例如，考虑到自由主义理念是 x 独立于 e，并且保留了能力方法的平等主义灵感，当资源转移 $x(y, e)$ 是一个标量时，我们可以把注意力集中在最差可能的处境 $\min_e x(y, e)$ 上，以评估提供给个人的机会。然后需要评估的是简单的成对 $(\min_e x(y, e), y)$。例如，这可以通过为 e 选择一个参考值来实现，该参考值可以表示为 $\tilde{e}$，然后，成对的 $(\min_e x(y, e), y)$ 可以按照 $R_{\tilde{e}}$ 进行排序。

在一个典型的经济模型中，最大化 $R_{\tilde{e}}$ 的最差 y 通常意味着，在第一个最好环境下（即由于关于个人 y 特性的信息不完善，没有激励约束），采用一项 $x(y)$ 政策，并使 $R_{\tilde{e}}$ 的所有个体 x 相等。这种分配被称为"条件平等"，这个说法来源于这样一个事实，即它保证每个人都有同等价值的一对 (x, y)，只要这个人采用 $e = \tilde{e}$。任何偏离 $\tilde{e}$ 的后果均由个人承担。例如，如果 $R_{\tilde{e}}$ 对应于非禁食偏好，那么条件平等确保每个人都能通过这样的偏好获得良好的营养（通过相应的转移 $x(y)$ 补偿差异需求 y），而不在乎人们是否有禁食偏好导致他们的营养成就较低。

当然，也可以将不同的 $\tilde{e}$ 值通过某种平均方法或交集方法（通常会产生偏序）组合起来。

约翰·罗默的方法提出了另一个奖励概念，它基于一个简单的理念，即不同类型的个体成就的不平等（即在相同环境下的个体之间）并不重要，因此每种类型只需要计算成就水平的总和。当采用约翰·罗默提出的努力特定统计指标时，这提供了一种非常简单的集合评估方法。个体的 $\{(u(y, e), e) \mid e \in E\}$ 值等于该个体可获得的 e 的可能值的平均成就，当按照约翰·罗默的建议测度努力时，该值与该个体类型的平均成就一致。鉴于这种评价的总结形式，人们可以称这种奖励方式为"功利主义"。当然，它不是纯粹的功利主义，因为它结合了类型内的功利主义和类型间的平均主义。

有趣的是，约翰·罗默的方法为阿马蒂亚·森（2002）所讨论的一种特殊形式的"数字运算"基数估值方法提供了一个合理的解释。实际上，假设集合 $\{(u(y, e), e) \mid e \in E\}$ 由函数 $u(y, e)$ 在 e 空间中的图所描绘。假设 $u(y, e)$ 取非负值，我们可以认为个体总是有可能获得 $u(y, e)$ 以下的任何非负值——这是一种自由处置假设。$u(y, e)$ 在 e 的可能值上的平均值等于函数 $u(y, , e)$ 图形下方的曲面，因此等于连续值情况下机会集的基数度量。当 e 本身取有限个值（基数对应于段长度之和）时，这种观察也是有效的。

换言之，当采用适当的能力集结构时，不仅寻求集的相等是有意义的，而且通过集的基数来评估集也可以被看作是一种可行的（但肯定不是唯一的）方法。

6.2.4 与集合估值相对的均等

然而，值得注意的是，这种机会均等文献并没有坚持使用其得出的评估机会集。这也许有助于解释其为什么与能力方法文献没有联系，因为能力方法学者已经习惯于从能力集的角度来思考，以便在个体之间进行评估和比较。如果说有什么区别的话，关于机会均等的经济学文献已经警告过不要采用这种集合估值方法。在集合估值方面有两个深层次的问题。其一，很难将集合估值与尊重个人价值和偏好相协调。这将在下一小节和下一部分中展开。其二，这种方法与补偿原则相冲突。文献首先确定了自由奖励与补偿之间的冲突（见马克·弗勒拜伊，1994；沃尔特·博塞特，1995；以及随后的文献），然后确定了一个类似功利主义奖励方式的冲突（马克·弗勒拜伊，2008）。最近，马克·弗勒拜伊和维托·佩拉吉内（Marc Fleurbaey and Vito Peragine，2010）认为，在这些问题的背后，对机会的事前评估和事后评估之间存在着更深的矛盾。

自由奖励和补偿之间的冲突依赖于一个简单的观察，即如果一个人强迫 $x(y, e)$ 不依赖 e，那么对于 e 的所有值，就很难甚至不可能减少具有相同 e 但不同 y 的个体之间的不平等。例如，如果通过函数 xy 重新计算成对 (x, y)，则共享相同 e 的个体之间的相等性需要 $x(y) = k/y$ 以表示某个常量 k。但是，如果对于另一个 e'，Re' 通过函数 $x + y$ 计算成对 (x, y)，则共享相同 e 的个体之间的相等性，需要 $x(y) = k' - y$ 表示某个常数 k'。为了同时获得 e 子群和 e' 子群内的相等性，需要函数 $x(\cdot)$ 依赖于 e，这违背了自由报酬原则。

功利主义奖励和补偿之间的冲突涉及这样一个观察：通过增加具有相同努力的个体之间的不平等，可以缩小两种不同类型的平均结果水平之间的差距。如图 6-1 所示。右图显示两种类型的平均 u 相等的情况，但考虑到补偿原则，左图更可取，因为具有相同 e 的个体之间的不平等较少。

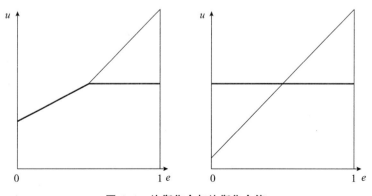

图 6-1 均衡集合与均衡集合值

这个数字也可以用简单的集合比较语言来描述。右图显示相等曲面的集合，也就是说，如果根据曲面进行集合求值，则值相等，但在左图中，这两个集合的差异较小。使集合的值相等可能与将相同集合赋予所有个体的目标相矛盾。

但这个问题甚至比图 6-1 所显示的更严重。

考虑以下例子，灵感来自马克·弗勒拜伊和维托·佩拉吉内（Marc Fleurbaey and Vito Peragine，2010）。成就取决于函数

$u = x + ye$

其中，x、y、e 是标量，x 表示资源转移，y 表示环境变量。例如，我们可以认为 y 是市场工资率，e 是劳动量，成就变量 u 是转移后收入。为了简化讨论，让 e 只取值 0、0.5 和 1。

假设人口中有四种类型，由 y 的四个值引起：10、12、30、32。在目前情况下，每种类型的转移都是一致的，分别等于 +10、+12、0 和 +2。

比较前两种类型。$y = 10$ 面临机会 $u = 10+10e$，而 $y = 12$ 面临机会 $u = 12+12e$。

在所有条件下，无论人们如何看待报酬和集合估价，后者都是有利的（转移越多，环境越好）。缩小差距的一种方法是将一个单位从第二类的 $e=1$ 个体转移到第一类的 $e=0$ 个体。然后将这两种类型的机会描述为

$$u = \begin{cases} 11 \ \text{如果}\ e = 0 \quad (x = 11) \\ 15 \ \text{如果}\ e = 0.5\ (x = 10) \\ 20 \ \text{如果}\ e = 1 \quad (x = 10) \end{cases}$$

$$u = \begin{cases} 12 \ \text{如果}\ e = 0 \quad (x = 12) \\ 18 \ \text{如果}\ e = 0.5\ (x = 12) \\ 23 \ \text{如果}\ e = 1 \quad (x = 11) \end{cases}$$

无论人们如何评价集合，这都是机会不平等的减少。

同样，对于第三和第四种类型，我们可以缩小 $u = 30e$ 和 $u = 2 + 32e$ 之间的差距。

通过将一个单位从最后一种类型的 $e = 0$ 个体转移到另一种类型的 $e = 1$ 个体。然后得到以下情况：

$$u = \begin{cases} 0 & \text{如果 } e = 0 \quad (x = 0) \\ 15 & \text{如果 } e = 0.5 \,(x = 0) \\ 31 & \text{如果 } e = 1 \quad (x = 1) \end{cases}$$

$$u = \begin{cases} 1 & \text{如果 } e = 0 \quad (x = 1) \\ 18 & \text{如果 } e = 0.5 \,(x = 2) \\ 34 & \text{如果 } e = 1 \quad (x = 2) \end{cases}$$

现在让我们总结一下。无论人们如何评估机会，引入的两种转移减少了不同类型机会之间的不平等。但考虑 $e = 0$ 个体的结果分布。最初是（0，2，10，12），现在是（0，1，11，12），这明显加剧了不平等。同样地，对于 $e = 1$ 的个体，我们记录了从（20，24，30，34）到（20，23，31，34）的变化，同样也是不平等的加剧。从补偿原则的角度来看，情况明显恶化了。

换言之，缩小在转移和环境方面造成累积不平等的类型之间的差距是一种明显对机会进行补偿的形式，可能会导致作出同样努力的个人之间的不平等增加，因此违背补偿原则。

这种困难也可以说是对事前和事后补偿的看法之间的冲突。想象一个动态的故事，在这个故事中，个体首先被提供机会集，然后才选择 e，进入最终的处境。在他们选择 e 之前，我们可以看看他们的机会集，然后宣布一个人比另一个人享有更好的环境和更大的资源保障，这显然是有利的。事前补偿将组织以这种方式获得不平等利益的个人之间的转移。相比之下，事后补偿则是在个人做出努力后进行的。它比较了付出同样努力的个人的成就，并试图减少他们之间的不平等。事后补偿只比较同"档"（档是共享同一个 e 的个体的一个子组，该术语是维托·佩拉吉内（2004）提出的）中同样努力的个体。事前和事后观点之间的冲突来自这样一个事实，即与第二个人相比具有事后优势的个人可能与第三个人相比处于事前劣势，以此类推，从而产生一个循环。

图 6-1 中给出的例子和最后一个数值例子之间的差异很重要。在前一个例子中，我们可以看到使均衡集合的值相等和均衡集合之间的冲突。在后一个例子中，事前补偿的形式是朝着均衡集合发展，而不仅仅是朝着值相等的集合发展。这个例子表明，试图使集合相同有时可能使它们更不相

似。均衡集合的不同方法之间有一种内在矛盾。

关于机会平等的经济学文献探讨了在与奖励原则或事前补偿发生冲突时，如何优先考虑事后补偿。这样做的一个方法是不以集合的分布来定义社会福利，而是通过观察所有个体机会集的交集。当机会集以成对 (u, e) 定义时，根据适当的奖励原则，尽可能扩大交集，优先考虑每部分中最贫困的个体，这完全符合补偿原则。例如，约翰·罗默的方法计算集合交集的曲面（或者等价地，所有档中最贫穷个体的平均成就）。

请注意，机会集的交集可能与总体中任何人的机会集都不对应（只有当存在对 e 的所有值都占主导地位的最差类型时，才会发生这种重合）。补偿原则要求超越对个人机会集的简单评估。

自由奖励方法有另一种方法来满足补偿原则，这也与简单的集合求值不同。它包含在一个假设的情况下，其中 y 中的不平等被消除，所有人都有相同的参考 $\tilde{y}$。在这种情况下，最优分配给所有个体的转移是相同的，而不管它们的 e。当前情况相当于某一假设性转移分配 $\tilde{x}(y, e)$ 的假设情况：对于所有的 y、e，有 $(x(y, e), y, e) I_e(\tilde{x}(y, e), \tilde{y}, e)$。

注意，在给定的 e 档中，最贫穷的个体（如 R_e 所评估）的 $\tilde{x}(y, e)$ 最小。因此，在整个人口中使最小 $\tilde{x}(y, e)$ 最大化可以保证满足补偿原则。

在假设的情况下，当 x 是一个标量时，单个机会集 $\{(\min_e \tilde{x}(y, e), \tilde{y}, e) | e \in E\}$ 很容易比较，因为关于如何在不同的 y 之间比较 $(\min_e \tilde{x}(y, e), \tilde{y})$，所有 R_e 都是一致的。即最差集对应于 $(\min_{y, e} \tilde{x}(y, e), \tilde{y})$，这与对 $\tilde{x}(y, e)$ 应用最大最小准则的思想是一致的。

这种方法表明，为了评估一种社会状况并正确地确定最差的情况，可能有必要研究等价的假设机会集，而不是实际的机会集。这是证明第4.3.1小节中介绍的等价方法有用的另一个例子。

从这些观察中得到的教训是，在进行人际（或类型间）机会集比较之前，应该谨慎。即使一个人接受机会均等的理念，均衡集和均衡集的值之间有一个重要的区别。此外，即使集合的结构使它们的完全均等变得有意义，寻求这种平等的问题和困境也难以避免。

6.2.5 为什么是能力？

但是，人们也可能会质疑从机会集的角度来评价个体优势，并因此反对机会集均等的理念。对于被定义为机会平等的公平理论，出现了一波批评浪潮（Elizabeth S. Anderson，1999；Richard Arneson，1998，2000；Marc Fleurbaey，1995；Jonathan Wolff，1998）。最猛烈的批评或许是，关注机会集对低成就者来说可能很苛刻，尤其是当涉及风险时，一个人想让个人承担厄运的后果，而他们本可以确保抵御风险。另一个重要的批评是，当人们在增加机会和提高成就之间进行权衡时，只关注机会可能无法迎合人们真正想要的东西。

尽管能力方法只是更广泛的机会均等方法的一个分支，在这里，关注能力方法文献中关于采用能力方法而不是功能方法的内容可能很有趣。

有趣的是，人们在这篇文献中读到的内容似乎不足以证明其对能力的完全关注。首先考虑阿马蒂亚·森使用的关键示例来说明为什么功能是相关的。禁食与饥饿是不同的，因为它涉及更大的营养成就的可能性，而饥饿情况下没有这种可能性。这个例子表明机会是相关的，但它并不表明机会是唯一重要的东西。为了证明能力指标是好的，我们不需要一个功能相同而能力不同（如禁食与饥饿）的例子，而需要一个能力相同而功能不同的例子。

事实上，我们需要的不是这些例子，而是一条总规则，即所有这些例子都应该以同样的方式对待。例如，仅仅说禁食的资产阶级和享乐主义的资产阶级之间没有不平等的关系是不够的（据说他们的能力是相同的，但功能是不同的）。还必须指出在饥肠辘辘的冲浪者和勤奋的雇员之间、在本可以学习的辍学者和忠诚的学生之间、在本可以避免上瘾的吸毒者和他健康的兄弟之间、在那些不接受工作的失业者和接受工作的工人之间，或者，以阿马蒂亚·森所举的例子（2009），在未办理医疗保险和无力负担医疗费用的患者与未办理保险的患者之间，仅仅说不存在不平等问题是不够的。

另一个耐人寻味的论点是，人们在阿马蒂亚·森的著作中发现，如果我们关注能力而不是成就，那么关注能力并没有信息上的损失。由于能力集包含了个人实际享受的功能向量，因此，当一个人审视能力时，总是有可能考虑到成就。"即使我们最终只关注成就，而不是自由（除了工具上的成就手段），事实上，能力集仍然可以用于评估。能力集为我们提供了比我们需要的更多的信息，但所选择的组合是能力集的一部分"（1992）。这个论点似乎涉及一个基本的逻辑错误。知道个体选择的集合不足以知道个体实际选择的是什么。如果一个人关心个人的成就（专门地或特别地），他不应该只接受关于能力的信息。

阿马蒂亚·森的推理实际上更加复杂，必须在这里详细研究，因为它与下一节讨论的问题有关。推理是指能力集评估的最基本形式，阿马蒂亚·森称之为"基本评估"（elementary evaluation），它包括通过计算集合的最佳元素的值来计算集合的值，用于对函数向量进行排序。注意，基本评估对应于这样的情况，即不重视从集合中选择的可能性，因为当向集合中添加值等于或小于最佳元素的选项时，集合的值不会增加。现在，如果个体通过最大化所考虑的估价顺序从能力集中选择，那么集合中最佳元素的值与实际选择的元素的值一致。因此，关注集合并使用初等求值等于关注所选功能而忽略机会。论证的结论是集合评价更具一般性，包含了成就评价的特例。

这一推理表明，确实有集合评价等同于成就评价的情况。正是在这一特例中，阿马蒂亚·森证明了集合评价比成就评价更具普遍性，或者在信息上更具包容性。但这种推理并不成功，因为假设个体总是为分析人员使用的估值顺序选择最佳的元素是相当严格的。它涉及假设个人的直接偏好与估值顺序一致（阿马蒂亚·森在讨论作为福利衡量标准的欲望满足时明确拒绝的假设）以及分析人员的估值顺序与个人的估值顺序一致，这就要求分析人员在个人对价值有不同意见时采用多重估值顺序（如下一节所述，阿马蒂亚·森也拒绝了这一选项）。

因此，如果突然说能力集包含有关已实现功能的信息，不仅是不正确的，而且这一结论的支撑不足，提到基本评估的特例似乎也不多。

这一难点的另一个例子是，阿马蒂亚·森认为同样好的做法是考虑"精细化功能"而不是能力。精细化功能向量被定义为标准功能向量，在标准功能向量中添加了描述个人享受的自由程度和实际选择量的附加成分。显然，精细化功能中的信息要比能力集中的信息多得多。这是非常诱人的想法，精细化功能，实际上，更符合能力方法文献提供的论点，支持纳入自由和选择，而不是能力。

总之，能力方法似乎热衷于宣称，能力为评估优势提供了适当的衡量标准，因为它不愿意将成就归类为无关紧要的。似乎不可能在能力方法文献中找到任何明确的说法，即能力指标导致忽略个人实际取得的成就。在这篇文献中，有一种对立，甚至可能是一种矛盾，它明确地把能力作为相关的衡量标准，并声称评估中包括成就。

对于那些批评公平是机会均等的人来说，能力方法中的这种不一致性应该受到欢迎。如果能力方法不是一种真正的机会方法，如果它能够观察低成就者的遭遇，以及个人在生活中对自由和选择的重视程度，那么能力方法更具吸引力。将这种方法重新命名为"人类繁荣"的方法可能会更好地捕捉到它真正想要的东西。

6.3　估值问题

在本节中，我们将研究能力方法如何寻求尊重人们的价值观和偏好。能力方法文献坚持认为，能力和功能的评估不能以机械的（"数字运算"）方式进行，而应参考人们所重视的或"有理由珍视的东西"。为了转移基本的反对意见，这一点非常重要。

其中一种反对意见是，许多功能和能力微不足道，不能算作基本必需品。另一种反对意见是，向机会集中添加更多选项并不总是一件好事，因为这可能会使选择的任务复杂化，甚至会造成愚蠢选择的危险。能力方法的回答是，为了探究真正改善人们生活的东西，使用权重和一些选择确实很重要。

因此，确定价值体系应该从何而来就变得至关重要。有关群体是一个潜在来源，但其他来源包括哲学家、文化和文学参考资料、宗教文本或权威资料。玛莎·努斯鲍姆和阿马蒂亚·森在这方面的研究有一个众所周知的区别。玛莎·努斯鲍姆侧重于基本能力，力求使相关方面的清单具有相当程度的普遍性，在行使各种能力时允许一些灵活性，以适应文化差异。阿马蒂亚·森对更为普遍的社会评价形式感兴趣，为各国、社会群体或较小社区之间的差异提供了更大的空间。

然而，总的来说，能力方法似乎赞同这样一个原则，即一旦选择了一个评价系统（可能是偏序，考虑到一些不可通约性），参与调查的所有个人都应该用相同的权重系统来评估他们的情况。最极端的例子是人类发展指数（HDI），它可能不能完全代表能力方法的理念，它让世界上所有国家使用相同的加权系统来综合收入、教育和健康的数据。这与福利经济学中尊重个人偏好的经典原则形成鲜明对比。

本节的目的是检验这一问题是否标志着能力方法与福利经济学中的自由主义传统在理论上的差异，或者是否可以调整能力方法，为估值体系中个体层面的变化留出空间。

6.3.1 交集方法

从"交集方法"（intersection approach）开始这一探索是有帮助的，这是阿马蒂亚·森分析估值问题的核心要素。这种方法已经在第4.2.2和第4.3.5小节中讨论过。它利用了个别的估值顺序，并认为这些顺序的交集提供了可靠的人际比较。用 $z_i \in Z$ 表示个体 $i \in N$ 的情况（可以包括功能和能力），R_i 表示其在 Z 上的估值顺序。应用于总体排序集的交集方法，定义了交集排序 $R \cap$，如下所示：$z_i R \cap z_j$ 当且仅当所有 $k \in N$ 的 $z_i R_k z_j$。

让我们顺便提一下，在前面的章节中被称为偏好的东西，可以被认为基本上与阿马蒂亚·森所称的估值顺序相同。当个人福利和社会福利的评估依赖于个人偏好时，人们必须决定这些是普通偏好（普通选择背后的偏好）还是个人在适当的信息和考虑条件下拥有的更深层次的真实偏好。阿马蒂亚·森所说的估值顺序更接近后者。依赖深层的、真实的偏好而不是直接的欲望是很有意义的，即使这会使方法的信息需求复杂化，因为引出真实的偏好要比控制观察到的选择的直接偏好困难得多。

交集方法排序从不与个人对自己处境的评价一致，因为 $z_i R \cap z'_i$ 总是意味着 $z_i R_i z'_i$。但是，如第4.3.5小节所述，交集方法排序与尊重个人评价（非物质性原则）是不相容的，因为在个人情况中，通常没有与每个 R_i 一致的排序，而在人际比较中，也没有扩展 $R \cap$ 的排序。即使允许个人估值关系和人际关系不完整，也会出现这个问题。它不是来自于完整性的要求。如第 4.3.5 小节所述，这一难题的根源在于交集方法使用 $z_i \in Z$ 上的个人排序来构建情境 (z_i, R_i) 上的人际排序，而忽略了 z_i 只是优势的一个元素，另一个元素是 z_i 和 R_i 之间的"契合度"。

很有启发的是，如果把交集方法推广到成对 (z_i, R_i)，问题就解决了。此推广可按如下方式进行。成对 (z_i, R_i) 被称为双重支配成对 (z_j, R_j)，如果：

（i） z_i 交集支配 z_j： $z_i R \cap z_j$，或者

（ii-a）在 z_i 处， R_i 的下轮廓集包含 R_j 的下轮廓集

$$\{z \in Z \mid z_i R_i z\} \supseteq \{z \in Z \mid z_i R_j z\}$$

（ii-b）在 z_j 处， R_j 的上轮廓集包含 R_i 的上轮廓集

$$\{z \in Z \mid z R_j z_j\} \supseteq \{z \in Z \mid z R_i z_j\}$$

该定义的第（ii）部分描述了 z 和 R 之间的拟合。

（ii-a）检验了 z_i 与任一偏好的拟合，而（ii-b）检验了 z_i 与 z_j 的拟合。图 6-2 说明了满足（ii-a）但不满足（ii-b）的双重支配。

请注意，这些条件在同一个 z 上比较不同的偏好。当前者的下轮廓集较大（就集包含而言）或后者的上轮廓集较大时，使用 R 在 z 处比使用 R' 更适合。对于两种偏好关系来说，这似乎是比较偏好与偏好对象之间的契合度的最自然的方法。

但是我们也可以直接比较 z 的拟合，认为 z_i 更适合 R_i，而 z_j 更适合 R_j，当 $\{z \in Z \mid z_i R_i z\} \supseteq \{z \in Z \mid z_j R_j z\}$ 或 $\{z \in Z \mid z R_j z_j\} \supseteq \{z \in Z \mid z R_i z_i\}$。

对于标准经济偏好，此定义中的两个思路是等价的。

当 (z_i, R_i) 双重支配 (z_j, R_j) 时，可以很容易地检验， z_i 必然比 z_j 更适合 R_i 而不是 R_j。事实上，假设（ii-a）得到满足，如图 6-2 所示。取任意一个 z，使 $z_j R_j z$。当然， $z_j R_j z$，因为 $z_i R \cap z_j$ 意味着 $z_i R_j z_j$。根据（ii-a）， $z_j R_j z$ 意味着 $z_i R_i z$。这意味着我们已经证明了 $\{z \in Z \mid z_i R_i z\} \supseteq \{z \in Z \mid z_j R_j z\}$。

类似地，使用（ii-b），其中一个将派生出另一个集包含。

对这一讨论最重要的是，在个人情况中，存在着与每个 R_i 相一致的排序，并且与双重支配所诱导的关系相一致。所有来自等价方法的排序（包括等价收入）都提供了示例。

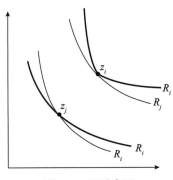

图 6-2 双重支配

因此，双重支配原则似乎更好地抓住了交集原则的原意，当目标是建立一个福利指数时，要考虑到个人排序和个人情况之间的契合度。

6.3.2 分歧和尊重多样性

将人际比较理解为与成对 (z, R) 有关而不是与向量 z 有关是我们分析能力方法中估值问题的关键。结果是，排列成对 (z, R) 的人际排序与排列 z 的个人价值关系不是一回事。它有不同的对象，有不同的考虑因素。

个人价值排序反映了个人的人生目标。在这种情况下，对个人优势的评估可以为价值观和偏好的多样性腾出空间。一些人可能对亲近自然的生活有强烈的偏好，而另一些人可能会高度重视社会交往，或高度重视工作，或某些文化成就，或某些爱好。

阿马蒂亚·森在评价生活功能和能力时，用"价值"这个词来表示与千奇百怪爱好的对比是正确的。尽管生活中的某些特定目标可能没有深刻的意义，但没有一个严肃的人生计划不涉及使生活有价值和意义的重要价值观。

然而，如果不同的人认可不同的价值观，或者给相同的价值观赋予不同的权重，这似乎没有问题。制定不同的生活计划并不总是涉及严重的道德冲突。即使是在有潜在冲突的情况下（例如当不同的观点使一个家庭产生了对立），在一个和平的社会中寻求包容不同的观点仍然是有意义的。个人可能会鄙视或厌恶一些同胞的生活方式，但不愿意直接干预。他们甚至可以接受尊重对美好生活的不同看法是美好社会的一个重要方面。

能力方法关注能力而不是成就，因此通常被理解为允许如此多样的生活计划。在被赋予同等能力的情况下，个人可以以许多不同的方式利用（或不利用）这些能力。

与此相反，(z, R) 上的人际排序涉及伦理原则，不能在排序本身中改变。例如，如果采用尊重个人偏好的原则，将适用以下条件（类似于4.3.5 中的非物质性原则和 5.2.4 中介绍的相同偏好原则）：

尊重原则（Respect principle）：当且仅当 zRz' 时 (z, R) 至少和 (z', R) 一样好。

这种状况与相关人群的个人价值观无关，而是构建人际排序的评价者的道德选择。将其适用于某些个人而不适用于其他人是不一致的。

当然，对人际排序背后的伦理原则的分歧将导致排序的多样性。如，一些排序将寻求尊重个人偏好，而其他排序将对总体统一施加相同的权重。但对人际比较的分歧意味着，最终，要么选择一个，要么在分歧领域引入一些政策妥协。例如，如果对人群中谁的境况最差存在分歧，那么社会政策最终可能会帮助那些至少在一个相关的人际排序中被视为境况最差的所有社会群体。另一种可能性是将交集排序应用于人际排序（与个人排序 R 相反），并确定那些真正境况最差的人是那些被所有相关排序识别为境况最差的人。

有很多可能性，但是没有一个涉及将人际排序应用到每一个人身上，如果个体扮演评价者的角色并构建这样一个排序，她会喜欢这种排序。这将是毫无意义的，因为人际关系的排序是为了适用于不同的个人。如果两个人在人际关系排序上有不同意见，那么如果一个人想在自己参与的时候应用自己的排序，而另一个人在自己参与的时候应用自己的排序，那么就不能一致地进行比较。由于两人都参与了比较，当他们不同意谁更富裕时，就会出现不一致。

阿马蒂亚·森分析估值的问题在于，他忽略了对 z 的个人排序和对 (z, R) 的人际排序之间的区别，因为 z 和 R 之间的契合度不是他理论的一部分。在他的方法中，人际排序是一个直接适用于 z 的排序 R，阿马蒂亚·森将上一段的论点应用于这个排序：

如果不同的人的估值确实不同，那么我们对什么是合适的估值存在分歧。我们可以试着争论哪种估值是正确的，或者只把交集偏序看作没有争议的；或者甚至可能认为这些估值没有"对"或"错"（我个人不会，但有些人显然会）。但是，在所有这些情况下，都不可能对一个人使用一个估值函数，对第二个人使用另一个估值函数，后对两个人的相对福利进行估值函数间的比较（1985）。

这一论点适用于比较 $z \in Z$ 的 R，而不是比较成对 (z, R) 的人际排序，很难与自由主义观点相一致，即人们可以在生活中采用不同的价值观，沿着自己的轨道共同和平地追求这些价值观。这一论点似乎是能力方法标准观点的来源，即不同功能和能力的权重必须由相关人群共同决定，而不是根据人群中的每个个体或子群体进行调整。在这种方法中，社区之间可能存在多样性，但在将要接受不平等评估的人群中则不存在。如果存在无法减少的分歧（例如，喜欢乡村的人和喜欢城市的人之间），则基于交集方法的偏序是唯一的建议。

这种方法提出了一个有趣的问题。如果不同的社区可以为自己的目的选择不同的估值，那么在社区之间进行生活水平或优势的比较就会出现问题。例如，如果用人类发展指数进行国家间比较，它可能与每个国家对不平等现象的估值不一致。

但是，如果区分 z 上的个人排序和 (z, R) 上的人际排序，就可以避免这种困难。前者的多样性与后者的完全一致性是相容的。例如，等价收入指数。它可以在个体间持续地进行比较，但它也与每个个体在个人生活维度上的排序 R 一致。

综上所述，理解人际比较在于构建 (z, R) 而不是 z 上的排序，使得尊重偏好 R 相对于 z 的多样性成为可能和有意义，也使得以一种不与这种尊重冲突的方式（双重支配原则）定义交集原则成为可能。

6.3.3 尊重个体偏好的含义

尊重个体关系 R 超过 z，在阐述 (z, R) 的人际排序时，有两个有趣的含义。在本小节中，为了简单起见，我们假设每个 R 是一种排序。

首先，与乍一看可能出现的情况相反，它并没有使人际比较完全不确定。再考虑一下上一小节中介绍的尊重原则。这一原则自然适用于对一个人的两种不同生活进行比较。但对于两个拥有相同排序 R 的个体比较来说，这一点同样令人信服，上一章介绍了相同偏好原则。

这个原则没有涉及不同偏好的情况的比较。马克·弗勒拜伊和蓼沼宏一（Marc Fleurbaey and Koichi Tadenuma, 2012）提出了以下单调性原则：

单调性原则（Monotonicity principle）：如果 $\{q \in Z \,|\, qRz\} \subseteq \{q \in Z \,|\, qR'z\}$，则 (z, R) 至少与 (z, R') 相当。

这一原则表明，如果预期 z 处的上轮廓集收缩，R 的变化会导致改善，这反映出 z 在 Z 元素的排序中明确地向上移动的事实（这个想法已经启发了第 6.3.1 小节中 z 和 R 之间的契合度分析）。

这一原则也可以说体现了尊重偏好的理念。当情况 z 在估值排序中明确地向上移动时，我们如何声明这一点反映了处境的恶化，并意味着个人因此处境变得更糟？

尊重原则和单调性原则的结合并不能产生一个精确的人际排序，但它意味着人际排序必须与双重支配相容。更重要的是

$$\{q \in Z \,|\, qRz\} \subseteq \{q \in Z \,|\, qR'z'\}$$

意味着 z 比 z' 更适合 R，(z, R) 至少和 (z', R') 一样好。

这一含义在任何框架中都适用，当 $\{q \in Z \,|\, qRz\} \subseteq \{q \in Z \,|\, qR'z'\}$，有一个 z''，使得

$$\{q \in Z \,|\, qRz\} \subseteq \{q \in Z \,|\, qRz''\} \subseteq \{q \in Z \,|\, qR'z''\} \subseteq \{q \in Z \,|\, qR'z'\}$$

事实上，根据尊重原则，(z, R) 至少与 (z'', R) 相当，(z'', R') 至少与 (z', R') 相当，而根据单调性原理，(z'', R) 至少与 (z'', R') 相当，如图 6-3 所示。

对于 $\mathbb{R}_+^\ell$ 的标准连续和单调偏好，这些含义也成立。在此框架中，上一段中介绍的域条件（考虑 $\mathbb{R}_+^2$ 中 z 和 z' 的渐近无差异曲线）未得到满足。但是，如果不满足上一段中描述的 z'' 的存在性，必然有 $\{q \in Z \,|\, qRz\} \cap \{q \in Z \,|\, z'R'q\} = \varnothing$。这意味着无差异曲线不相交，因此有 R'' 共享这两条无差异曲线，也就是说

$$\{q \in Z \,|\, qR''z\} = \{q \in Z \,|\, qRz\}$$

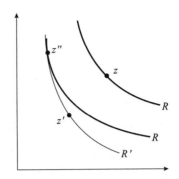

图 6-3　尊重原则、单调性原则与契合度

和

$$\{q \in Z \,|\, qR''z'\} = \{q \in Z \,|\, qRz'\}$$

在这种情况下，根据单调性原则，(z, R) 和 (z', R') 分别与 (z, R'') 和 (z', R'') 相同。根据尊重原则，(z, R'') 比 (z', R'') 好。

我们提出尊重原则和单调性原则是任何合理的人际排序都应该满足的两个基本原则。总结前几段的一个直观的方法是，当一条无差异曲线位于另一条无差异曲线的上方时，它就对应于一个更好的情况。

为了获得更具体的人际排序，我们需要额外的原则，例如确定对所有偏好都同样有利的客观情况的原则（这类原则证明了等价方法的合理性，如第 4.3.5 小节所述）。这是一个需要更多研究的领域，以便找出各种可能性和公理化的理由。在附录 A 中，尊重原则和单调性原则与一项要求结合起来，即一个人对 y 的一个维度无差别时，其他情况相同，则不会因此而被视为境况更糟，这意味着使用了第 4.3.5 小节中介绍的个性化最低等价收入。

尊重 R 对 z 的顺序的第二个含义是，这解决了一个人应该关注能力还是功能的问题。回顾一下，对机会均等理论的一个重要批评是，在某些权衡中，在有关个人看来，机会可能不如成就重要。还记得精细化功能的概念使我们能够以一种包括对所提供的可能性和选择过程的描述的方式来描述个别情况。一旦有了尊重个人偏好的方法，就可以在个人层面上决定在评估福利和优势时，自由和选择的重要性。

机会均等方面的公平理论会反对这一提议，认为关注机会而不是成就不是个人偏好（甚至价值观）的问题，而是公平的问题。他们的观点是，个人应该承担起抓住机会的责任，不能要求其他人为低成就者买单。这是一个合理的社会公平观，但并非所有学者都认同。它鼓励了一种不友好的社会交往："别指望我来帮你，你最好从地上爬起来。"

在这种背景下，有趣的是，阿马蒂亚·森坚持自由而不是责任，认为这是一种原始的价值观，为重视机会而不是成就提供了正当理由。马克·弗勒拜伊（Marc Fleurbaey，2008）认为，一个人可以忘记责任是一种原始价值观及其伴随而来的道德态度，而把重点放在自由和尊重个人生活目标上。这仍然意味着以一种衍生的方式承担着重大的个人责任，因为人们的不同目标随后在他们自己的生活中得到实现，并在成就上产生重要的差异。但在这条道路上，机会只在对相关个人重要的范围内被考虑。机会与成就之间的关系实际上变成了个人价值观和偏好的问题。

6.4　能力方法是独立的方法吗？

能力方法的主要信息是，我们应该避免对个人福利进行狭义的评价，特别是资源评价和福利评价。资源充其量只是消费领域中某些可能性的一种表现，并不能体现重要的功能。主观福利是相关功能（心理状态）的一小部分，或者，在满意度判断的情况下，由于适应现象，是人际比较福利的一个不可靠的替代方案。

除了这一关键信息之外，能力方法提出的主要内容还包括基本能力清单（玛莎·努斯鲍姆的核心能力清单），在阿马蒂亚·森的交集原则中，关于如何在相关的总体中聚集不一致的估值。许多实证应用使用了各种策略来填补空白，但不能说某一特定方法已经足够突出，足以代表能力方法，也许除了在社区中使用审议以便选择相关的功能和能力的实践。我们甚至不能说能力方法建议只看能力而完全忽略功能上的成就。

但在本章中，我们发现，在阿马蒂亚·森的著作中，明确反对让福利的衡量标准在个人层面上有所不同。这与人际判断不能混合不同的估值排序的观点有关。这与福利经济学的观念形成了强烈的对比，福利经济学寻求尊重个人的各种偏好。

能力方法正处于十字路口。如果坚持只有一种功能评价体系可以用于功能成就和功能的人际比较的原则，那么它面临着避免完美主义和家长作风弊端的问题。从这个角度来看，能力方法的各种元素是有意义的，因为它们可以被理解为减轻这些弊端的策略。交集方法考虑到人们估值的多样性，只有在所有人都同意的情况下才能做出明确的判断。注重能力而不是功能，使人们能够根据自己的价值观在自己的机会集中自由选择，即使他们的处境是用其他价值观来评估的。鼓励在选择维度和选择权重时采用审议程序，也可能导致社区内的价值观趋同，使单一权重制度的实施看起来更加民主，并使交集方法不那么不完整。

另一种方法是接受对人际比较的一致性要求仅适用于成对 (x, R) 的人际排序，并且对这种成对的单个排序可以应用尊重原则，即根据每个人的价值观和人生目标，调整对每个人处境的评估。在能力方法的基本原则中，似乎没有任何东西可以排除采取这种替代路线。然而，这是一条回归福利经济学经典原则的路线。然后，可以提出等价收入法作为应用能力方法的可能方法，使之有可能涵盖对人们生活重要的任何方面（包括自由和选择过程），并将其综合成一个福利指数，尊重个人作为评估自己处境的主要人员。

在这里我们认为，后一条路线具有强烈的吸引力。主要原因不仅在于另一种途径未能充分尊重个人价值观的多样性，还在于它忽略了福利的一个重要因素，即个人价值观与个人处境的契合。如果忽略福利的这一方面，能力方法可能会被批评为过于狭隘，就像资源主义和福利主义的方法一样。福利不仅是一个功能和能力的问题，更是一个功能和能力如何与个人在生活中所追求的相对应的问题。

总之，能力方法有可能比幸福方法和等价收入法更为客观，并赋予功能和能力的不同维度不同权重，这些维度未根据个人估值排序进行调整。如果它坚持这条路线，它将是一个真正独立的方法，并将沿着另外两条路线走，它可以产生像人类发展指数这样的指标。

如果恰恰相反，它决定将个人价值观和个人状况之间的契合纳入其对个人优势的评估中，然后，它可以考虑将其他方法作为潜在的实现工具。然而，幸福指数方法不太可能有多大帮助，因为阿马蒂亚·森对主观福利主义提出的批评一如既往的强烈。与此相反，与幸福方法不同的是，等价收入法满足尊重原则和单调性原则，它似乎符合能力方法的基本思想，可以作为一种实现方法被提出。

第 7 章

结论：如何收敛于多样性

7.1 为什么选择综合指标？

让我们试着总结一下我们探索 GDP 替代方案得到的主要经验教训。我们探索了几种方法，从中我们得到了积极和不那么积极的信息。是时候用一种简单而一致的方式来表述它们机会，并对进一步探索提出建议或为更多可操作方案铺平道路。然而，首先再次强调这种探索的动机是有益的，挑战 GDP 本身并不是一个目标。我们必须尽可能明确地说明这样做的原因，以及 GDP 替代指标应遵守的要求。

最终目的是掌握可靠的信息，探索一个社会目前是走在社会经济发展的道路上，还是走在倒退的道路上。在这两种情况下，人们还想知道进展或倒退的速度。这必须以允许进行跨国比较的方式进行：一些国家的进步是否比其他国家快，落后国家落后了多少，差距是在缩小，还是在扩大？另外，对于那些道路看起来是积极导向的国家，人们能指望这种良好导向持续下去吗？或者是否有线索表明这只是一个短暂窗口（temporary window），未来几代人面临着社会经济发展阶梯再次下降的威胁？

只用为数不多的指标来回答这些问题的希望不大，更不可能有一个独特的神奇指标能够捕捉到所有关键因素的精髓，因为 GDP 常常被认为是如此。原因是这些因素是复杂的，高度多维的，具有很强的个体变异性。

统计学家肯定不是最后意识到这一点的人。异质性是他们必须处理的所有原始统计资料的共同特征，描述这种异质性是他们核心活动的一部分。他们也没有从本质上坚持所谓由 GDP 传递的一维发展观。事实上，统计学家很少会对任何给定对象的单值特征感到满意。

让我们以失业数字为例。全球失业率是一回事，有一些指标允许以各国大致可比的方式来衡量失业率。但它们只是现象的一个方面，量化其他方面是常见的统计做法：长期失业的比例，因为许多人经历短期失业与少数人长期失业是不一样的；那些每周只工作几小时，但如果可以的话愿意多工作的未充分就业者的人数；失望失业者，那些不被视为失业的人，因为他们已经完全放弃努力寻求就业，但他们仍然宁愿工作而不是无所事事。所有这些概念都可以或多或少地按社会经济群体或地理区域进行分类。

就国民经济核算而言，这种情况是可比的。它们不会减少 GDP 的生产。国民经济核算自诩为一个"系统"，即一套非常庞大的、关于经济活动许多方面的一致的货币统计数据：生产、储蓄、最终消费和中间消费、财富等。GDP 已逐渐成为衡量各国经济表现的标准，这一事实不应掩盖所有这些相关或基本的统计数据。

那么，如果多元性是统计学家经常面对的问题，为什么不满足于统计机构提供的丰富数据呢？阻止这种情况发生的原因是，无论隐含的信息损失是什么，都不可避免地需要进行相对全面的评估。当我们在特定领域寻求专业知识时，细节是必要的，但是，有系统地强迫统计数据用户处理过多的数字表格并不是一个解决办法。我们还需要俯视图，因此，在详细的统计数据和汇总数据之间有一个永久性的往复运动。有一个综合信息的时间，也有一个呈现信息的时间。这本书的问题是关于合成阶段，清楚地认识到它的局限性：众所周知，复杂的东西是不可操作的，但合成的东西也是错误的。但当我们试图合成时，我们的责任是尽可能减少错误或误导。我们的历次探索都是本着这个目的进行的。

那么这些信息是什么呢？

首要信息是：尝试合成并不意味着一个人必须是一维的。我们人类思维的局限性并不在于当比较一个国家或一段时间时不能同时考虑多个指标。当某些维度彼此严格不可化约时，就没有理由强迫自己把它们归结为一个维度。从第 2 章可以看出，至少有一个领域应该严格遵守不加总原则。这一领域是可持续性评估。如果我们既关心现在又关心未来，而当代人有道德责任如此关心后代，那么建立将这两个维度合并为一个维度的指标显然就失去了意义。诚然，有一些传统是建立和使用以这种方式进行的跨期福利的综合衡量标准，主要用于理论用途或解决具体的政策问题。但有用的理论概念并不总是能转化为满足社会需求的有趣的统计指标。认为这样的跨期加总是可持续性问题的答案将是不协调的，就像气象学家只对今天观测到的和未来几天预计的平均温度感到满意。我们想知道的不是当前和未来状况的平均值，重要的是两者之间的比较。我们一定要进行区分，比如一个生活得特别好的 A 国的情况，但在某种程度上耗竭资产意味着这种幸福的状态不会持续太久，而 B 国似乎从其各种消费可能性中获益较少，但这样做给了未来的同龄人保持父母生活水平的可能性。两个国家都可以表现出相同水平的贴现跨期福利，至少在贴现因子的某些值上是如此，但基本时间分布却完全不同。描述这些分布至少需要两个指标，而不是一个。这样的观点似乎不言而喻，本书中引用了诺德豪斯—托宾的开创性作品。然而，在这一初步尝试之后，大部分"GDP 替代指标"往往忘记了这一点，因此重新讨论并不是多余的。

我们的问题分成两个子问题。一旦我们承认对现在和未来采取单独测度的原则，在这两种情况下，我们应该如何进行汇总，而汇总的问题又一次摆在了面前：汇总如何以及在多大程度上可以在这两个层次上进行？

让我们从测度当前福利开始。在这个层次上，一个选择是拒绝任何标量方法，选择中间层次的汇总，也就是说，选择尽可能具有代表性的少数几个指标作为发展的主要方面。社会选择理论的两个分支似乎支持这种观点。第一个是著名的阿罗结果，根据这个结果，在所谓的温和条件下，我们不可能在一系列不同的项目上提供一个尊重个人所有偏好的社会排序。第二个是阿马蒂亚·森的方法，主张从能力的角度来评估福利（或优势），这避免了对个人将这种潜力转化为有效成就的方式施加约束性规范。

然而，对更为综合指标的渴望依然强烈。如果我们想满足这一需求，该做什么，不该做什么？这是贯穿本书的主要问题。

7.2　捷径和陷阱

第 1 章提醒我们，进行这种汇总的纯统计方法，即综合指标方法，有其局限性。任何类型的社会经济系列的广泛可用性使这种方法既具有吸引力，又比较简单，因此，应用比较广泛。

此方法有两个反对意见。第一，指标各组成部分的权重涉及很多随意性。该意见不仅针对旨在挑战 GDP 的综合指标，而且针对目前各种跨国基准的综合指标的整个行业。这可能是暂时的情况，但到目前为止，并没有人提出严肃的建议来阐明权重理论。个人偏好不可依赖，因为它们与这些对象无关（谁能表达个人对失业和通货膨胀的偏好？），因此，这些指标未能让民众以有意义的方式投票或表达偏好。我们可以思考，而不是看一个国家实际做出的选择，但社会在其近代历史中所揭示的隐性偏好不太可能具有任何规范价值。这就是为什么目前构建这种指标的技术仍然让人想起了把苹果和橙子加起来的烹饪隐喻。

第二，综合指标无法跟踪个人层面上发生的事情。把领域指标加起来，忽略了一个重要的现象，即劣势（低收入、健康状况差、地位低、与世隔绝、环境质量差等）通常是由人口中最贫困的亚群体积累起来的。显然，由于数据的局限性，很难在最详细的层面上了解生活各个方面的联合分布。然而，该方法应依赖于一种理论，即先抓住个别情况，然后再进行汇总，以便产生一个汇总指标。只有在查阅数据时，人们才能想到如何最好地形成理论。相比之下，综合方法一般是这样设想的：[①] 它首先按领域汇总，然后再考虑各领域的贡献，这似乎是一个根本性的缺陷。

除了上述方法，另一种方法仅仅是问人们是如何评价自己所拥有的生

_____

① 人类发展指数的最新形式可以看作是一个例外。

活的？在我们探索过的所有方法中，该方法可能是最直接的。问题是，这种方法是否能兑现其承诺还不确定。在过去十年中，它对经济界产生了强烈的吸引力，但怀疑论也很普遍。人们不反对收集和分析主观数据。有问题的是，这些数据直接用于评估全球福利，因为尚不清楚这些数据是否揭示了我们的世界如何发展。众所周知的伊斯特林悖论说明了产生怀疑的主要原因，即尽管生活条件有许多改善，但这些主观数据长期稳定，而这些改善远不是完全物质的。

诚然，伊斯特林的结果并不像最初认为的那样稳健。特别是在横截面上，不能说所有形式的主观福利都独立于超过一定水平的收入。就长期趋势而言，还没有定论。但是，适应现象有充分的证据证明，主观福利的水平（不仅是享乐型评价，还包括满意度判断）显然不能可靠地反映人口本身对情况的评价性比较。当校准尺度随被比较的情况而变化时，原始指标的变化不再有意义，也不能反映人们的观点。如果我们有关于主观福利的长期数据，原始指标可能会表明，我们父母过去改善我们生活条件的努力大体上是在浪费时间和精力。更令人尴尬的是，他们认为，为我们的后代维持这些生活条件的努力并不是一个优先事项：不管我们留给他们什么样的糟糕条件，他们最终会适应，而不会对他们的满意度产生任何重大变化。

更确切地说，我们已经看到主观福利指标容易受到两个问题的影响。第一，当他们将异质校准策略与偏好表达相结合时，它们不能反映他们的价值观和偏好。因此，他们可能会与具有相同价值观和偏好的人所做的共同评价背道而驰，例如，这些人同样富裕，而且这些人自己都是按照自愿的、严格的顺序排列自己的处境的。第二，它们不太可能在道德上对人生目标不同的人的处境进行比较。各种形式的公平理论表明，客观生活条件对这种比较很重要，主观指标不能指望与任何单一的公平理论一致。

鉴于社会和公平理论对生活水平重要性的普遍共识，我们寻求的方法给进步的概念一个正值，给退化的概念一个负值，原始的主观指标显得太不可靠。理解支配这些主观评估的心理过程无疑是一个引人入胜的问题，第5章已经详细讨论了这一点，但我们从这一探索中回来时并没有感觉到一种新的统计范式正与这种新元素一起出现。这并不能关闭使用此类信息的大门，恰恰相反：它们是有用数据的重要来源。但它们并没有提供根本的捷径，使所有其他方法都不必再探索。

7.3 价值指标的利弊

鉴于所有这些怀疑的信息，我们似乎更有理由捍卫标准 GDP。如果难点是在事先不知道人们对苹果和橙子的相对偏好的情况下，将苹果和橙子的消费量相加，那么参考市场价值似乎是一个好主意：橙子的高价将显示出人们对橙子的强烈偏好，将苹果和橙子的价值相加是将这些相对估值考虑在内的自然方法。

然而，第 3 章所传达的信息是，在测度社会福利的道路上，这给我们带来的远不如预期。其中的一些原因大家都很熟悉，读者在翻开本书之前肯定已经知道了：事实上，这种方法对福利的争论是避而不谈的，因为没有交换，也没有观察到价格，而事实上，作为一个简单的收入总和，它对资源在人口中的共享方式完全是避而不谈的。但不止这些。即使这些问题没有出现，似乎 GDP 是一个比人们预期要差得多的福利指标。GDP 的变化充其量告诉我们的是在特定条件下，福利在增加还是在减少，而没有任何迹象表明这些增加或减少的幅度有多大。更重要的是，比较不同时期或不同偏好的不同人群的 GDP 不能被视为社会福利差异的信息。所有这一切并没有告诉我们，GDP 是一个需要废弃的指标：它仍然是一个相关的指标，用来衡量它被创造出来的目的，即全球经济活动。但是，由于大脑的惰性（mental laziness），人们才慢慢意识到它也可以衡量福利。

然而，这些论点往往与这样一种观点相一致，即对福利组成部分的货币估值存在内在缺陷。这样的结论是不正确的，第 4 章意在说明有一些方法可以让人们对一些东西进行估值，而这些东西避开了大多数适用于 GDP 的批评。货币估值本身不必被拒绝。事实上，无论做什么，加总意味着将相对价值放在非常不同的项目上，而且，以货币单位进行估值并不比隐含在综合指标中的明显无量纲估值逊色。第 4 章的主要信息是，经济学家工具箱精确地提供了一种工具，允许以比简单的个人收入总和（按 GDP 计算）更令人满意的方式进行货币评估，允许对偏好异质性和非市场商品进行处理。关键因素是等价收入的概念，即导致与当前获得的效用水平相同但非市场方面（健康、闲暇时间、社会互动、环境等）给定参考值的收入。

这一概念提供了一种间接的方法来评估谁在一个社会中或多或少有优势（这就是我们最终需要的），而不需要更多地选择非贸易商品的参考束，也不需要了解人们准备如何用货币收入来交易这些商品，即当我们评估各种非市场商品的支付意愿时，只有一些关于替代弹性的信息是我们需要衡量的。

让我们再简单地解释一下这个想法。想象一下，A 国是一个伊甸园，那里的居民受益于许多自然的便利设施。B 国面临着比较恶劣的条件，那里的居民通过参与激烈的市场活动来弥补这一点，而市场活动带来了巨额的货币收入。GDP 的统计数据表明，B 国的居民比 A 国的居民富裕。如果选择主观指标，可能 A 国的居民对自己的生活比 B 国的居民更满意，但可惜的是，这是没有根据的：可能是因为人们太习惯于他们的好的或坏的生活条件，他们最终表达了同样的感受，即他们的生活是多么的愉快。

将 GDP 与这些自然福利指标相结合的综合指标最终可以提供更充分的信息，但它是以一种规范的方式提供的，它对货币收入和自然福利如何相互替代作出了先验假设，并假设这种替代性假设同样适用于两种人群。

而等价收入法的工作原理不同。我们假设以 A 国的自然条件为参照。然后，该方法包括询问 B 国的居民准备放弃多少货币收入，从 A 国的自然福利中获益。由此产生的修正后的收入现在可以在两国之间进行比较，而且这样做可以考虑到偏好的差异。如果 B 国的居民确实热爱他们的生活方式，他们就不会表示愿意为搬到 A 国气候温和的地方而支付那么多费用。在这种情况下，由此产生的修正不会强烈地改变货币收入传递的最初信息。

如果我们选择在这种方法上冒险，阿罗不可能定理是个陷阱，但比一般人认为的危险要小得多。计算个人等价收入取决于为非市场项目选择一个共同的参考束（或特定偏好），这确实违反了阿罗的定理。但这违反的公理是阿罗定理的三个众所周知的必要条件中最有争议的：弱帕累托、非独裁原则和无关选项独立性。如果个人偏好值得平等尊重，那么前两项就不会受到讨论。

相反，第三个条件过分限制了与设计社会秩序相关的信息量。就其本身而言，第三个假设是：两个状态 x 和 x' 的排序必须与人们如何判断任何其他状态 x'' 无关。当我们引入一个对所有个体都通用的参考束的概念时，这个假设确实被违背了。但这种违背相对温和，甚至可能受到欢迎。如第 4 章所示，它仅仅意味着支付意愿法或替代弹性法也很重要。在福利经济学中，这样的想法传统上被认为是合理的。更有趣的是，独立性公理（Independance axiom）已经被接受了这么久，所以很容易被阿罗的大部分继任者所接受。

当然，摆脱这个假设并不意味着所有的困难都会消失。选择适当参考参数必须遵循的原则（附录 A 提出了一项建议），正确衡量支付意愿是一项困难的实证任务，但朝着这样一个方向努力，肯定比在现状下停滞不前要好得多。研究者已经进行了实证上的尝试，并正在作出进一步的努力。

7.4　综合指标的多样性

不过，现在是解释结论标题的时候了。提倡单一的替代指标不是我们的目标。在反对仪表盘和综合指标的辩论中，就像不应该追求任何综合指标的相反观点一样，我们希望避免那种极端的观点，即应该寻求一种单一的综合替代 GDP 的方法。我们的观点是，必须考虑多种综合指标，因为有若干合理的哲学方法能够提出综合方法，但不能收敛到单一指标。

我们认为，等价收入法（更一般地说，是公平分配理论发展起来的等价方法）提供了一种很有吸引力的方式，可以将人们的价值观和偏好纳入对自身状况的评估中，但我们最终并不主张它应该是唯一的汇总方法。此外，等价方法是一种通用方法，可根据参考参数的选择提供许多指标，我们注意到不同的伦理观点可能会证明参考参数的不同选择是合理的。

更重要的是，在这本书中，至少还有另外两种截然不同的观点值得成为关于社会进步评估的公开辩论的一部分。幸福指数和能力指数仍然应该产生，因为它们体现了人类繁荣的可敬观点。

我们试图揭穿这些尊重人们价值观和偏好的另类做法的假象。我们相信他们天生就是家长主义或完美主义者。但这并不是将这些方法排除在公共论坛之外的充分理由，因为必须听取它们的论点。幸福指标跟踪的精神状态并不是人们唯一关心的问题，但各种形式的享乐主义哲学认为，他们应该是唯一关心的问题，目前普遍存在的对物质成就的兴趣在道德上是错误的。人们可能不同意这一观点，但不能在公开辩论中拒绝它。

同样，在目前的形式下，能力研究未表现出尊重人群中价值观和偏好的多样性，但可以为其辩护，认为其体现了以民主共识形式出现的关于美好生活的价值观。例如，在评估一个人群的状况时，教育可能被赋予很大的权重，即使该人群中的一些成员对智力成就不太关心。这可以基于这样一种观点：在某种形式的完美主义理想中，教育对于美好生活是重要的。诚然，我们在第6章中已经指出，能力方法的一些分支可以很容易地采用等价方法，并朝着更自由的（即尊重个体价值观的多样性）评估个体情况的方向发展。但这不太可能根除完美主义的做法，因为完美主义是建立在一个非常古老和受人尊敬的哲学传统之上的。

无论如何，尊重人们的价值观和偏好的想法是复杂的。每个人都有几个层次的价值观和偏好，从最直接的到最深刻的，从最传统的到最真实的。福利倡导者有时会争辩说，直接的偏好是不可信的，体验效用（experienced utility）更为相关。正统经济学家通常倾向于直接偏好，因为他们不想干涉受直接偏好支配的个人选择。但他们的自由主义受到了行为研究的挑战，这些行为研究表明，直接偏好具有可塑性和不一致性。为什么不得出这样的结论：当目标是尊重人们的价值观和偏好时，问他们自己认为哪一层次最受尊敬是最自然的？据推测，他们的答案不会指向直接的偏好，而是指向更深更真实的层面。第5章中关于主观福利问卷的可能改进的讨论受到这样一种希望的启发：在合适的时间和充分的准备基础上，满意度和偏好的陈述能够触及真正对受访者重要的东西。

7.5　可持续性预警

让我们最后回到可持续性问题上来。这个问题已经在第2章讨论过了，以后的章节不再讨论。如本书引言所述，本书总结论的开头也重申，这根本不应被理解为将问题最小化的一种形式，恰恰相反。问题的关键在于，这个问题是如此之大，它将值得独立成册。在这里，我们的目标更为合理。它强调了这一问题的具体难点，表明它与测度当下福利的不同之处，以一种比其他章节不太正式的方式介绍了可持续性问题，留待今后更深入地研究。

关于GDP的争论在这方面传达了什么信息？一旦我们承认可持续性问题是关于量化明天会比当下更糟还是更好，那么正确的方法是什么？必须达成协议的一点是，未来的福利取决于当代留给后代安排自己生活的资源。顺便说一下，这可以与能力方法建立一些联系。这不是当代人能够或必须传递给后代的福利或功能，而是一个机会集，他们将利用这个机会建立自己的生活条件，然后他们将传递给自己的后代，根据他们的管理方式进行重组、扩张或收缩。

所有这些都为所谓的"以资本为基础"的可持续发展方法提供了基础。在这一点上，同样的语义问题也可能出现在"以货币为基础"的方法中，因为相同的商业内涵影响着这两种表达方式。然而问题的核心不在这里。主要的问题既不是措辞，也不是选择这样或那样的综合指标，而是要再次知道这样的汇总是如何实现的以及实现的程度。

这一问题通常表现为"弱"可持续性和"强"可持续性的倡导者之间的争论，前者认为重要的只是这些资产的全球数量，而对其中一些资产没有任何最低要求，相反，后者认为，由于所有这些资产，特别是自然资产和人造资产之间的替代可能性有限，有必要保持其中一些资产的足够水平：建造新机器或投资于科学发现不能无限期地弥补生物多样性、气候恶化、化石资源枯竭等方面的损失。

在某种程度上，这种"弱"和"强"可持续性之间的争论被夸大了。如果某些资源对于维持生活条件变得真正至关重要，那么人们总是可以想象这些资产价格信号的强烈上涨，使得"弱"可持续性指标完全被这些资产的负面趋势所支配。困难在于，在这一领域，人们绝对不能指望市场的价格信号，除非是在经济和环境全面崩溃前的最后时刻，那时还来不及做出反应。需要有正确和足够前瞻性的影子价格信号，这意味着需要更多的预测值而不是观测值，正是在这里，问题揭示了其真正的性质和真正的困难。世界上没有奇迹（There is no miracle），不言而喻的是：传递关于未来的信息不仅需要观察，还需要预测。赋予影响可持续性的资产相对权重意味着预测其相对稀缺性将如何演变并影响未来的福利。这意味着更多的未知参数，而且不只是当下福利受到这些参数影响：管理资产动态的物理或技术参数、后代如何从这些资产中获益的偏好，等等。这种预测性做法的必要性超出了本书的讨论范围。关键是，它使我们远远超出了标准统计生产领域，在这个领域中，对"GDP 替代方法"的追求仍然普遍受到限制。

的确，从可持续性评估的角度来看，在当下福利的综合指标上取得进展是有帮助的。一旦一个福利指标被设计出来，我们确实可以了解后代是否有办法将其维持在一定水平，这是一个相当明确的定义可持续性的方法。然而，考虑到未来预测的不确定性，这个问题用概率表述更好：考虑到现有的信息，未来几代人有能力维持一定水平的社会福利的可能性有多大？但在这里，我们看到多维性在两种情况下是难以避免的。

第一，人们真的应该针对不同的社会福利水平提出问题。假设无论当代人采用政策 x 还是政策 x'，当下福利都可以以相同的概率维持。可能发生的情况是，政策 x 的风险更大，x 比 x' 大得多。因此，未来社会福利有减少一半以上的诱导概率。只有当可持续性问题不仅针对当下福利水平，而且针对较低的福利水平时，才能看到这一点。总而言之，人们想知道的是能够维持的各种福利水平的概率分布。

第二，在实践中，而非理论上，可持续性问题也只能在给定的范围内加以考虑，而多维度也无法避免。几乎可以肯定的是，人类终有一天会消失，即使在地球变得不适宜居住之前设法离开地球。了解当下福利水平能否在未来 10 亿年内保持下去，可能没有什么意义。因此，人们应该考虑提出可持续性问题，列出不同的福利水平。由于发生自然灾害的可能性很高，我们可能要接受在遥远的将来不可持续的巨大风险，但对于依赖于更可控条件的后几代人来说就不是了。

第三，对未来技术的发展和后代从给定条件中获得社会福利的能力作出概率预测的实际困难，使我们对理论提供解决可持续性问题的适用方法的能力持谨慎态度。在当下福利的背景下，众所周知，仪表盘仍然很有用，因为它们使我们了解应该在哪些方面作出努力，以便改善综合指标所概括的情况。在对未来福利的预测中，我们可能还不能超越仪表盘和预警指标的范畴。对我们是否有能力建立一个通用的可持续性标量指标的怀疑太强烈了。在可持续发展的背景下，对当下福利状况的评估似乎并非不可实现，但却显得遥不可及。这意味着我们要集中精力制定一套明确的预警指标，分别涵盖可持续性的各个方面。实际上，我们需要发出信号，说明哪些相关工具值得目前采取行动。一组合理的领域指标可能比任何目前可行的综合指标更好。

简言之，如果我们简单地勾勒出"超越 GDP"或"GDP 和超越 GDP"议程的首选解决方案，对相关性和综合性之间的合理折中可以是：（a）保持 GDP 创建目的，即衡量经济活动；（b）试着用一个简短的综合指标清单来完成它，这些指标反映了当下福利的哲学概念；（c）在这份清单中包括基于人们对市场和非市场商品的价值和偏好的最佳估计的等价收入指标；（d）接受一个以上的指标来判断当前状况是否可能持续，不要忘记，这样的指标只能告诉我们事情变糟的可能性。统计的力量就止于此：未来的所有信息都不是能通过一套指标来获得的。最后，这套指标的目的是避免它们所揭示的风险成为现实。

附录 A
等价收入参考理论

A.1 模型

我们保留了本书中使用的主要模型之一。个人 i 消费市场商品 $x_i \in \mathbb{R}^{\ell}_{+}$，价格 $p \in \mathbb{R}^{\ell}_{++}$，消费非市场公益品（或公害品）$y_i \in Y$，其中 $Y \subset \mathbb{R}^m$。他的偏好排序 R_i 在 (x_i, y_i)（严格 P_i，无差异 I_i）上表示为用效用函数 $u_i(x_i, y_i)$ 和间接效用函数 $v_i(p, y_i, m_i) = \max\{u_i(x_i, y_i) \mid px_i \leq m_i\}$。

i 的支出函数定义为

$$e_i(\tilde{p}, y_i, u_i) = \min\{\tilde{p}\, x' \mid u_i(x', y_i) \geq u_i\}$$

直接等价收入（或效用币值）是

$$e_i(\tilde{p}, \tilde{y}, u_i(x_i, y_i)) = \min\{\tilde{p}\, x' \mid u_i(x', \tilde{y}) \geq u_i(x_i, y_i)\}$$

间接等价收入是

$$e_i(\tilde{p}, \tilde{y}, v_i(p, y_i, m_i)) = \min\{m \mid v_i(\tilde{p}, \tilde{y}, m) \geq v_i(p, y_i, m_i)\}$$

这也是 m_i^* 的解

$$v_i(\tilde{p}, \tilde{y}, m_i^*) = v_i(p, y_i, m_i)$$

回想一下，等价收入的价值只取决于 R_i 的序数性质，而不取决于函数的选择。问题在于选择 $\tilde{p}$、$\tilde{y}$。

A.2　参考算子

在第 4 章（第 4.3.5 小节）中，我们引入了一个包含多个参考算子的等价收入的一般式，以及用不同的可能参考算子计算的等价收入的加权平均值。应考虑进一步的概括。

用 Ξ 为一组可接受的标准算子 $(\tilde{p}, \tilde{y})$。对于给定偏好 R_i 的给定个体 i 和给定商品束 (x_i, y_i)，等价收入定义了一个映射 $m_i^*: \Xi \to \mathbb{R}_+$，通过 $m_i^*(\tilde{p}, \tilde{y}) = e_i(\tilde{p}, \tilde{y}, u_i(x_i, y_i))$。

参考算子是一个函数 $\xi: \mathbb{R}_+^{\Xi} \to \mathbb{R}_+$，对于每一个映射 $m_i^*(.,.) \in \mathbb{R}_+^{\Xi}$，定义一个等价收入水平 $\xi(m_i^*) \in \mathbb{R}_+$，该水平概括了 m_i^* 针对不同标准参数所达到的各种水平。算子的两个主要性质是单调性和同质性。

单调性：如果对于所有的 $(\tilde{p}, \tilde{y})$ 有 $m_i^*(\tilde{p}, \tilde{y}) \geqslant m_i^{*\prime}(\tilde{p}, \tilde{y})$，那么 $\xi(m_i^*) \geqslant \xi(m_i^{*\prime})$；如果对于所有的 $(\tilde{p}, \tilde{y})$ 有 $m_i^*(\tilde{p}, \tilde{y}) > m_i^{*\prime}(\tilde{p}, \tilde{y})$，那么 $\xi(m_i^*) > \xi(m_i^{*\prime})$。

同质性：对于所有的 $\lambda \in \mathbb{R}_{++}$，有 $\xi(\lambda m_i^*) = \lambda \xi(m_i^*)$。

这两个性质保证了算子对 m_i^* 的应用产生了一个等价收入，该收入仍然反映了偏好排序 R_i，并且仍然可以与货币公度。

后者对于不平等厌恶型社会福利函数的应用具有重要意义。注意，两个算子的凸组合仍然是一个算符。

下面是我们将重点介绍的算子的主要示例。

1. 单个参考算子选择 $(\tilde{p}, \tilde{y})$ 的单个值：

$\xi(m_i^*) = m_i^*(\tilde{p}, \tilde{y})$

2. 加权平均算子依赖于 Ξ 上的度量 f，定义为

$$\xi(m_i^*) = \int_{\Xi} m_i^*(\tilde{p}, \tilde{y}) \, df(\tilde{p}, \tilde{y})$$

3. 最小值算子定义为

$\xi(m_i^*) = \min m_i^*(\Xi)$

其中，$m_i^*(\Xi)$ 是域 Ξ 上 m_i^* 的范围。

4. 变换后的平均算子介于前两个算子之间，应用凹变换 ($\rho > 0$)：

$$\xi(m_i^*) = \left(\int_{\Xi} (m_i^*(\tilde{p}, \tilde{y}))^{1-\rho} df(\tilde{p}, \tilde{y}) \right)^{\frac{1}{1-\rho}}$$

5. 最大算符定义为：

$$\xi(m_i^*) = \max m_i^*(\Xi)$$

可以在向量的不同分量 ($\tilde{p}, \tilde{y}$) 上组合这些算子。例如，可以选择单个 $\tilde{p}$ 和 $\tilde{y}$ 的加权平均值：

$$\xi(m_i^*) = \int_{Y} m_i^*(\tilde{p}, \tilde{y}) df(\tilde{y})$$

式中，Y 是 Ξ 在非市场商品集 (Y) 上的投影，这实际上相当于采用一个参考加权平均算子，在 Ξ 上的一个度量赋予 $\tilde{p}$ 以外的其他价格权重为零。

另一个例子是 $\tilde{p}$ 的加权平均值和 $\tilde{y}$ 的最小值：

$$\xi(m_i^*) = \int_{\Gamma} \min_{Y} m_i^*(\tilde{p}, Y) df(\tilde{p})$$

式中，Γ 是 Ξ 在价格向量集 ($\mathbb{R}_{++}^\ell$) 上的投影，$m_i^*(\tilde{p}, Y)$ 是域 Y 上 $m_i^*(\tilde{p}, .)$ 的范围。

这些不同的组合允许我们分别研究 $\tilde{p}$ 和 $\tilde{y}$ 的参考选择。

A.3 非市场商品

让我们从非市场商品开始，相关的因素是直观的。如第 4 章所述，参考的特殊性质是，偏好参考算子的个人可以直接比较收入，而不必询问他们的偏好。

当参考算子对应于每个人都期望的"正常"值时，这个性质很有吸引力。这方面的主要例子是健康（马可·弗勒拜伊，2005）。健康状况良好并不总是一个明确的概念（特别是对于不同年龄的人来说），但总的来说，它是一个很好的定义，更重要的是，它被认为是一种"正常"状态。在这种状态下，人们通常会比较生活的其他方面，如果说两个健康的人，不太担心保持健康的人比更关心健康的人更不富裕。

在这种情况下，选择正常值作为单个参考算子是很有意义的。然后，等价收入系统地衡量那些没有达到正常状态的人的损失。这是一个典型的关于健康的推理方式。在两个同样不健康的人中，这个比较从来不是根据他们每个人在更糟糕的健康状况下获得了多少，而是他们每个人在健康状况良好时失去了多少。

这一讨论可以总结为以下原则：当 y_k（对于一个维度 k）有一个人人都渴望的"正常"值，这个值应该作为标准参考。

失业就像疾病，它提供了另一个例子，每个人都渴望避免它，这表明一个自然标准。

闲暇的例子是相似的，但并不完全相同。[①] 当所有人都认为工作是绝对不好的时候，以零工作时间作为标准是有道理的。因此，等价收入对那些对工作有强烈厌恶情绪的人的处境相当敏感。

但工作并不总是令人不愉快的，许多人从工作中获得许多非收入福利。当然，人们可以尝试分别衡量这些福利（社会关系、地位、自我成就感、目标感），但这可能很难做到，即便如此，某些令人愉快的工作类型仍会保持内在吸引力。

在这种情况下，应用最小值算子特别有吸引力。如图 A.1 所示，这相当于计算即使工作没有带来任何收入也足够的收入水平（代替目前的工作收入情况）。这将工作带来的非收入福利与收入福利巧妙地分开。

对于那些讨厌工作的人（例如，因为他们只能从事不愉快的工作），零工作时间的价值仍然是最小值算子隐含的标准，而对于那些真正喜欢工作的人（例如，标志性的研究人员），隐含的标准是最长工作时间。对于那些喜欢在工作和休闲之间取得中间平衡的人来说，隐含的标准就是他们将免费完成的工作量，见图 A.1。

这些考虑表明，选择最小值算子与选择"正常"值作为单一标准是兼容的，并且是对先前原则的直观概括：当 y_k 的"正常"值在个体之间不同

---

① 回顾一下，闲暇—工作最好作为非市场商品中处理，因为它不能在技能不对等的个人之间转移。

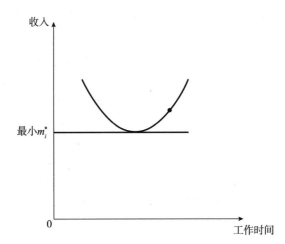

图 A.1　最小值算子等价于固定等价预算

时，最小标准值通过将个体特定的正常值作为每个个体的标准值来跟踪这种多样性。

假设只有一种市场商品，用最小值算子计算的等价收入是满足以下性质的唯一福利衡量标准：

条件 1：当个体对 y_i 无差别时，等价收入等于收入。

条件 2：尊重原则（第 6.3.2 小节）：当个体移动到至少与初始商品束相同的商品束时，等价收入不会减少。

条件 3：单调性（第 6.3.3 小节）：当 (x_i, y_i) 处的上轮廓集收缩时，等价收入不会减小。

条件 4：当个体对 y_i 无差别时，等价收入不会减少。

条件 1 是一个次要的校准条件，考虑到条件 2 与匿名性相结合，已经意味着当两个人对 y 无差别时，收入更高的人会更富裕。第 6 章详细讨论了条件 2 和条件 3。条件 4 是一个关键的性质，它导致人们关注的是没有享受他们偏好的 y 的成本，而不是没有忍受他们最不偏好的 y 的收益。

性质说明的证明如下。取一个任意的 (m_i, y_i)（回想一下假设只有一种市场商品，因此与收入相一致）。考虑等价 $(m_i^*, \tilde{y}_i)$，选择以最小化 m_i^*。

在条件 2 下，个体与 $(m_i^*, \tilde{y}_i)$ 同样富裕。假设个体对 y_i 无差别，在条件 4 中，他至少也同样富裕。但由于这相当于上轮廓集的一个扩展，个体在条件 3 下充其量也是富裕的。因此，他同样富裕，而条件 1 则用 m_i^* 来衡量他的福利水平。

如第 4.3.5 小节所述，我们可能会批评单一标准等价收入对偏好与个人状况之间的契合度的某些改进不敏感。最小值算子并没有逃脱批评，因为它仍然只关注一个标准，即使这个标准在不同的偏好中有所不同。

采用平均加权算子在给那些对非市场维度非常敏感的个体提供一个好的指标方面会走得太远。考虑图 A.2，图中描绘了两条无差异曲线，一条是不太关心健康的个体，另一条是非常关心健康的个体。考虑到他们健康状况同样不好（收入相同），似乎有必要得出这样的结论：关心得更多的人应该被认为境况更糟。相反，一个简单的平均所有可能的标准健康值将表明他们同样富裕。

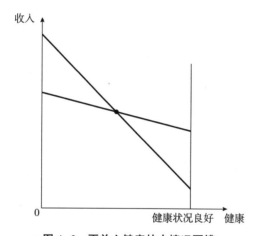

图 A.2　更关心健康的人境况更糟

因此，最好的方法可能是采用一个变换的平均算子，重点放在下限值（即一个高参数 ρ）。这就产生了对无差异曲线形状的最大敏感性，同时关注人们所向往的非市场商品的价值。

可以说最小值算子是一个不完美的（因为它不太敏感）但合适的近似。它具有特殊的实际优势，使标准 $\tilde{y}$ 的选择完全取决于每个人的偏好，因此，避免任何（合理或不合理的）任意性的印象。

社会评价的标准是特别关注最弱势群体。采用最小值算子只是这个概念的一个扩展，它对每个人都采用了对他或她的情况的最坏可能的评估。

以这种方式，尊重个人的愿望，衡量他们的沮丧程度。

在实践中，最小值算子的一个困难在于，偏好是局部估计的，而最低等价收入则可能参考遥远的标准。最坏分配是当一些无界变量预计对满意度有积极影响。然后最小值算子会建议为这个变量取一个无界的标准值，从而导致不现实的低（可能是负）等价收入。这个问题的一个实用的解决办法可能是限定这个变量的范围以应用最小值算子，这样在计算等价收入时只能依赖于对偏好的合理估计。另一种标准化会以一种更难理解的方式改变最小值的参考参数 $\tilde{p}$。

A. 4　市场价格

市场价格标准的选择不那么直观。[①] 特别是，最小值算子则在很大程度上依赖于保留在集合 Ξ 中的价格的标准化。另一种标准化会以更难理解的方式改变最小值的标准参数 $\tilde{p}$。此外，通过取 $\tilde{p}$ 的极值，很容易得到相当于收入的下限值。最后，上一节的公理分析不适用于被视为 y 参数的价格，因为对商品有单一偏好的个人不可能对给定名义收入的价格漠不关心。

我们考虑一个环境，在这个环境中，不同的个体可能面临不同的市场价格。如果我们想针对同一个群体评估几个不同的分配，我们考虑串联分配，其中每个个体由几个复制品表示，每个分配一个复制品。如果我们要

---

① 在这里，我们将讨论有关购买力平价指数的文献（Angus Deaton, 2010；Angus Deaton and Alan Heston, 2010；Neary, 2004）中提到的问题。然而，文献很少考虑使用具有异质偏好的等价收入。该领域的典型观点概括如下："就实际收入的数据有任何意义而言，它们提供了一个问题的答案：'同一参考消费者在不同国家的富裕程度？'"（J. Peter Neary, 2004）。

Deaton A. 2010, "Price indexes, inequality, and the measurement of world poverty," *American Economic Review*, 100: 5-34.

Deaton A., A. Heston 2010, "Understanding PPPs and PPP-based national accounts," *American Economic Journal: Macroeconomics*, 2: 1-35.

Neary J. P. 2004, "Rationalizing the Penn World Table: True multilateral indices for international comparisons of real income," *American Economic Review*, 94: 1411-1428.

进行国际比较，所考虑的分配就是世界分配。

有趣的是，最大值算子，而不是最小值算子，已经在市场商品经济中发挥了重要作用。尤其是，最大值算子出现在马克·弗勒拜伊和弗朗索瓦·马尼奎特（Marc Fleurbaey and Francois Maniquet, 2011b）研究的社会秩序中。

考虑一个只有市场商品和商品束 x_i 的简单经济体，也就是说，没有非市场维度 y_i。假设价格是由总消费 X 标准化的，即 $\tilde{p} X = 1$。选择适用于等价收入的任何不平等厌恶和帕累托社会福利函数，并将最大值算子应用于社会福利（而不是每个人的效用）：

$$\max_{\tilde{p}\,:\,\tilde{p} X = 1} W(e_1(\tilde{p}, u_1(x_1)), \cdots, e_n(\tilde{p}, u_n(x_n))) \tag{A.1}$$

这个表达式导出了一个关于分配的排序，其特殊性质是参考价格 $\tilde{p}$ 依赖于所考虑的分配。马克·弗勒拜伊和弗朗索瓦·马尼奎特表明，在分配 X 的所有分配中，最大化这种排序意味着最佳分配正是来自等分的竞争均衡集（即当赋予每个 $i = 1, \cdots, n$ 禀赋 X/n 时达到的竞争均衡）。

论点很简单。对于 $\sum_i x_i = X$（其中 X 是固定的），所有的 p 使得 $pX = 1$。

$$\sum_i e_i(p, u_i(x_i)) = \sum_i \min\{px \,|\, xR_i x_i\} \leq 1$$

对于所有非等分竞争均衡的分配，以及所有向量 p，要么 $\sum_i \min\{px \,|\, xR_i x_i\} < 1$（如果分配无效，或者当分配有效时 p 不是支持价格），要么 $\sum_i \min\{px \,|\, xR_i x_i\} = 1$ 和代理之间的最小值 $\{px \,|\, xR_i x_i\}$ 存在不平等（如果分配有效，p 是支持价格，但预算不相等）。

在这两种情况下，对于不平等厌恶 W

$$W(e_1(\tilde{p}, u_1(x_1)), \cdots, (e_n(\tilde{p}, u_n(x_n))) < W(1/n, \cdots, 1/n)$$

现在，对于价格为 p^* 的等分的任何竞争均衡，对于所有 i，都有 $e_i(p^*, u_i(x_i)) = 1$，所以

$$W(e_1(p^*, u_1(x_1)), \cdots, e_n(p^*, u_n(x_n))) = W(1/n, \cdots, 1/n)$$

因此，这样的分配严格优先于所有不是平等分配的竞争均衡的分配。

显然，这种方法不同于在单个级别上应用最大值算子。但是单独应用最大运算符号，使用相同的标准化 $\tilde{p} X = 1$，也是值得考虑的，因为它意味

着将射线效用函数（在第4.1节中定义）作为个体福利的表示（用 X 作为标准束）。具体如下：对于在束 αX 上支持 i 的无差异曲线的任意 $\tilde{p} \in \mathbb{R}_{++}^{\ell}$，有 $\tilde{p}\alpha X/\tilde{p}X = \alpha = u_X(x_i)$。对于在与 X 不成正比的束 q 上支持 i 的无差异曲线的所有向量 $\tilde{p}$，有一个向量 $\tilde{p}\alpha X \geqslant \tilde{p}q$，因此 $\tilde{p}q/\tilde{p}X \leqslant \alpha$。证明了

$$\max_{\tilde{p}\,:\,\tilde{p}X=1} e_i(\tilde{p}, u_i(x_i)) = u_X(x_i)\,.$$

两个观察结果都指出标准化 $\tilde{p}X=1$ 值得考虑。在计算个人等价收入的标准参数方面，[①] 第一个概念给我们一个标准 $\tilde{p}$，另一个给的是最大值算子。

然而，这些想法有缺点。非市场商品没有包括进来，必须重新纳入分析。对于射线效用来说，[②] 这种扩展很容易，但是对于竞争均衡方法，这种扩展比较困难。

没有 y 的情况，与禀赋平等的理想有着很好的联系。在 y 存在的情况下，我们可能希望通过 X 的竞争分布来寻求 $e_i(\tilde{p}, \tilde{y}, u_i(x_i, y_i))$ 在个人之间的均等性，[③] 但这意味着在这种均衡中给予个体不平等的禀赋，因此把注意力放在不平等厌恶的 W 的表达式

$$\max_{\tilde{p}\,:\,\tilde{p}X=1} W(e_1(\tilde{p}, y_1, u_1(x_1, y_1)), \cdots, e_n(\tilde{p}, y_n, u_n(x_n, y_n)))$$

(A.2)

是没有意义的。[④]

注意，如果在公式（A.1）中，有人放弃了不平等厌恶，除了平等竞争性分配不是诱导社会排序的唯一最佳分配之外，将获得相同的结果。现在，我们将提出一些论点，赞成考虑带有不平等中立 W（例如求和）的表达式（A.2）。

---

① 假设，为了一致性，用于计算 $\tilde{p}$ 的社会福利函数也应该是后来社会评价中使用的社会福利函数。

② 然后，通过方程式（$(\alpha^* X, \tilde{y}) I_i(x_i, y_i)$，其中 $\tilde{y}$ 是 i 的合适标准值）的解 α^* 来测量福利。注意 $\tilde{y}$ 可能是个体特定的，例如，如果使用最小值算子。

③ 这里，为了简单起见，我们忽略了上一节中的教训，即不同的个体可能有不同的 $\tilde{y}$。

④ 或者，在 X 的所有可行分配上最大化 $\max\limits_{\tilde{p}\,:\,\tilde{p}X=1} W(e_1(\tilde{p}, \tilde{y}, u_1(x_1, y_i)), \cdots, e_n(\tilde{p}, \tilde{y}, u_n(x_n, y_n)))$ 产生一个合理的分配，但它并没有产生一个平等的竞争性分配，在这个分配中，所有个人都以 $\tilde{p}$（和 $\tilde{y}$）的价格享受相同的预算。那很难辩说，在所得出的分配中，个人应将 $\tilde{p}$ 作为参考标准而不是普遍的均衡市场价。

在约束 $\tilde{p}X=1$ 下，最大化关于 $\tilde{p}$ 的和 $\sum_i e_i(\tilde{p}, y_i, u_i(x_i, y_i))$ 意味着求解所有 k 方程组

$$\frac{\sum_i \partial e_i / \partial \tilde{p}_k}{X_k} = cst$$

谢泼德引理也可以把它写成对于所有的 k

$$\frac{X_k^c}{X_k} = cst$$

式中，X_k^c 是价格 $\tilde{p}$ 下商品 k 的总补偿需求量。

由此最大化产生的参考价格向量 $\tilde{p}$ 是属于西托夫斯基集下边界的商品束 $X^c = \lambda X$ 的支持价格。见图 A.3。让我们把这个参考价格向量称为西托夫斯基参考价格。

我们提出三个论点支持这种不平等中立的方法。第一，要使 $e_i(\tilde{p}, \tilde{y}, u_i(x_i, y_i))$ 在个体间均衡分布，最佳的禀赋分配取决于 y_i 的复杂分配。为了选择一个标准 $\tilde{p}$，人们可以通过关注市场配置的效率来忽略这个问题，从而使参考价格与任何理想的禀赋分配相一致。在有限的选择 $\tilde{p}$ 的过程中注重效率，减少了寻找参考价格所需的信息量，同时使我们能够在分析的其他地方纳入公平考虑。

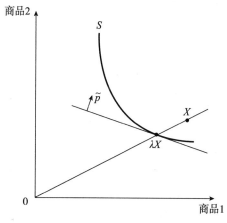

图 A.3 选择参考价格向量

第二，这种方法试图最小化参考价格 $\tilde{p}$ 和待评估分配中占主导地位的实际市场价格向量 p 之间的距离，这种距离可以用经济上有意义的方式进

行评估，即寻求最大化比率 $\sum_i e_i(\tilde{p}, y_i, u_i(x_i, y_i))\tilde{p}X$ 的连接分配（它收集了所有要评估的分配）。对于每个 i，比率 $e_i(\tilde{p}, y_i, u_i(x_i, y_i))/\tilde{p}x_i$ 小于或等于 1，当 $\tilde{p}$ 与购买商品束 x_i 的市场价格成比例时，等于 1。现在，最大化关于 $\tilde{p}$ 的比率 $e_i(\tilde{p}, y_i, u_i(x_i, y_i))/\tilde{p}X$，将解标准化使 $\tilde{p}X=1$，与在约束 $\tilde{p}X=1$ 下最大化关于 $\tilde{p}$ 的 $e_i(\tilde{p}, y_i, u_i(x_i, y_i))$ 是相同的。因此，这也意味着选择西托夫斯基参考价格。

第三，也可以提供该标准的公理化证明。本节前面讨论的方法的一个很好的性质是，参考价格仅取决于 X 的方向和所考虑的（串联）分配中个体的上轮廓集。但它们无法满足一个在实践中似乎很有吸引力的性质。当所有个体都面临着彼此成比例的价格向量时，我们需要一个共同的参考价格 $\tilde{p}$，它也与这些价格向量成比例。这样，就可以直接比较它们的有效预算集。为了说明这一点，假设 $m_i=m_j$，但 i 在自己市场上面临的价格向量是 j 的价格向量的一半：$p_i=p_j/2$ 的价格向量的一半。如果取 $\tilde{p}=\lambda p_i$ 表示任意正 λ，得出 $e_i(\tilde{p}, y_i, u_i(x_i, y_i))=2e_j(\tilde{p}, y_j, u_j(x_j, y_j))$，从而正确地描述了他们不平等的预算集。

现在，这里提出的西托夫斯基参考价格可以描述如下：它是（达到比例因子）唯一的参考价格，仅取决于 X 的方向和分配处的上轮廓集（属性 1）。当 p 是所有个体面临的共同市场价格向量时，它等于 p（性质 2）。事实上，通过性质 1，可以从原始分配转移到另一个分配，其中总消费量为 λX，西托夫斯基参考价格是所有个体所面临的共同市场价格，它们保持在相同的无差异曲线上。性质 1 适用，因为 λX 与 X 成比例，并且上轮廓集不变。根据性质 2，在这种新分配中，参考价格必须是共同市场价格，即西托夫斯基参考价格。

可以观察到，西托夫斯基参考价格不仅满足性质 2（精益公理学的弱性质选择），而且当这些向量彼此成比例时，它们确实与单个价格向量成比例。

总之，价格参数不能像真正的非市场参数 y 那样处理，在这种情况下，最小值算子是不适用的。西托夫斯基参考作为一个简单的解出现，明确的目标是使参考情况尽可能接近个人面临的实际市场情况。

购买力平价文献（特别是安格斯·迪顿，2010）中提出了一个实际难题，来自遥远地区的不同人群实际消费的商品可能非常不同，因此很难估计他们对世界上所有可用商品的偏好。许多实证研究涉及复合商品（食品、服装、住宿、运输等），而这一问题显然没有出现，只是它困扰着复合商品的构建。如果我们想尊重人们对商品的偏好，因为这种偏好很难估计，这个问题就没有简单的解决办法，甚至可能不存在解决方法（当人们从未尝试过他们无法获得的商品时）。一个更有希望的思路可能是研究人类普遍功能的领域而不是商品领域。毕竟，个人对商品的偏好可能源于对这些功能的偏好。

A.5　家庭问题

在关于等价尺度的文献中（Arthur Lewbel，1997），通常将单身人士作为参照家庭。传统的等价尺度方法假设家庭的单一模型，家庭效用取决于收入和规模。正如马丁·布朗宁、皮埃尔·安德烈·恰波里和亚瑟·勒贝尔（Martin Browning, Pierre-andre Chiappori and Arthur Lewbel，2006）所建议的那样，在个人层面上计算等价收入似乎更可取，他们在本例中提到了"无差异尺度"（indifference scales）。

根据同样的思路，马克·弗勒拜伊和纪尧姆·高利尔（Marc Fleurbaey and Guillaume Gaulier，2009）指出了以下事实：如果家庭成员数是相同的，如果家庭支出最大化了它们相同的效用，并且总是在私人支出和地方公共产品之间平均分配，经济合作与发展组织（OECD）的等价尺度用总收入除以家庭规模的平方根，与任何家庭成员作为一个整体所需的等价收入相吻合，以达到相同的消费满意度。

这是因为经常性支出份额揭示了一个潜在偏好，该偏好由柯布—道格拉斯生产函数 $\sqrt{xg}$ 表示，其中 x 表示私人消费，g 表示公共消费。由于 n 个家庭成员是相同的，每个家庭成员消费 $(x/n, g)$，这意味着他们的共同偏好用 $\sqrt{(x/n)\,g}$ 表示。实际上，在预算约束 $nc+pg=m$（我们以 c 为基准）下最大化 cg 意味着 $x=nc=pg$。它们的间接效用为 $m/(2\sqrt{pn})$，其中，

等价尺度 $m/\sqrt{n}$ 是单选的。

如果 β 是私人支出的固定份额，这很容易推广到公式 m/n^{β}。尽管这可以被视为经济合作与发展组织等价尺度的理由，它还指出了这个特殊公式背后的限制性假设，特别是相同个体的假设。另一个限制是，这种方法忽视了在家庭中生活所带来的社会便利（而不是经济便利）。

此外，有人可能会质疑提及独居（single household）的问题。在国际比较中，由于家庭规模而大范围修正等价收入，因为平均家庭规模远大于 1。如果理论证明这种说法是正确的，人们可以接受它。但是，独居并不是大多数人的愿望，因此很难将这种说法与上述理论联系起来。独居并不少见，但却很难被大多数人认为是正常或可取的。

另一个问题是，地方（家庭内）公共物品不容易纳入 x、y 二分法，因为它们是普通的市场商品，但在家庭内显示出特殊的共享属性，作为使用它们的人数的函数（例如，两个人的房间不能由五个人使用，但可以由一个人使用）。

我们建议以一个家庭为例，在这个家庭中，所有成年人的收入相等，年轻成员由成年人的利他情绪来照顾。这意味着，个人的间接效用以家庭总收入除以成人人数和 y 变量（包括家庭构成：成人、儿童和共享可能性）作为论据：$v_i(p, y_i, M_i/a_i)$，其中 M_i 是 i 家庭的总收入，a_i 是家庭中成年人数。

给定参考值 $\tilde{y}$ 的等价收入是方程的解 m_i^*

$$v_i(p, \tilde{y}, m_i^*) = v_i(p, y_i, M_i/a_i)$$

我们认为，在这些假设下，应用最小值算子是有意义的，从而开启了不同个体可能用不同家庭类型作为参考的可能性。凭直觉，使用最小值算子，每个人都会选择一种家庭类型作为参考，在这种家庭类型中，他的人均成年收入份额将是最低的，这种替代情况仍然会给他与当前情况相同的满意度。

这意味着下面的人际比较。如果两个成年人的现状和无差别，并为自己偏好的家庭类型带来贡献相同的人均收入 m^* 没有差别，那么他们被认为同样富裕（前提是每个成年人都对家庭收入做出贡献）。这意味着，一个所有成年人收入相同并属于自己选择的家庭的社会被认为是完全平等的。① 相反，这也意味着，在一个所有成年人收入相同但并非所有人都属于自己选择的家庭的社会中，人们会认为那些宁愿住在不同类型家庭的人比那些对家庭构成感到满意的人的境况更差。

例如，考虑前面介绍的简单模型，相同的成员消费两种商品，而不关心社会福利。他们每个人都要计算

$$v(p,\ n,\ M/n) = 0.5\ \frac{M}{n}\ \sqrt{n/p}$$

对于固定的 M/n，n 在增加，反映了从共享当地公益品消费中所获得的经济便利。因此，最大可能的参考家庭可获得最低可能的等价收入。对于只关心自己消费标准的个人来说，他们的愿望的确是，在给定的人均收入下，尽可能地处在最大的家庭里。

这样的偏好不太现实。例如，发达国家的许多成年人似乎更喜欢生活在一个有四五个成员（两个成年人，两个或三个孩子）的核心家庭中。因此，对于许多人来说，这可能是最小值算子引起的隐式参考类型。

综上所述，我们建议通过对照顾儿童的成年人施加利他偏好来处理孩子。这是为了保证成年人只喜欢与被精心照顾的孩子们在一起。对于如何校正儿童消费对成人效用的影响，我们没有具体的建议。

---

① 我们排除了人与人之间不平等的任何其他根源。

附录 B
证　明

B. 1　依赖帕累托排序的准则

当 $\ell \geqslant 2$ 时，所有个体的消费集都是 $\mathbb{R}_+^{\ell}$，并且假设个体偏好是严格凸且严格单调的。假设所有（个人效用和社会福利）函数都是可微的。符号 $px_{(i)}$ 表示向量的第 i 个分量 $(px_1, \cdots, px_n)$，按递增顺序。

命题 B. 1（Peter Hammond，1978）由准则生成的分配偏序

$$\sum_{i=1}^{n} \alpha_i px_{(i)} \geqslant \sum_{i=1}^{n} \alpha_i px'_{(i)}$$

对于固定排序权重[①] $\alpha_1 > \cdots > \alpha_n$ 与帕累托社会福利函数 $\overline{W}(x_1, \cdots, x_n) = W(u_1(x_1), \cdots, u_n(x_n))$ 相容，当且仅当所有恩格尔曲线（Engel curves）都是线性且相同的。

"仅当"部分的证明如下。用 $v_i(p, m_i)$ 表示 i 的间接效用函数（m_i 是 i 的收入），并定义该函数

$$w(p, m_1, \cdots, m_n) = W(v_1(p, m_1), \cdots, v_n(p, m_n))$$

---

① 彼得·哈蒙德考虑了特殊情况 $\alpha_i = n - i + 1$。

排序权重要求所有按递增顺序排列的 $(m_1, \cdots, m_n)$，[①]

$$\frac{\partial w / \partial m_i}{\partial w / \partial m_j} = \frac{\alpha_i}{\alpha_j}$$

这意味着有一个函数 F

$$w(p, m_1, \cdots, m_n) = F\left(p, \sum_{i=1}^{n} \alpha_i m_i\right)$$

对于一个特殊的 p_0，假设 F 在第二个参数中是线性的没有限制，因为只有 w 的序数性质是重要的。因此，我们可以列出，对于这个特殊的 p_0，在对 W 进行适当的调整之后，

$$W(v_1(p_0, m_1), \cdots, v_n(p_0, m_n)) = \sum_{i=1}^{n} \alpha_i m_i$$

这个表达式意味着调整后的 W 可以写为

$$W(u_1, \cdots, u_n) = \sum_{i=1}^{n} \alpha_i e_i(p_0, u_i)$$

其中，$e_i(p_0, u_i)$ 是支出函数。我们重新调整效用函数，以便在 $(m_1, \cdots, m_n)$ 按递增顺序排列的域上写入，

$$W(u_1, \cdots, u_n) = \sum_{i=1}^{n} \alpha_i u_i$$

那么，对于所有的 p，而不仅仅是 p_0，

$$\sum_{i=1}^{n} \alpha_i v_i(p, m_i) = F\left(p, \sum_{i=1}^{n} \alpha_i m_i\right)$$

关于 m_i 的微分，这意味着，让 F_2 表示 F 对第二个参数的导数，

$$\alpha_i \frac{\partial v_i}{\partial m_i} = F_2\left(p, \sum_{i=1}^{n} \alpha_i m_i\right)\alpha_i$$

这意味着 $\partial v_i / \partial m_i$ 不依赖于 i。因为它不能依赖于 F_2 的第二个参数，它不能依赖于 m_j 来表示 $j \neq i$，那么我们就得到，在这个效用标准化中，$\partial v_i / \partial m_i$ 只依赖于 p。

因此

$$v_i(p, m_i) = \gamma_i(p) + \beta(p) m_i$$

从罗伊恒等式（Roy's identity）我们可以得出，个人 i 的需求是

---

① 彼得·哈蒙德推导这个方程的参数时隐含地假设内部分配，但不需要这样的假设。

$$-\frac{\partial v_i / \partial p_k}{\partial v_i / \partial m_i} = -\frac{\dfrac{\partial \gamma_i}{\partial p_k} + \dfrac{\partial \beta}{\partial p_k} m_i}{\beta(p)}$$

这清楚地表明了恩格尔曲线是线性的（和平行的）。

将参数扩展到 $(m_1, \cdots, m_n)$ 的所有可能的排序，我们得到

$$W(p, m_1, \cdots, m_n) = \varphi_\sigma \Big(\sum_{i=1}^{n} \alpha_{r(i)} [\gamma_i(p) + \beta(p) m_i] \Big) \tag{B.1}$$

式中，$\gamma(i)$ 是 m_i 的排序，φ_σ 是一个连续增长函数，该函数特定于个人在收入方面的排序 σ。

根据 w 的连续性，当 $m_i - m_{i+1} \to 0$（$t \neq i, j$ 的 m_t 值固定）时，公式（B.1）对应的顺序中，$\sigma_1: m_1 \leqslant \cdots \leqslant m_i \leqslant m_{i+1} \leqslant \cdots \leqslant m_n$ 和 $\sigma_2: m^1 \leqslant \cdots \leqslant m_{i+1} \leqslant m^i \leqslant \cdots m_n$ 趋于相同的值。当 $m_i - m_{i+1} \to 0$ 在下方（即 $m_i < m_{i+1}$）时，倾向于 $\varphi_{\sigma_1}(z + (\alpha_{i+1} - \alpha_i) \gamma_{i+1}(p))$；当 $m_i - m_{i+1} \to 0$ 在上方（即 $m_i > m_{i+1}$）时，倾向于 $\varphi_{\sigma_2}(z + (\alpha_{i+1} - \alpha_i) \gamma_i(p))$，对于

$$z = \sum_{t \neq i, i+1} \alpha_t [\gamma_i(p) + \beta(p) m_t] + \alpha_i [\gamma_i(p) + \gamma_{i+1}(p)] + (\alpha_i + \alpha_{i+1}) \beta(p) \lim m_i$$

等式 $\varphi_{\sigma_1}(z + (\alpha_{i+1} - \alpha_i) \gamma_{i+1}(p)) \equiv \varphi_{\sigma_2}(z + (\alpha_{i+1} - \alpha_i) \gamma_i(p))$ 是约束性的。设 $(\alpha_{i+1} - \alpha_i) \gamma_i(p') = (\alpha_{i+1} - \alpha_i) \gamma_i(p) + \varepsilon$，有

$$\varphi_{\sigma_2}(z - \varepsilon + (\alpha_{i+1} - \alpha_i) \gamma_i(p')) = \varphi_{\sigma_2}(z + (\alpha_{i+1} - \alpha_i) \gamma_i(p)) \tag{B.2}$$

$$= \varphi_{\sigma_1}(z + (\alpha_{i+1} - \alpha_i) \gamma_{i+1}(p))$$

与公式（B.2）的右项相同

$$= \varphi_{\sigma_1}(z - \varepsilon + (\alpha_{i+1} - \alpha_i) \gamma_{i+1}(p'))$$

与公式（B.2）的左项相同

这意味着，比较最后两行

$$(\alpha_{i+1} - \alpha_i) \gamma_{i+1}(p') = (\alpha_{i+1} - \alpha_i) \gamma_{i+1}(p) + \varepsilon$$

因此 $\gamma_{i+1}(p) - \gamma_i(p)$ 不依赖于 p，个体有相同的偏好，这就完成了论证。

注意，如果将 $\gamma_i(p)$ 写成 $\gamma_i(p) = \gamma(p) + \delta_i$ 的和，则可以将公式（B.1）重写为

$$W(p, m_1, \cdots, m_n) = \psi_\sigma \left(\sum_{i=1}^n \alpha_{r(i)} [\gamma(p) + \beta(p)m_i] \right)$$

通过在函数中加入 $\sum_{i=1}^n \alpha_{r(i)}\delta_i$，它只依赖于排序 σ。与上一段相同的参数意味着 ψ_σ 函数必须相同。因此，存在一种标准化，其中个体效用相同，社会福利函数对称。当然，还存在其他标准化，但情况并非如此。

B.2　参考价格独立性

框架与上一节相同。我们假定福利和效用函数是可微的，补偿需求函数也是可微的。

命题 B.2（改编自 Kevin Roberts，1980）[①] 准则 $W(e_1(\tilde{p}, v_1(m_1, p)), \cdots, e_n(\tilde{p}, v_n(m_n, p)))$ 满足强帕累托条件且独立于参考价格 $\tilde{p}$，前提是个体偏好相同且同质。

我们关注的是"仅当"部分。文中已经表明，在参考价格独立的情况下

$$W(e_1(\tilde{p}, v_1(m_1, p)), \cdots, e_n(\tilde{p}, v_n(m_n, p))) \geqslant$$
$$W(e_1(\tilde{p}, v_1(m_1', p)), \cdots, e_n(\tilde{p}, v_n(m_n', p)))$$

当且仅当

$$W(m_1, \cdots, m_n) \geqslant W(m_1', \cdots, m_n')$$

因此可以写为

$$W(e_1(\tilde{p}, v_1(m_1, p)), \cdots, e_n(\tilde{p}, v_n(m_n, p))) =$$
$$F(G(W(m_1, \cdots, m_n), p), \tilde{p})$$

F 和 G 在第一个参数中的递增。对于所有的 w，有

$$F(G(w, p), p) = w$$

---

① 凯文·罗伯茨没有引入强帕累托条件（Strong Pareto），并考虑了社会福利不依赖于某些个人的可能性。

Roberts K. W. S. 1980, "Price independent welfare prescriptions," *Journal of Public Economics* 13: 277–298.

微分 $\tilde{p}_k$（对于某些 $k=1,\ \cdots,\ \ell$），得到

$$\sum_{i=1}^{n} \frac{\partial W}{\partial e_i} \frac{\partial e_i}{\partial \tilde{p}_k} = \frac{\partial F}{\partial \tilde{p}_k} \qquad\qquad (B.3)$$

用谢泼德引理（Shepard's Lemma）来解释

$$\frac{\partial e_i}{\partial \tilde{p}_k} = x_{ik}^{c}(\ \tilde{p}\ ,\ v_i(m_i,\ p))$$

式中，$x_{ik}^{c}(\ \tilde{p}\ ,\ v_i(m_i,\ p))$ 表示 i 对商品 k 的补偿需求。

$\tilde{p}$ 的独立性也意味着 W 是同态的，因为 $e_i(\lambda\tilde{p}\ ,\ v_i(m_i,\ p)) = \lambda e_i(\ \tilde{p}\ ,$
$v_i(m_i,\ p))$，所以

$$W(e_1(\ \tilde{p}\ ,\ v_1(m_1,\ p)),\ \cdots,\ e_n(\ \tilde{p}\ ,\ v_n(m_n,\ p))) \geqslant$$
$$W(e_1(\ \tilde{p}\ ,\ v_1(m_1'\ ,\ p)),\ \cdots,\ e_n(\ \tilde{p}\ ,\ v_n(m_n'\ ,\ p)))$$

当且仅当

$$W(\lambda e_1(\ \tilde{p}\ ,\ v_1(m_1,\ p)),\ \cdots,\ \lambda e_n(\ \tilde{p}\ ,\ v_n(m_n,\ p))) \geqslant$$
$$W(\lambda e_1(\ \tilde{p}\ ,\ v_1(m_1'\ ,\ p)),\ \cdots,\ \lambda e_n(\ \tilde{p}\ ,\ v_n(m_n'\ ,\ p)))$$

我们可以标准化 W，使 $W(e,\ \cdots,\ e) = e$

设

$$a_i = \frac{\partial W}{\partial e_i}(0,\ \cdots,\ 0,\ e_i,\ 0,\ \cdots,\ 0)$$

$$b_i = \frac{\partial W}{\partial e_i}(e,\ \cdots,\ e)$$

因为 W 是同态的，所以 a_i 和 b_i 是常数；[1] 通过强帕累托条件，它们是正的；通过 W 的标准化，$a_i < 1$，$\sum_i b_i = 1$。还有（根据欧拉齐次函数定理，Euler's homogeneous function theorem）：

$$W(0,\ \cdots,\ 0,\ m,\ 0,\ \cdots,\ 0) = a_i m$$

如果 $m_i = 0$，$e_i(\ \tilde{p}\ ,\ v_i(m_i,\ p)) = 0$、$x_i^{c}(\ \tilde{p}\ ,\ v_i(m_i,\ p)) = 0$，将公式 (B.3) 应用于分配 $(0,\ \cdots,\ 0,\ m,\ 0,\ \cdots,\ 0)$，得到

$$a_i x_{ik}^{c}(\ \tilde{p}\ ,\ v_i(m_i,\ p)) = \frac{\partial F}{\partial \tilde{p}_k}(G(a_i m,\ p),\ \tilde{p})$$

---

[1] 与凯文·罗伯茨的观点相反，一般来说，$a_i \neq b_i$。

应用于分配 $(m, \cdots, m)$ 且在 $\tilde{p}=p$ 时，这意味着也有一个相等的 $e_i(\tilde{p}, v_i(m_i, p))$，得到

$$\sum_{i=1}^{n} b_i x_{ik}^c(\tilde{p}, v_i(m, p)) = \frac{\partial F}{\partial \tilde{p}_k}(G(m, p), p)$$

结合这两个方程（并在第一个方程中插入 $\tilde{p}=p$），可以得到

$$\sum_{i=1}^{n} \frac{b_i}{a_i} \frac{\partial F}{\partial \tilde{p}_k}(G(a_i m, p), p) = \frac{\partial F}{\partial \tilde{p}_k}(G(m, p), p) \tag{B.4}$$

如果 $\dfrac{\partial F}{\partial \tilde{p}_k}(G(m, p), p)$ 对于所有 k 在 m 中是线性的，则满足该方程。

这意味着 $\dfrac{\partial F}{\partial \tilde{p}_k}(G(m, p), p)$ 等于未补偿需求 $x_{ik}(m, p)$，对于所有 k 在 m 中是线性的，因此偏好是同态的。此外，它们必须是相同的，就像一个人所拥有的，对于所有的 i

$$x_{ik}(m, p) = \frac{\partial F}{\partial \tilde{p}_k}(G(m, p), p)$$

对于所有 k，$\dfrac{\partial F}{\partial \tilde{p}_k}(G(m, p), p)$ 在 m 中是线性的，[1] 修正 k，通过 $x_{ik}^c(p, v_i(m, p))$ 关于 v_i 和 v_i 的可微性，函数 $\dfrac{\partial F}{\partial \tilde{p}_k}(G(m, p), p)$ 在 m 中是可微的，这意味着 $\dfrac{\partial F}{\partial \tilde{p}_k}(G(m, p), p)/m$ 在 m 中是连续的，包括 $m=0$，根据罗必达法则（L'Hospital rule），因此[2]

---

[1]　凯文·罗伯茨（1980）和丹尼尔·斯莱斯尼克（Daniel Slesnick, 1991）的论点的最后一部分是不正确的。两者都想当然地认为 $x_{ik}^c(p, v_i(m, p))/m$ 在 $m=0$ 时在 m 中是连续的，并且丹尼尔·斯莱斯尼克像处理标量一样处理需求向量。

Slesnick D. T. 1991, "Aggregate deadweight loss and money metric social welfare," *International Economic Review* 32: 123–146.

[2]　$\dfrac{\partial F}{\partial \tilde{p}_k}(G(m, p), p)/m$ 需要有连续性。例如，考虑所有 i 的情况 $b_i = 1/n$ 和 $a_i = a$。然后公式（B.4）归结为 $\dfrac{1}{a} \dfrac{\partial F}{\partial \tilde{p}_k}(G(am, p), p) = \dfrac{\partial F}{\partial \tilde{p}_k}(G(m, p), p)$，如果函数 $\dfrac{\partial F}{\partial \tilde{p}_k}(G(m, p), p)$ 在 0 处不可微，则在 m 处可能违反线性。

$$\frac{\dfrac{\partial F}{\partial \widetilde{p}_k}(G(m,\ p),\ p)}{m} = \sum_{i=1}^{n} b_i \frac{\dfrac{\partial F}{\partial \widetilde{p}_k}(G(a_i m,\ p),\ p)}{a_i m}$$

$$= \sum_{i=1}^{n} b_i \sum_{j=1}^{n} b_j \frac{\dfrac{\partial F}{\partial \widetilde{p}_k}(G(a_j a_i m,\ p),\ p)}{a_j a_i m}$$

$$= \cdots$$

复制这种分解，我们可以看到右项趋向于 $\lim\limits_{m \to 0} \dfrac{\partial F}{\partial \widetilde{p}_k}(G(m,\ p),\ p)/m$，

因此，$\dfrac{\partial F}{\partial \widetilde{p}_k}(G(m,\ p),\ p)/m$ 是 m 的常数。

B.3　经济框架下阿罗定理的一个简单证明

该框架类似于第 3 章。有 $n \geq 2$ 个个体，$\ell \geq 2$ 个商品。个人偏好表示为 R_i（严格偏好 P_i）。要排序的备选方案集是分配 $(x_1,\ \cdots,\ x_n)$ 的集合 Z，这样对于所有 i，$x_i \in \mathbb{R}_+^{\ell} \backslash \{0\}$。社会排序函数将偏好的每个轮廓 $(R_1,\ \cdots,\ R_n)$ 与 Z 的排序（完全的和可传递的二元关系）相关联。轮廓 D 的域是连续、单调和凸的自中心偏好集的 n - 笛卡儿积。

弱帕累托条件：如果对于所有 i，$x_i P_i x_i'$，$(x_1,\ \cdots,\ x_n)$ 在轮廓 $(R_1,\ \cdots,\ R_n)$ 下优于 $(x_1',\ \cdots,\ x_n')$。

阿罗独立性：假设对于所有 i，R_i 和 R_i' 在 $\{x_i,\ x_i'\}$ 上重合，则 $(x_1,\ \cdots,\ x_n)$ 在轮廓 $(R_1,\ \cdots,\ R_n)$ 下优于 $(x_1',\ \cdots,\ x_n')$，当且仅当它在轮廓 $(R_1',\ \cdots,\ R_n')$ 下时优于。

非独裁性：即使在 $x_{i0} P_{i0} x_{i0}'$ 中，在轮廓 $(R_1,\ \cdots,\ R_n)$ 下也不存在 $(x_1,\ \cdots,\ x_n)$ 优于 $(x_1',\ \cdots,\ x_n')$ 的 i_0。

命题 B.3（阿罗）D 上不存在满足弱帕累托条件、阿罗独立性和非独裁性（Weak Pareto，Arrow Independence and Nondictatorship）的社会排序函数。

为了缩短符号，将 $(x_1, \cdots, x_n)$ 表示为 x_N，将 $(R_1, \cdots, R_n)$ 表示为 R_N。

步骤 1：根据康多塞悖论（Condorcet paradox）[①] 的一个扩展，对于给定的轮廓 R_N^* 必须存在两个分配 x_N^*、y_N^*，使得 $\exists i_0$，$x_{i0}^* P_{i0}^* y_{i0}^*$，$\forall i \neq i_0$，$y_i^* P_i^* x_i^*$ 和 $x_N^* P^* y_N^*$，式中，P^* 表示 R_N^* 下的社会秩序。

具体如下：取一个商品束 $q \in \mathbb{R}_{++}^\ell$。考虑分配 x_N^m，对于 $m = 0, \cdots, n$，由以下等式定义

$$x_N^0 = (q, \cdots, q)$$
$$x_N^1 = (q/2^n, 2q, \cdots, 2q)$$
$$x_N^2 = (q/2^{n-1}, q/2^{n-1}, 2^2q, \cdots, 2^2q)$$
$$\vdots$$
$$x_N^{n-1} = (q/2^2, q/2^2, \cdots, q/2^2, 2^{n-1}q)$$
$$x_N^n = (q/2, q/2, \cdots, q/2, q/2)$$

观察所有 $i = 0, \cdots, n$，对于所有的 $j \neq i$，有 $x_i^{i-1} P_i x_i^i = x_i^{i-1}/2^n$ 和 $x_j^i P_j x_j^{i-1} = x_j^i/2$。

---

① 康多塞悖论指 18 世纪法国政治理论家孔思·康多塞提出的"多数规则没有产生可传递的社会偏好"的悖论。传统的微观经济学理论以个人选择为基础，强调基于个人理性和目标最大化的个人选择行为。当涉及社会选择（或集体选择）时，就会出现这样一个问题：个人的最优选择能否或如何转化为社会的最优选择？传统理论认为，如果某种选择对每个人来说都是最优的，那么它对社会也是最优的，这实际是遵循"一致同意原则"行事。但人们发现，一致同意原则在现实生活中很难实现：要么成本太高，要么存在内在的逻辑不一致性。因此，在实际生活中常常不用"一致同意原则"。而用"多数原则"来实现个人选择到社会选择的转换，即通过投票来保证社会选择符合多数人的利益。然而，多数原则本身也存在问题，此即"康多塞悖论"。例如，现有三个可供选择的对象 X、Y、Z。它们可以代表投票选举中的各候选人，或代表投票表决中的各种提案。现有投票者甲、乙、丙三人。他们对这些选择对象都有个人的偏好顺序，每个人的偏好都是理性的、稳定不变的，并具有传递性。如投票者甲认为，X 优于 Y，Y 优于 Z；投票者乙认为，Y 优于 Z，Z 优于 X；投票者丙认为，Z 优于 X，X 优于 Y。以所有个人的偏好顺序为基础，要求最后选出一个多数人偏好的社会选择顺序，或选出一个多数人偏好的可供选择对象。如果在 X 与 Y 之间进行投票表决，则 X 将被选择（投票者甲和丙都认为 X 优于 Y）；如果在 Y 与 Z 之间进行投票表决，Y 被选择；如果在 Z 与 X 之间进行投票表决，Z 将被选择。这三种结果显然存在着矛盾。而如果在 X、Y、Z 之间进行投票表决，则会形成 X 优于 Y，Y 优于 Z，Z 优于 X 的怪圈。这表明，在多数原则下，明确的结果可能永远不会产生。也就是说，个人理性会导致集体的非理性。康多塞悖论是社会选择理论和新福利经济学的重要问题之一。从康多塞悖论中可以得出两个结论。狭义的结论是，当有两种以上的选择时，确定议程（即决定要投票事情的顺序）会对民主选举结果有重大影响。广义的结论是多数投票本身并没有告诉我们社会真正想要什么结果。

如果对于 $i=0$，$\cdots$，n，使得 $x^{i-1} P^* x^i$，我们就证明完毕。

如果不是，则通过传递性得到 $x^n P^* x^0$。通过弱帕累托条件得到 $x^0 P^* x^n$，存在一个矛盾。

步骤2：根据阿罗独立性，假设 x_N^*，y_N^* 处的无差异集与轴接触时，不会失去一般性。设 a_N，$b_N \in (\mathbb{R}_{++} \times \{0\}^{\ell-1})^n$（只消费商品 1）为

$$a_{i_0} P_{i_0}^* x_{i_0}^* P_{i_0}^* y_{i_0}^* P_{i_0}^* b_{i_0}$$
$$\forall i \neq i_0, \ y_i^* P_i^* b_i > a_i P_i^* x_i^*$$

设 R_N 是任意轮廓（R 为关联的社会秩序），x_N、y_N 为两种分配，使得 $x_{i_0} P_{i_0} y_{i_0}$。根据阿罗独立性，假设 x_N、y_N 处的无差异集与轴相接触，不会失去一般性。

让 c_N，$d_N \in (\{0\}^x \mathbb{R}_{++} \times \{0\}^{\ell-2})^n$（只消费商品 2）使得

$$x_{i_0} P_{i_0} c_{i_0} > d_{i_0} P_{i_0} y_{i_0}$$
$$\forall i \neq i_0, \ d_i > c_i, \ x_i P_i c_i, \ d_i P_i y_i$$

存在偏好 R_N'，使得

$$c_{i_0} P'_{i_0} a_{i_0} > b_{i_0} P'_{i_0} d_{i_0}$$
$$\forall i \neq i_0, \ b_i P'_i d_i > c_i P'_i a_i$$

由弱帕累托条件得到 $a_N P^* x_N^*$ 和 $y_N^* P^* b_N$，意味着 $a_N P^* b_N$。由阿罗独立性得到 $a_N P' b_N$。

由弱帕累托条件得到 $c_N P' a_N$ 和 $b_N P' d_N$，意味着 $c_N P' d_N$。由阿罗独立性得到 $c_N P d_N$。

由弱帕累托条件得到 $x_N P c_N$ 和 $d_N P y_N$，意味着 $x_N P y_N$。这与非独裁性相矛盾。

参考文献

［1］ Afsa C. , D. Blanchet, V. Marcus, M. Mira d'Ercole, P. A. Pionnier, G. Ranuzzi, L. Rioux, P. Schreyer 2008, "Survey of existing approaches to measuring socio-economic progress," Joint Insee-OECD document prepared for the first plenary meeting of Commission on the Measurement of Economic Performance and Social Progress, http://www.stiglitz-sen-fitoussi.fr/documents/.

［2］ Ahlheim M. 1998, "Measures of economic welfare," in S. Barberà, P. J. Hammond, C. Seidl (eds.), *Handbook of Utility Theory*, vol. 1, Dordrecht: Kluwer.

［3］ Alkire S. 2002, *Valuing Freedoms: Sen's Capability Approach and Poverty Reduction*, New York: Oxford University Press.

［4］ Anand P. , G. Hunter, R. Smith 2005, "Capabilities and well-being," *Social Indicators Research* 74: 9–55.

［5］ Anderson E. 1999, "What is the point of equality?" *Ethics* 109: 287–337.

［6］ Arneson R. J. 1989, "Equality and equal opportunity for welfare," *Philosophical Studies* 56: 77–93.

［7］ Arneson R. J. 1998, "Real freedom and distributive justice," in J. F. Laslier, M. Fleurbaey, N. Gravel, A. Trannoy (eds.), *Freedom in Economics: New Perspectives in Normative Analysis*, London: Routledge.

［8］ Arneson R. J. 2000, "Luck egalitarianism and prioritarianism," *Ethics* 110: 339–349.

［9］ Arrow K. J. 1951, *Social Choice and Individual Values*, New York: Wiley.

[10] Arrow K. J. , P. S. Dasgupta, L. Goulder, G. Daily, P. Ehrlich, G. Heal, S. Levin, K. G. Mäler, S. Schneider, D. Starrett, B. Walker 2004, "Are we consuming too much?" *Journal of Economic Perspectives* 18: 147-172.

[11] Arrow K. J. , P. S. Dasgupta, K. G. Mäler 2003a, "Evaluating projects and assessingsustainable development in imperfect economies," *Environmental and Resource Economics* 26: 647-685.

[12] Arrow K. J. , P. S. Dasgupta, K. G. Mäler 2003b, "The genuine savings criterion and the value of population," *Economic Theory* 20: 217-225.

[13] Asheim G. B. 2007, *Justifying, Characterizing and Indicating Sustainability*, Berlin: Springer.

[14] Asheim G. B. , K. A. Brekke 2002, "Sustainability when capital management has stochastic consequences," *Social Choice and Welfare* 19: 921-940.

[15] Asheim G. B. , W. Buchholz, C. Withagen 2003, "The Hartwick rule: Myths and facts," *Environmental and Resource Economics* 25: 129-150.

[16] Atkinson A. B. 1970, "On the measurement of inequality," *Journal of Economic Theory* 2: 244-263.

[17] Atkinson A. B. , J. E. Stiglitz 1980, *Lectures on Public Economics*, London: McGraw-Hill.

[18] Aubin J. P. 1991, *Viability theory*, Birkhaüser: Springer Verlag.

[19] Barberà S. , W. Bossert, P. K. Pattanaik 2004, "Ranking sets of objects," in S. Barberà, P. J. Hammond, C. Seidl (eds.), *Handbook of Utility Theory*, vol. 2, Dordrecht: Kluwer.

[20] Barry B. 2007, "Rationality and want-satisfaction," in M. Fleurbaey, M. Salles, J. Weymark (eds.), *Justice, Political Liberalism and Utilitarianism: Themes from Harsanyi and Rawls*, Cambridge: Cambridge University Press.

[21] Basu K. 1987, "Achievements, capabilities, and the concept of well-being," *Social Choice and Welfare* 4: 69-76.

[22] Basu K. , L. Lopez-Calva 2011, "Functionings and capabilities," in K. J. Arrow, A. K. Sen, 11. Suzumura (eds.), *Handbook of Social Choice and Welfare*, vol. 2, Amsterdam: North-Holland.

［23］ Baumgärtner S. , M. F. Quass 2009, "Ecological-economic viability as a criterion of strong sustainability under uncertainty," *Ecological Economics* 68: 2008-2020.

［24］ Becker G. , T. Philipson, R. Soares 2005, "The quantity and quality of life and the evolution of world inequality," *American Economic Review* 95: 277-291.

［25］ Bene C. , L. Doyen, D. Gabay 2001, "A viability analysis for a bio-economic model," *Ecological Economics* 36: 385-396.

［26］ Benjamin D. , O. Heffetz, M. Kimball, A. Rees – Jones 2010, "What do you think would make you happier? What do you think you would choose?" *American Economic Review*, 102: 2083-2110.

［27］ Bergson (Burk) A. 1938, "A Reformulation of Certain Aspects of Welfare Economics," *Quarterly Journal of Economics* 52: 310-334.

［28］ Bergson A. 1954, "On the Concept of Social Welfare," *Quarterly Journal of Economics* 68: 233-252.

［29］ Blackorby C. , D. Donaldson 1988, "Money metric utility: A harmless normalization?" *Journal of Economic Theory* 46: 120-129.

［30］ Blackorby C. , D. Donaldson 1990, "A review article: The case against the use of the sum of compensating variations in cost-benefit analysis," *Canadian Journal of Economics* 23: 471-494.

［31］ Blackorby C. , F. Laisney, R. Schmachtenberg 1994, "Ethically – consistent welfare prescriptions are reference price-independent," in R. Blundell, I. Preston, I. Walker (eds.), *The Measurement of Household Welfare*, Cambridge: Cambridge University Press.

［32］ Blanchet D. , J. Le Cacheux, V. Marcus 2009, "Adjusted Net Savings and other approaches to sustainability: Some theoretical background," INSEE DESE Working Paper G 2009/10.

［33］ Bleys B. 2005, "Alternative welfare measures," photocopy, Vrije Universiteit Brussel.

［34］ Blundell R. , I. Preston, I. Walker 1994, "An introduction to applied welfare analysis," in R. Blundell, I. Preston, I. Walker (eds.), *The Measurement of Household Welfare*, Cambridge: Cambridge University Press.

[35] Boadway R., N. Bruce 1984, *Welfare Economics*, Oxford: Basil Blackwell.

[36] Boarini R., A. Johansson, M. Mira d'Ercole 2006, "Alternative measures of well-being," OECD Social, Employment and Migration Working Papers 33.

[37] Bommier A. 2006, "Uncertain lifetime and intertemporal choice: Risk aversion as a rationale for time discounting," *International Economic Review* 47: 1223-1246.

[38] Bommier A., S. Zuber 2008, "Can preferences for catastrophe avoidance reconcile social discounting with intergenerational equity?" *Social Choice and Welfare* 31: 415-434.

[39] Bossert W. 1995, "Redistribution mechanisms based onindividual characteristics," *Mathematical Social Sciences* 29: 1-17.

[40] Brickman P., D. T. Campbell 1971, "Hedonic relativism and planning the food society," in M. H. Appley (ed.), *Adaptation-level theory*, New York: Academic Press.

[41] Browning M., P. A. Chiappori, A. Lewbel 2006, "Estimating consumption economies of scale, adult equivalence scales, and household bargaining power," Boston College Working Paper No. 588.

[42] Brundtland G. H. 1987, *Our common future*, New York: Oxford University Press.

[43] Cairns R. D., N. V. Long 2006, "Maximin: A direct approach to sustainability," *Environment and Development Economics* 11: 275-300.

[44] Cantril H. 1965, *The Pattern of Human Concerns*, New Brunswick, N. J.: Rutgers University Press.

[45] Champsaur P., G. Laroque 1981, "Fair allocations in large economies," *Journal of Economic Theory* 25: 269-282.

[46] Chichilnisky G., W. Thomson 1987, "The Walrasian mechanism

from equal division is not monotonic with respect to variations in the number of consumers," *Journal of Public Economics* 32: 119-124.

[47] Clark A. E. , P. Fritjers, M. A. Shields 2008, "Relative income, happiness, and utility: An explanation for the Easterlin paradox and other puzzles," *Journal of Economic Literature* 46: 95-144.

[48] Cobb C. W. , J. Cobb 1994, *The Green National Product*, Lanham, Md. : University Press of America.

[49] Cobb C. W. , C. Rixford 1998, *Lessons Learned from the History of Social Indicators*, San Francisco: Redefining Progress.

[50] CobbJ. , H. Daly 1989, *For the Common Good: Redirecting the Economy toward Community, the Environment and a Sustainable Future*, Boston: Beacon Press.

[51] Cohen G. A. 1989, "On the currency of egalitarian justice," *Ethics* 99: 906-944.

[52] Comim F. , M. Qizilbash, S. Alkire (eds.) 2008, *The Capability Approach: Concepts, Measures and Applications*, Cambridge: Cambridge University Press.

[53] Commission of the European Communities 2009, *GDP and Beyond: Measuring Progress in a Changing World*, Communication from the Commission to the Council and the European Parliament, http: //www. beyond-gdp. eu/index. html.

[54] Costantini, V. , S. Monni 2004, "Sustainable human development for European Countries," *Fourth International Conference on the Capability Approach: Enhancing Human Security*, University of Pavia, Italy.

[55] Costanza R. , M. Hart, S. Posner, J. Talberth 2009, "Beyond GDP: The need for new measures of progress," Pardee Papers No. 4, Boston University.

[56] D' Aspremont C. , L. Gevers 1977, "Equity and the informational basis of collective choice," *Review of Economic Studies* 44: 199-209.

[57] Dasgupta P. S. 2001, "Valuing objects and evaluating policies in imperfect economies," *Economic Journal* 111: C1-C29.

[58] Dasgupta P. S., G. H. Heal 1974, "The optimal depletion of exhaustible resources," *Review of Economic Studies* 41: 3-28.

[59] Dasgupta P. S., K. G. Mäler 2000, "Net national product, wealth, and social well-being," *Environment and Development Economics* 5: 69-93.

[60] Deaton A. 1979, "The distance function in consumer behaviour with applications to index numbers and optimal taxation," *Review of Economic Studies* 46: 391-405.

[61] Deaton A. 1980, "The measurement of welfare: Theory and practical guidelines," Living Standards Measurement Study Working Paper No. 7, World Bank.

[62] Deaton A. 2008, "Income, health, and well-being around the world: Evidence from the Gallup World Poll," *Journal of Economic Perspectives* 22: 53-72.

[63] Deaton A. 2010, "Price indexes, inequality, and the measurement of world poverty," *American Economic Review* 100: 5-34.

[64] Deaton A. 2012, "The financial crisis and the well-being of Americans," *Oxford Economic Papers* 64: 1-26.

[65] Deaton A., A. Heston 2010, "Understanding PPPs and PPP-based national accounts," *American Economic Journal: Macroeconomics* 2: 1-35.

[66] Deaton A., J. Muellbauer 1980, *Economics and consumer behaviour*, Cambridge: Cambridge University Press.

[67] Debreu G. 1951, "The coefficient of resource utilization," *Econometrica* 19: 273-292.

[68] Deneulin S., L. Shahani 2009, *An Introduction to the Human Development and Capability Approach: Freedom and Agency*, London: Earthscan.

[69] Desai M. 1994, "Greening the HDI?" in A. Macgillivray, S. Zadek (eds.), *Accounting for Change*, London: New Economic Foundation.

[70] Diener E. 1994, "Assessing subjective well-being: Progress and opportunities," *Social Indicators Research* 31: 103-157.

[71] Diener E. 2000, "Subjective well-being: The science of happiness

and a proposal for a national index," *American Psychologist* 55: 34-43.

[72] Diener E. , J. F. Helliwell, D. Kahneman 2010, *International Differ-ences in Well-Being*, Oxford: Oxford University Press.

[73] Diener E. , E. M. Suh, R. E. Lucas, H. L. Smith 1999, "Subjective well-being: Three decades of progress," *Psychological Bulletin* 125: 276-302.

[74] Dietz S. , E. Neumayer 2004, "Genuine savings: A critical analysis of its policy-guiding value," *International Journal of Environment and Sustainable Development* 3: 276-292.

[75] Diewert W. E. 1976, "Exact and superlative index numbers," *Journal of Econometrics* 4: 115-145.

[76] Diewert W. E. 1983, "Cost-benefit analysis and project evaluation," *Journal of Public Economics* 22: 265-302.

[77] Diewert W. E. 1992a, "Exact and superlative welfare change indica-tors," *Economic Inquiry* 30: 565-583.

[78] Diewert W. E. 1992b, "Fisher ideal output, input, and productivity indexes revisited," *Journal of Productivity Analysis* 3: 211-248.

[79] Di Tella R. , R. McCulloch 2006, "Some uses of happiness data in economics," *Journal of Economic Perspectives* 20: 25-46.

[80] Di Tella R. , R. MacCulloch 2010, "Happiness adaptation to income beyond 'basic needs,' " in E. Diener, J. F. Helliwell, D. Kahneman (eds), *International Differences in Well-Being*, Oxford: Oxford University Press.

[81] Di Tella R. , R. McCulloch, A. Oswald 2003, "The macroeconomics of happiness," *Review of Economics and Statistics* 85: 809-827.

[82] Dolan P. , M. P. White 2007, "How can measures of subjective well-being be used to inform public policy?" *Perspectives on Psychological Science* 2: 71-85.

[83] Donaldson D. 1992, "On the aggregation of money measures of well-being in applied welfare economics," *Journal of Agricultural and Resource Eco-nomics* 17: 88-102.

[84] Dow J. , S. Werlang 1988, "The consistency of welfare judgments

with a representative consumer," *Journal of Economic Theory* 44: 269-280.

[85] Dworkin R. 1981, "What is equality? Part 2: Equality of resources," *Philosophy & Public Affairs* 10: 283-345.

[86] Dworkin R. 2000, *Sovereign Virtue: The Theory and Practice of Equality*, Cambridge: Harvard University Press.

[87] Easterlin R. A. 1974, "Does economic growth improve the human lot? Some empirical evidence," in P. A. David, M. W. Reder (eds.), *Nations and Households in Economic Growth: Essays in Honor of Moses Abramovitz*, New York: Academic Press.

[88] Easterlin R. A. 1995, "Will raising the incomes of all increase the happiness of all?" *Journal of Economic Behaviour and Organization* 27: 35-48.

[89] Ekman P. 1992, "An argument for basic emotions," *Cognition and Emotion* 6: 169-200.

[90] Estes R., M. Levy, T. Srebotnjak, A. de Shrebinin 2005, 2005 *Environmental Sustainability Index: Benchmarking National Environmental Stewardship*, New Haven: Yale Center for Environmental Law and Policy.

[91] Everett G., A. Wilks 1999, "The World Bank genuine savings indicator: A useful measure of sustainability?" Bretton Woods Project, http://brettonwoodsproject. org/topic/environment/gensavings. pdf

[92] Feldstein M. 1972a, "Distributional equity and the optimal structure of public prices," *American Economic Review* 62: 32-36.

[93] Feldstein M. 1972b, "Equity and efficiency in public sector pricing: The optimal two-part tariff," *Quarterly Journal of Economics* 86: 175-187.

[94] Fisher I. 1922, *The Making of Index Numbers*, Boston: Houghton Mifflin.

[95] Fleurbaey M. 1994, "On fair compensation," *Theory and Decision* 36: 277-307.

[96] Fleurbaey M. 1995, "Equal opportunity or equal social outcome?" *Economics and Philosophy* 11: 25-56.

[97] Fleurbaey M. 2005, "Health, wealth and fairness," *Journal of Public Economic Theory* 7: 253-284.

［98］Fleurbaey M. 2007, "Social choice and the indexing dilemma," *Social Choice and Welfare* 29: 633-648.

［99］Fleurbaey M. 2008, *Fairness, Responsibility, and Welfare*, Oxford: Oxford University Press.

［100］Fleurbaey M. , G. Gaulier 2009, "International comparisons of living standards by equivalent incomes," *Scandinavian Journal of Economics* 111: 597-624.

［101］Fleurbaey M. , F. Maniquet 2006, "Fair income tax," *Review of Economic Studies* 73: 55-83.

［102］Fleurbaey M. , F. Maniquet 2011a, "Compensation and responsibility," in K. J. Arrow, A. K. Sen, and K. Suzumura (eds.), *Handbook of Social Choice and Welfare*, vol. 2, Amsterdam: North-Holland.

［103］Fleurbaey M. , F. Maniquet 2011b, *A Theory of Fairness and Social Welfare*, Cambridge: Cambridge University Press.

［104］Fleurbaey M. , P. Mongin 2005, "The news of the death of welfare economics is greatly exaggerated," *Social Choice and Welfare* 25: 381-418.

［105］Fleurbaey M. , V. Peragine 2010, "Ex ante versus ex post equality of opportunity," *Economica*, DOI: 10. 1111/j. 1468-0335. 2012. 00941. x

［106］Fleurbaey M. , E. Schokkaert, K. Decancq 2009, "What good is happiness?" CORE Discussion Paper 2009/17.

［107］Fleurbaey M. , K. Suzumura, K. Tadenuma 2005, "The informational basis of the theory of fair allocation," *Social Choice and Welfare* 24: 311-342.

［108］Fleurbaey M. , K. Tadenuma 2012, "Universal social orderings. An integrated theory of policy evaluation, inter-society comparisons, and interpersonal comparisons," photocopy.

［109］Foster J. E. 2011, "Freedom, opportunity, and well-being," in K. J. Arrow, A. K. Sen, and K. Suzumura (eds.), *Handbook of Social Choice and Welfare*, vol. 2, Amsterdam: North-Holland.

［110］Freeman Ⅲ A. M. 1992, *The Measurement of Environment and Resource Values*, Washington, D. C. : Resources for the Future.

[111] Frederick S. , G. Loewenstein 1999, "Hedonic adaptation," in D. Kahneman, E. Diener, N. Schwarz (eds.), *Well-Being: The Foundations of Hedonic Psychology*, New York: Russell Sage Foundation.

[112] Frey B. , A. Stutzer 2002, *Happiness and Economics: How the Economy and Institutions Affect Human Well-Being*, Princeton: Princeton University Press.

[113] Frijda N. H. 1999, "Emotions and hedonic experience," in D. Kahneman, E. Diener, N. Schwarz (eds.), *Well-Being: The Foundations of Hedonic Psychology*, New York: Russell Sage Foundation.

[114] Gadrey J. , F. Jany-Catrice 2006, *The New Indicators of Well-Being and Development*, London: Macmillan.

[115] Gaertner W. , Y. Xu 2008, "A new class of measures of the standard of living based on functionings," *Economic Theory* 35: 201-215.

[116] Global Footprint Network. 2010, Annual report 2010, http://www. footprintnetwork. org/images/uploads/2010_Annual_Report_spread. pdf.

[117] Gollier C. 2012, *Pricing the Planet's Future: The Economics of Discounting in an Uncertain World*, Princeton: Princeton University Press.

[118] Graaff J. de V. 1977, "Equity and efficiency as components of the general welfare," *South African Journal of Economics* 45: 362-375.

[119] Graham C. 2009, *Happiness around the World: The Paradox of Happy Peasants and Miserable Millionaires*, Oxford: Oxford University Press.

[120] Guesnerie R. 2005, "Calcul économique et développement durable," *Revue Économique* 55: 363-382.

[121] Hamilton K. , M. Clemens 1999, "Genuine saving in developing countries," *World Bank Economic Review* 13: 33-56.

[122] Hammond P. J. 1978, "Economic welfare with rank order price weighting," *Review of Economic Studies* 45: 381-384.

[123] Hammond P. J. 1994, "Money metric measures of individual and social welfare allowing for environmental externalities," in W. Eichhorn (ed.), *Models and Measurement of Welfare and Inequality*, Berlin: Springer.

［124］ Hammond P. J. , F. Liberini, E. Proto 2011, "Individual Welfare and Subjective Well – Being: Commentary Inspired by Sacks, Stevenson and Wolfers," Warwick Economic Research Papers No. 957.

［125］ Hansson B. 1973, "The independence condition in the theory of social choice," *Theory and Decision* 4: 25-49.

［126］ Hartwick J. M. 1977, "Intergenerational equity and the investing of rents from exhaustible resources," *American Economic Review* 66: 972-974.

［127］ Heal G. M. , B. Kriström 2005, "National income and the environment," in K. G. Mäler, J. R. Vincent (eds.), *Handbook of Environmental Economics*, vol. 3, Amsterdam: North-Holland.

［128］ Hicks J. R. 1941, "Consumer's surplus and index numbers," *Review of Economic Studies* 9: 126-137.

［129］ Hicks J. R. 1946, *Value and Capital: An Inquiry into Some Fundamental Principles of Economic theory* (2nd edition) , Oxford: Clarendon Press.

［130］ Hicks J. R. 1956, *A Revision of Demand Theory*, Oxford: Clarendon Press.

［131］ Hoekstra A. Y. 2009, "Human appropriation of natural capital: A comparison of ecological footprint and water footprint analysis," *Ecological Economics* 68: 1963-1974.

［132］ Hotelling H. 1931, "The economics of exhaustible resources," *Journal of Political Economy* 39: 137-175.

［133］ Jany-Catrice F. , S. Kampelmann 2007, "L' indicateur de bien-être économique: Une application à la France," *Revue Française d' Économie* 22: 107-148.

［134］ Jerison M. 2006, "Nonrepresentative representative consumers," photocopy, SUNYAlbany.

［135］ Jones C. I. , P. J. Klenow 2010, "Beyond GDP? Welfare across countries and time," NBER Working Paper No. 16352.

［136］ Jorgenson D. W. 1990, "Aggregate consumer behavior and the measurement of social welfare," *Econometrica* 58: 1007-1040.

［137］Jorgenson D. W. , B. Fraumeni 1989, "The accumulation of human and non-human capital, 1948-1984," in R. E. Lipsey, H. S. Tice (eds.), *The Measurement of Saving, Investment and Wealth*, Chicago: University of Chicago Press.

［138］Kahneman D. 1994, "New challenges to the rationality assumption," *Journal of Institutional and Theoretical Economics* 150: 18-36.

［139］Kahneman D. 1999, "Objective happiness," in D. Kahneman, E. Diener, N. Schwarz (eds.), *Well-Being: The Foundations of Hedonic Psychology*, New York: Russell Sage Foundation.

［140］Kahneman D. , A. Deaton 2010, "High income improves evaluation of life but not emotional well-being," *Proceedings of the National Academy of Sciences* 107: 16489-16493.

［141］Kahneman D. , E. Diener, N. Schwarz (eds.) 1999, *Well-Being: The Foundations of Hedonic Psychology*, New York: Russell Sage Foundation.

［142］Kahneman D. , A. B. Krueger 2006, "Developments in the measurement of subjective well-being," *Journal of Economic Perspectives* 20: 3-24.

［143］Kahneman D. , A. B. Krueger, D. Schkade, N. Schwarz, A. A. Stone 2004, "Toward national well-being accounts," *American Economic Review* 94: 429-434.

［144］Kahneman D. , A. B. Krueger, D. Schkade, N. Schwarz, A. A. Stone 2006, "Would you be happier if you were richer? A focusing illusion," *Science* 312: 1908-1910.

［145］Kahneman D. , I. Ritov, D. Schkade 1999, "Economic preferences or attitude expressions? An analysis of dollar responses to public issues," *Journal of Risk and Uncertainty* 19: 203-235.

［146］Kahneman D. , R. H. Thaler 2006, "Anomalies. Utility maximization and experienced utility," *Journal of Economic Perspectives* 20: 221-234.

［147］Kahneman D. , P. Wakker, R. Sarin 1997, "Back to Bentham? Explorations of experienced utility," *Quarterly Journal of Economics* 112: 375-405.

［148］Kannai Y. 1970, "Continuity properties of the core of a market,"

Econometrica 38: 791-815.

［149］Kapteyn A. , J. P. Smith, A. Van Soest 2009, "Comparing life satisfaction," Working Papers 623-1, Rand Corporation Publications Department.

［150］Kelley A. C. 1991, "The human development Index: Handle with care," *Population and Development Review* 17: 315-324.

［151］Kimball M. , R. Willis 2006, "Utility and happiness," photocopy, University of Michigan.

［152］King M. 1983, "Welfare analysis of tax reforms using household data," *Journal of Public Economics* 21: 183-214.

［153］Kirman A. P. 1992, "Whom or what does the representative individual represent?" *Journal of Economic Perspectives* 6: 117-136.

［154］Kolm S. C. 1968, "The optimal production of social justice," in H. Guitton, J. Margolis (eds.), *Economie publique*, Paris: Ed. du CNRS.

［155］Kolm S. C. 1972, *Justice et équité*, Paris: Ed. du CNRS. Trans. as *Justice and Equity*, Cambridge: MIT Press, 1999.

［156］Kolm S. C. 2004, *Macrojustice: The Political Economy of Fairness*, New York: Cambridge University Press.

［157］Krueger A. B. , D. Schkade 2008, "The reliability of subjective well-being measures," *Journal of Public Economics* 92: 1833-1845.

［158］Kuklys W. 2005, *Amartya Sen's Capability Approach: Theoretical Insights and Empirical Applications*, Berlin: Springer.

［159］Kuznets S. 1934, *National Income*, 1929 - 1932: *A report to the U. S. Senate*, 73rd Congress, 2nd Session, Washington, D. C. : U. S. Government Printing Office.

［160］Lasso de la Vega M. C. , A. M. Urrutia 2001, "HDPI: A framework for pollution sensitive human development indicators," *Environment, Development and Sustainability* 3: 199-215.

［161］Layard R. 2005, *Happiness: Lessons from a New Science*, London: Allen Lane.

［162］Layard R. , G. Mayraz, S. Nickell 2008, "The marginal utility of income," *Journal of Public Economics* 92: 1846-1857.

[163] Lewbel A. 1997, "Consumer demand systems and household equivalence scales," in M. H. Pesaran, P. Schmidt (eds.), *Handbook of Applied Econometrics*, vol. 2, Oxford: Blackwell.

[164] Loewenstein G. , P. A. Ubel 2008, "Hedonic adaptation and the role of decision and experience utility in public policy," *Journal of Public Economics* 92: 1795-1810.

[165] Malmquist S. 1953, "Index numbers and indifference surfaces," *Trabajos de Estadistica* 4: 209-242.

[166] Maniquet F. , Y. Sprumont 2004, "Fair production and allocation of an excludable nonrival good," *Econometrica* 72: 627-640.

[167] Martinet V. , L. Doyen 2007, "Sustainability of an economy with an exhaustible resource: A viable control approach," *Resource and Energy Economics* 29: 17-39.

[168] Max-Neef M. 1995, "Economic growth and quality of life: A threshold hypothesis," *Ecological Economics* 15: 115-118.

[169] Mayston D. J. 1974, *The Idea of Social Choice*, London: Macmillan.

[170] McGillivray M. 1991, "The human development index: Yet another redundant composite development indicator?" *World Development* 19: 1461-1468.

[171] McGillivray M. , H. White 2006, "Measuring development? The UNDP's human development index," *Journal of International Development* 5: 183-192.

[172] McKenzie G. W. 1983, *Measuring Economic Welfare: New Methods*, Cambridge: Cambridge University Press.

[173] McKenzie G. W. , I. F. Pearce 1976, "Exact measures of welfare and the cost of living," *Review of Economic Studies* 43: 465-468.

[174] McKenzie G. W. 1982, "Welfare measurement: A synthesis," *American Economic Review* 72: 669-682.

[175] McKenzie L. W. , I. F. Pearce 1957, "Demand theory without a utility index," *Review of Economic Studies* 24: 185-189.

[176] Meadows D. H. , D. L. Meadows, J. Randers, W. W. Behrens 1972, *The Limits to Growth*, New York: Universe Books.

[177] Miringoff M. , M. L. Miringoff, S. Opdyke 1999, *The Social Health of the Nation: How America is Really Doing*, New York: Oxford University Press.

[178] Moulin H. , W. Thomson 1988, "Can everyone benefit from growth?" *Journal of Mathematical Economics* 17: 339−345.

[179] Muellbauer J. 1987, "Professor Sen on the standard of living," in A. Sen (G. Hawthorn ed.) , *The Standard of Living*, Cambridge: Cambridge University Press.

[180] Neary J. P. 2004, "Rationalizing the Penn World Table: True multilateral indices for international comparisons of real income," *American Economic Review* 94: 1411−1428.

[181] Neumayer E. 2000, "On the methodology of ISEW, GPI and related measures: Some constructive suggestions and some doubts on the 'threshold' hypothesis," *Ecological Economics* 34: 347−361.

[182] Neumayer E. 2004, *Weak versus Strong Sustainability: Exploring the Limits of Two Opposite Paradigms*, Cheltenham: Edward Elgar.

[183] Nordhaus W. , J. Tobin 1972, "Is growth obsolete?" in *Economic Research: Retrospect and Prospect*, Vol. 5: *Economic Growth*, NBER, http: //www. nber. org/chapters/c7620.

[184] Nussbaum M. C. 1988, "Nature, function, and capability: Aristotle on political distribution," *Oxford Studies in Ancient Philosophy*, suppl. vol. , 145−184.

[185] Nussbaum M. C. 2000, *Women and Human Development: The Capabilities Approach*, Cambridge: Cambridge University Press.

[186] Nussbaum M. C. 2008, "Who is the happy warrior? Philosophy poses questions to psychology," *Journal of Legal Studies* 37: S81−S113.

[187] OECD 2011, *How's life? Measuring well−being*, Paris: OECD.

[188] OECD/JRC 2008, *Handbook on Constructing Composite Indicators: Methodology and User's Guide*, Paris: OECD.

[189] Osberg L. , A. Sharpe 2002, "An index of economic well−being for

selected countries," *Review of Income and Wealth* 48: 291-316.

[190] Oswald A. J. 1997, "Happiness and economic performance," *Economic Journal* 107: 1815-1831.

[191] Pazner E. 1979, "Equity, nonfeasible alternatives and social choice: A reconsiderationof the concept of social welfare," in J. J. Laffont (ed.), *Aggregation and Revelation of Preferences*, Amsterdam: North-Holland.

[192] Pazner E., D. Schmeidler 1974, "A difficulty in the concept of fairness," *Review of Economic Studies* 41: 441-443.

[193] Pazner E., D. Schmeidler 1978, "Egalitarian equivalent allocations: A new concept of economic equity," *Quarterly Journal of Economics* 92: 671-687.

[194] Peragine V. 2004, "Measuring and implementing equality of opportunity for income," *Social Choice and Welfare* 22: 1-24.

[195] Pearce D. W., K. Hamilton, G. Atkinson 1996, "Measuring sustainable development: Progress on indicators," *Environment and Development Economics* 1: 85-101.

[196] Perret B. 2002, *Indicateurs sociaux: État des lieux et perspectives*, Report for the Conseil Supérieur de l'Emploi, des Revenus et de la Cohésion sociale, Paris.

[197] Pervin L. A. 1983, "The stasis and flow of behavior: Toward a theory of goals," in M. M. Page (ed.), *Personality: Current Theory and Research*, Lincoln: University of Nebraska Press.

[198] Pezzey J. C. V. 1997, "Sustainability constraints versus optimality versus intertemporal concern, and axioms versus data," *Land Economics* 73: 448-466.

[199] Pezzey J. C. V. 2004, "One-sided sustainability tests with amenities, and changes in technology, trade and population," *Journal of Environmental Economics and Management* 48: 613-631.

[200] Pezzey J. C. V., M. A. Toman (eds.) 2002, *The economics of sustainability*, London: Ashgate Press.

[201] Pezzey J. C. V., M. A. Toman 2003, "Progress and problems in the

economics of sustainability," in T. Tietenberg, H. Folmer (eds.), *International Yearbook of Environmental and Resource Economics*, 2002 - 3, Cheltenham: Edward Elgar.

[202] Pillarisetti J. R., J. C. J. M. van den Bergh 2010, "Sustainable nations: What do aggregate indexes tell us?" *Environment, Development and Sustainability* 12: 49-62.

[203] Pollak R. A. 1981, "The social cost of living index," *Journal of Public Economics* 15: 311-336.

[204] Posner S. M., R. Costanza 2011, "A summary of ISEW and GPI studies at multiple scales and new estimates for Baltimore City, Baltimore County, and the state of Maryland," *Ecological Economics* 70: 1972-1980.

[205] Prinz A., B. Bünger 2009, "Living in a material world: Happy Income and Happy Life Years," CAWM Discussion Paper No 15.

[206] Qizilbash M. 2008, "Amartya Sen's capability view: Insighful sketch or distorted picture?" in F. Comim, M. Qizilbash, S. Alkire (eds.), *The Capability Approach: Concepts, Measures and Applications*, Cambridge: Cambridge University Press.

[207] Ramsey F. P. 1928, "A mathematical theory of saving," *Economic Journal* 38: 543-559.

[208] Ravallion M. 2010a, "Mashup indexes of economic development," Policy Research Working Paper 5432, World Bank, Washington, D. C.

[209] Ravallion M. 2010b, "Troubling tradeoffs with the Human Development Index," Policy Research Working Paper 5484, World Bank, Washington, D. C.

[210] Rawls J. 1971, *A Theory of Justice*, Cambridge: Harvard University Press.

[211] Rawls J. 1982, "Social unity and primary goods," in A. K. Sen, B. Williams (eds.), *Utilitarianism and Beyond*, Cambridge: Cambridge University Press.

[212] Robbins L. 1932, *An Essay on the Nature and Significance of Economics*, London: Macmillan, 2nd edition, 1937.

[213] Roberts K. W. S. 1980, "Price independent welfare prescriptions," *Journal of Public Economics* 13: 277-298.

[214] Roemer J. E. 1993, "A pragmatic theory of responsibility for the egalitarian planner," *Philosophy & Public Affairs* 22: 146-166.

[215] Roemer J. E. 1996, *Theories of Distributive Justice*, Cambridge: Harvard University Press.

[216] Roemer J. E. 1998, *Equality of Opportunity*, Cambridge: Harvard University Press.

[217] Russell J. A. 1980, "A circumplex model of affect," *Journal of Personality and Social Psychology* 39: 1161-1178.

[218] Sacks D. W., B. Stevenson, J. Wolfers 2010, "Subjective well-being, income, economic development and growth," NBER Working Paper 16441.

[219] Sagara A. D., A. Najam 1998, "The human development index: A critical review," *Ecological Economics* 25: 249-264.

[220] Sala-i-MartinX. 2006, "The world distribution of income: Falling poverty and... convergence, period," *Quarterly Journal of Economics* 121: 351-397.

[221] Samuelson P. A. 1947, *Foundations of Economic Analysis*, Cambridge: Harvard University Press.

[222] Samuelson P. A. 1956, "Social Indifference Curves," *Quarterly Journal of Economics* 70: 1-22.

[223] Samuelson P. A. 1961, "The evaluation of 'social income': Capital formation and wealth," in F. A. Lutz and D. C. Hague (eds.), *The Theory of Capital*, London: Macmillan.

[224] Samuelson P. A. 1974, "Complementarity: An essay on the 40th anniversary of the Hicks-Allen revolution in demand theory," *Journal of Economic Literature* 12: 1255-1289.

[225] Samuelson P. A. 1977, "Reaffirming the existence of 'reasonable' Bergson-Samuelsonsocial welfare functions," *Economica* 44: 81-88.

[226] Samuelson P. A., S. Swamy 1974, "Invariant economic index

numbers and canonical duality: Survey and synthesis," *American Economic Review* 64: 566-593.

[227] Schokkaert E. 2009, "The capabilities approach," in P. Anand, P. K. Pattanaik, C. Puppe (eds.), *The Handbook of Rational and Social Choice*, Oxford: Oxford University Press.

[228] Schwarz N., F. Strack 1999, "Reports of subjective well-being: Judgmental processes and their methodological implications," in D. Kahneman, E. Diener, N. Schwarz (eds.), *Well-Being: The Foundations of Hedonic Psychology*, New York: Russell Sage Foundation.

[229] Sen A. K. 1970, *Collective Choice and Social Welfare*, San-Francisco: Holden-Day.

[230] Sen A. K. 1976, "Real national income," *Review of Economic Studies* 43: 19-39.

[231] Sen A. K. 1979, "The welfare basis of real income comparisons: A survey," *Journal of Economic Literature* 17: 1-45.

[232] Sen A. K. 1980, "Equality of what?" in S. McMurrin (ed.), *Tanner Lectures on Human Values*, Cambridge: Cambridge University Press. Rep. in *Choice, Welfare and Measurement*, Oxford: Basil Blackwell.

[233] Sen A. K. 1985, *Commodities and Capabilities*, Amsterdam: North-Holland.

[234] Sen A. K. 1992, *Inequality Re-examined*, Oxford: Clarendon Press.

[235] Sen A. K. 1999a, *Development as Freedom*, New York: Knopf.

[236] Sen A. K. 1999b, "The possibility of social choice," *American Economic Review* 89: 349-378.

[237] Sen A. K. 2002, *Rationality and Freedom*, Cambridge: Belknap, Harvard University Press.

[238] Sen A. K. 2009, *The Idea of Justice*, London: Allen Lane.

[239] Slesnick D. T. 1991, "Aggregate deadweight lossand money metric social welfare," *International Economic Review* 32: 123-146.

[240] Slesnick D. T. 1998, "Empirical approaches to the measurement of welfare," *Journal of Economic Literature* 36: 2108-2165.

[241] Slivinsky A. D. 1983, "Income distribution evaluation and the law of one price," *Journal of Public Economics* 20: 103-112.

[242] Solow R. M. 1974, "Intergenerational equity and exhaustible resources," *Review of Economic Studies* 41: 9-45.

[243] Srinivasan T. N. 1994, "Human development: A new paradigm or reinvention of the wheel?" *American Economic Review* 84: 238-243.

[244] Steffel M., D. M. Oppenheimer 2009, "Happy by what standard? The role ofinterpersonal and intrapersonal comparisons in ratings of happiness," *Social Indicators Research* 92: 69-79.

[245] Stern N. 2007, *The Economics of Climate Change: The Stern Review*, Cambridge: Cambridge University Press.

[246] Sterner T., U. M. Persson 2008, "An even Sterner review: Introducing relative prices into the discounting debate," *Review of Environmental Economics and Policy* 2: 61-76.

[247] Stevenson B., J. Wolfers 2008, "Economic growth and subjective well-being: Reassessing the Easterlin paradox," *Brooking Papers on Economic Activity* 1: 1-87.

[248] Stiglitz J., A. Sen, J. P. Fitoussi 2009, *Report by the Commission on the Measurement of Economic Performance and Social Progress*, www. stiglitz-sen-fitoussi. fr.

[249] Stone R. 1975, *Towards a System of Social and Demographic Statistics*, New York: United Nations.

[250] Streeten P., with S. J. Burki, M. ul Haq, N. Dicks, F. Stewart 1981, *First Things First: Meeting Basic Human Needs in Developing Countries*, London: Oxford University Press (for the World Bank).

[251] Talberth J., C. Cobb, N. Slattery 2006, *The Genuine Progress Indicator 2006: A Tool for Sustainable Development*, Oakland: Redefining Progress (available at www. rprogress. org).

[252] Thomson W. 1994,"Notions of equal, or equivalent, opportunities," *Social Choice and Welfare* 11: 137–156.

[253] Thomson W. 2011, " Fair allocation rules," in K. J. Arrow, A. K. Sen, and K. Suzumura (eds.), *Handbook of Social Choice and Welfare*, vol. 2, Amsterdam: North–Holland.

[254] Tversky A. , D. Griffin 1991,"Endowments and contrast in judgments of well–being," in R. J. Zeckhauser (ed.), *Strategy and Choice*, Cambridge: MIT Press. Reprinted in D. Kahneman and A. Tversky (eds.), *Choices, Values, and Frames*, Cambridge: Cambridge University Press, 2000.

[255] UN Department of Economic and Social Affairs 2007, *Indicators of Sustainable Development: Guidelines and Methodologies* (3rd edition), New York: United Nations.

[256] UNDP 1990, *Human Development Report* 1990, New York: Oxford University Press.

[257] UNDP 2010, *Human Development Report* 2010. *The Real Wealth of Nations: Pathways to Human Development*, New York: Oxford University Press.

[258] UNDP 2011, *Human Development Report* 2011. *Sustainability and Equity: A Better Future For All*, London: Palgrave Macmillan.

[259] UNECE/OECD/Eurostat 2008, "Report on measuring sustainable development: Statistics for sustainable development, commonalities between current practice an theory," Working Paper ECE/CES, 2008–29.

[260] Usher D. 1973, "An imputation to the measure of economic growth for changes in life expectancy," in M. Moss (ed.), *The Measurement of Economic and Social Performance*, Studies in Income and Wealth, No. 38, NBER.

[261] van de Kerk G. , A. Manuel 2008, "A comprehensive index for a sustainable society: The Sustainable Society Index," *Ecological Economics* 66: 228–242.

[262] Vanoli A. 2005, *A History of National Accounting*, Fairfax: IOS Press.

[263] Varian H. 1974,"Equity, envy and efficiency," *Journal of Economic*

Theory 9: 63-91.

[264] Varian H. 1976, "Two problems in the theory of fairness," *Journal of Public Economics* 5: 249-260.

[265] Varian H. 1992, *Microeconomic Analysis*, New York: Norton.

[266] Veenhoven R. 1996, "Happy Life-Expectancy, a comprehensive measure of quality of life in nations," *Social Indicators Research* 39: 1-58.

[267] Wackernagel M., W. Rees 1995, *Our Ecological Footprint: Reducing Human Impact on the Earth*, Gabriola Island, BC: New Society Publishers.

[268] Weitzman M. L. 1976, "On the welfare significance of national product in a dynamic economy," *Quarterly Journal of Economics* 90: 156-162.

[269] Weitzman M. L. 1988, "Consumer's surplus as an exact approximation when prices are appropriately deflated," *Quarterly Journal of Economics* 102: 543-553.

[270] Weitzman M. L. 2001, "A contribution to the theory of welfare accounting," *Scandinavian Journal of Economics* 103: 1-23.

[271] Weymark J. A. 1985, "Money-metric utility functions," *International Economic Review* 26: 219-232.

[272] Wiedmann T., J. Barrett 2010, "A review of the Ecological Footprint indicator: Perceptions and methods," *Sustainability* 2: 1645-1693.

[273] Wiedmann T., J. Minx 2008, "A definition of carbon footprint," in C. C. Pertsova (ed.), *Ecological Economic Research Trends*, Hauppauge: Nova Science Publishers.

[274] Willig R. D. 1981, "Social welfare dominance," *American Economic Review* 71: 200-204.

[275] World Bank 2011, *The Changing Wealth of Nations: Measuring Sustainable Development in the New Millenium*, Washington, D. C.: World Bank.

[276] Wolff J. 1998, "Fairness, respect, and the egalitarian ethos," *Philosophy & Public Affairs* 27: 97-122.

[277] Xu Y. 2004, "On ranking linear budget sets in terms of freedom of choice," *Social Choice and Welfare* 22: 281-289.

［278］ Yaari M. E. 1965,"Uncertain lifetime, life insurance and the theory of the consumer," *Review of Economic Studies*, 32: 137-150.

［279］ Zolotas X. 1981, *Economic Growth and Declining Social Welfare*, New York: New York University Press.

后 记

2008 年初，法国时任总统尼古拉·萨科齐（Nicolas Sarkozy）委托约瑟夫·E·斯蒂格利茨（Joseph E. Stiglitz）、阿马蒂亚·森（Amartya Sen）和让-保罗·菲图西（Jean-Paul Fitoussi）建立一个由世界一流专家组成的"经济表现和社会进步测度委员会"（the Stiglitz-Sen-Fitoussi Commission），发起了经济表现和社会进步测度的专项研究。2009 年，委员会发布了"经济表现和社会进步测度报告"（Report by the Commission on the Measurement of Economic Performance and Social Progress，简称 SSF 报告），测度报告的主要内容为 GDP 统计、福利测度和可持续发展测度，报告较为系统地梳理和总结了经济测度方法。作为经济表现和社会进步测度委员会其他成员的马克·弗勒拜伊（Marc Fleurbaey）和测度报告一般起草人的迪迪埃·布兰切特（Didier Blanchet）共同就测度报告中的福利测度和可持续发展测度内容发起了研究，并于 2013 年以"超越 GDP——测度福利和可持续性研究"为题出版了本书。

本书是国家社科基金后期资助项目"超越 GDP：对经济表现和社会进步衡量标准的探索"结项成果的部分内容以及国家社科基金年度项目"经济表现和社会进步测度研究状况和趋势"（21ATJ003）的阶段性成果。在初稿翻译过程中，武汉大学经济与管理学院博士生刘婷祎参与了第一、二、三、四章（约 16 万字）的翻译，中国矿业大学（北京）管理学院博士生徐天舒参与了第五章（约 4 万字）的翻译，东北财经大学统计学院博士生申童童参与了第六、七章以及附录（约 5 万字）的翻译。最后，由河南财经政法大学的康东亮博士和李冻菊教授对全书内容进行了整理及校对。

康东亮

2021 年 8 月